THE CONSUMER AESTHETICS AS
CULTURAL CRITICISM

作为文化批评的消费美学

以商业和传媒文化为例

TAKING COMMERCIAL CULTURE
AND MEDIA CULTURE
AS EXAMPLES

李金正　著

社会科学文献出版社
SOCIAL SCIENCES ACADEMIC PRESS (CHINA)

序言　消费与审美的双行线：理论思脉、中西对话与文化批评的创新实践

随着全球化的推进、科技的飞速发展以及文化的多元交融，人们的生活方式和价值取向正在经历前所未有的变革。在这个百年未有的大变局之下，消费的观念和实践不再是仅仅满足于基本生存需要的单纯行为，更是一种文化表达、身份认同和审美经验的综合体现。另外，普通大众的审美方式也从传统的静观、精神、超越的维度过渡到非距离性、肉身性的感官刺激维度，审美的身体化和日常化带来了美学自身的革命。在这样的现实和学术语境下，《作为文化批评的消费美学》诞生了。本书的内容主要聚焦于深度发掘消费与审美之间错综复杂的关系谱系，从而提出一种对大众文化和日常生活现象进行理论思考的新视角。

在国内堪称人文社科领域之显学的审美和文化政治经济学无疑为本书提供了重要的理论资源。这一理论思脉可以追溯到马克思，其后的法兰克福学派、居伊·德波的景观社会和波德里亚的消费社会深刻揭示了现代性乃至后现代性语境下消费方式的变迁，尤其是符号消费、能指拜物教的提出，为消费向审美的趋近提供了重要的逻辑支撑。消费美学的另一个理论动因来自美学自身向"后美学"、"超美学"甚或"非美学"的后现代转变。这种转变在理论逻辑上几乎颠覆了美学传统，其解构性的学术探索使得整个美学研究为之一新，中外学界相继提出了身体美学、环境美学、生态美学、日常生活美学等理论化的观念学说，这也为消费美学的出场提供了语境性和学理性的铺垫。值得一提的还有国内学界关于"日常生活审美

化"和"审美日常生活化"以及文艺学与文化研究之关系的大讨论。这场讨论的最终效果虽然未能尽如人意,但它促使研究者重新审视了审美、文化、艺术和文学的概念边界,以及美学和文艺学的学科边界,而消费美学正是波德里亚意义上边界"内爆"之后的产物。

这样看来,消费美学并非横空出世,其背后牵连着一个异常庞大的学理脉络,而本书在一定程度上正是这一脉络的瓜熟蒂落。

当然,与这一脉络交涉深广的不只是消费美学一端,就其近缘性而言,西方学界的审美资本主义理论就可被视为一种思想的并联。但在理论主旨上,西方左翼学者的审美资本主义研究强调资本对审美经验的规训、开发和再生产,并最终凝结为"资本的幻术"即特定的物、信息或服务,这种做法固然不乏对于审美消费问题的探讨,但其理论话语偏重于美感趣味的"供给侧",即审美生产的一端。正如彼得·墨菲所说,"现代资本主义建基于供给创造需求这个前提,这已经包含了一个审美的前提,即生产必须维持趣味性",而且,"供应方的优势绝不仅是物质上的。风格和颜色总是出现在供应方"。审美资本主义诸理论虽然敏锐捕捉了趣味、审美等作为资本主义新阶段最重要的生产要素,但也正是基于这一点不约而同地走向了对福特主义式的工业生产和生活方式的迷思,强调作为"上游"的生产过程和供给方式对于"下游"的需求、消费以及生活实践的渗透和制约,后者在其主要作者的理论叙事中纵使不乏一席之地,却也不是其理论逻辑的重心之所在。应该说,奥利维耶·阿苏利、格尔诺特·伯麦等都是从法兰克福学派的批评中汲取养分,但其总体的研究取径依然带有结构功能主义的流风余韵,与后者在致思逻辑和观点结论上都有一定的相似之处。正如车间工人在福特式的庞大的流水线作业中失去了对自己劳动的控制,消费大众在审美资本主义的生产结构下也只能亦步亦趋,在此消费是被生产出来的,而生产对于大众品位的攫取,通过工业化、标准化的复制加工,最终铸成了审美和趣味的异化。这些思辨性的观念极其敏锐而深刻,同时为消费美学预留了足够大的话语空间,准确地说,后者正是沿着审美资本主义的思路"逆流而上"——从消费大众的日常经验出发自下而上地探究当代人的审美实践与经济生活问题，这一过程自然会涉及消费商品的生产供给，但它实质上正如审美资本主义对于消费问题的探讨一样，属于衍生性领域。正是基于这种致思脉络的区分，消费美学将理论重心置放于消费与审美的历史谱系及其在当代社会的多重耦合关系之上，在消费社会和审美泛化的双重语境下提出了"消费的审美化"和"审美的消费化"这一互逆性的命题，从而丰富了该领域的理论论证。从此意义上可以说，消费美学实现了对审美资本主义的理论互补。

本书尝试提出的"消费美学"不仅是一种理论上的创新，而且提供了一个全新的观察视角，借此可以重新认识和发现当代艺术以及各种媒介文化、娱乐文化、青年亚文化、都市文化等等大众文化形式的深层次问题。脱胎于文化研究的消费美学本质上就是一种文化批评的新范式，书中对于商业文化和传媒文化的阐释实践，集中体现了其蕴含的理论潜能。此外，消费美学与全球化、现代性、生态环境等问题密切相关，基于这一理论视野可以重新审视和梳理这些当代理论的"宏大叙事"，并有望借此发起新的、具有特定价值导向的建构实践。

当然，正如自然科学研究的真理性需要证伪来检验，人文社科的学术创新也都无法做到尽善尽美。作者特意告诉我，本书孕思虽早，后来却因其本人学习和研究领域的变迁而屡遭中辍，书中难免有未尽如人意之处，这种勇于自我反思和一丝不苟的治学精神我是赞许的。

李金正是我的博士生，毕业后主要从事新闻传播学相关研究，专业领域虽有异位，但其对学术的热情未曾衰减。

祝贺《作为文化批评的消费美学》付梓，也祝福李金正和他的学术事业行深致远，终有大成！

是为序。

曹顺庆

2023年孟冬　成都锦丽园寓所

目 录

绪 论 ………………………………………………………… 1
 一 背景与意义 …………………………………………… 1
 二 文献回顾 ……………………………………………… 5
 三 构架与方法 …………………………………………… 20

上编 理论探赜

第一章 历史因缘 …………………………………………… 25
 一 从"本根同生"到"相煎何急" ………………… 25
 二 现代性与关系转型 …………………………………… 30
 三 双螺旋结构 …………………………………………… 32

第二章 范式融合 …………………………………………… 35
 一 动力机制 ……………………………………………… 36
 二 多重耦合逻辑 ………………………………………… 38

第三章 消费美学 …………………………………………… 46
 一 是与不是之间 ………………………………………… 47
 二 何为与何求 …………………………………………… 51

第四章 审美资本主义批判 ... 55
一 后二元论 ... 55
二 "冷酷仙境" ... 58
三 亲缘与互补 ... 60

第五章 艺术不会终结 ... 63
一 重审黑格尔 ... 64
二 消费社会与艺术复活 ... 65

下编 阐释实践

卷一 商业文化

第一章 生成语境 ... 71
一 诞生因缘 ... 71
二 境况与深描 ... 74

第二章 "物体系" ... 78
一 本雅明"拱廊街计划" ... 78
二 空间诗学 ... 80
三 物的展演 ... 90

第三章 主体经验 ... 95
一 狂欢与迷狂 ... 95
二 现代性体验 ... 103
三 建构的向度 ... 110

第四章 双视镜中的广告观想 ... 115
一 重审广告创意 ... 115

二 广告的旅行与变异 124

卷二 传媒文化

第一章 编辑主体 137
    一 工具理性和价值理性 138
    二 市场逻辑和审美逻辑 142
    三 个体主体和交互主体 145

第二章 编辑理念 151
    一 词源钩沉 151
    二 神圣渊源 154
    三 历史流变 157

第三章 编辑实践 163
    一 性状与表征 164
    二 过程性生产实践 166
    三 作品向人的生成 174
    四 日常生活结构性要素 183

第四章 实体书店 195
    一 美学的救赎 195
    二 模型建构 198

参考文献 205

附录一 文化批评及其选题策划分析 214

附录二 作为广义艺术生产的编辑活动 224

后 记 237

绪　论

一　背景与意义

西方现代哲学、美学、艺术学和文艺理论中有一股异常强大且绵延不绝的思想潮流，这股潮流涉及的主要理论家包括叔本华（Arthur Schopenhauer）、尼采（Friedrich Wilhelm Nietzsche）、韦伯（Max Weber）、马尔库塞（Herbert Marcuse）、阿多诺（Theodor Wiesengrund Adorno）、哈贝马斯（Jürgen Habermas）、福柯（Michel Foucault）、海德格尔（Martin Heidegger）、伽达默尔（Hans-Georg Gadamer）等，甚至可以追溯到席勒（Friedrich Schiller）、卢梭（Jean-Jacques Rousseau）、伊壁鸠鲁（Epicurus），近代中国的王国维、蔡元培等著名人文学者也都卷入其中，其基本思想甚至可以在孔子和老庄的著作中找到相应的表述，这股思潮一般被称为"审美主义"（Aestheticism）。审美主义所要回答的基本问题是，在信仰缺失或所谓"上帝死了"的情况之下，人类该如何继续生存。审美主义认为，美学和艺术可以担负起救赎的使命，通过悬隔欲念、功名和物质需求，以及与生活世界的暂时决裂，审美主体可以被引渡到超越的彼岸，在那里依然可以与诸神照面，因为"美神"将永恒地居住在上帝的天国。但是，这项堪称浩大而完美的救赎工程，在进入后现代消费社会以后，似乎已经销声匿迹了。事实上，它不得不走向终结，甚至已经走到了它的反面。这是因为，随着消费社会的崛起以及审美主义的极力倡行（至少作为原因之一）

所导致的美学和艺术的空前泛化,当代的审美实践已经被严重降解、祛魅,逐渐沦为一种生活化、身体化、娱乐化和消费化的世俗体验,在此,"审美经验死了"[①],"审美匆匆告别了理想主义的崇高与革命激情的悲剧感,日益转向生活表层的物质性美化与快感体验,精神性的升华功能消失在物质性消费的愉悦之中"[②]。显然,这样的审美体验再也无力担负起神圣救赎的天职,美学的上帝被消费主义所劫持,并反过来为世俗和市场的狂欢助兴,这就是审美主义的当代宿命。

那么,审美主义被解构的命运究竟是怎样的,它说明了什么问题?消费社会语境下的审美范式究竟发生了怎样的裂变,它与消费主义的关系如何?消费社会和审美泛化之间又具有怎样的关系纠葛,这些关系又会导致什么样的后果?要回答这些疑问,作为一项基础性的工作,就必须要考问消费和审美、商业和美学以及消费品和艺术品等这些传统意义上泾渭分明的对立性元素之间究竟发生了什么样的当代关系,这种关系是如何发生的,以及它们可能带来怎样的后果等。

毋庸讳言,通过进行大量的理论和文献研究发现,这些对立性元素之间的关系壁垒在一定程度上已经被打破,而且它们还紧密地结合在一起。不宁唯是,只要稍稍放宽视野就会发现,不仅是商品消费和艺术活动,文化、生活、经济、社会等传统意义上壁垒森严的对立性活动之间的关系也已经发生了波德里亚(Jean Baudrillard,亦译鲍德里亚、布西亚)所谓的"内爆"(Implosion),伴随这些内爆过程的,是被长期禁锢的深层关系结构所释放出来的巨大的理论潜能:威廉斯(Raymond Henry Williams)对文化和日常生活之间关系的新发现,几乎奠定了文化研究这一学科的全部理论基石;费瑟斯通(Mike Featherstone)对美学和生活世界之间关系的打通,在世界学术范围内引发了"日常生活审美化"的激烈争论;舒斯特曼(Richard Shusterman)的"身体美学"则是打通审美活动和身体经验之间

---

① 〔美〕舒斯特曼:《生活即审美》,彭锋等译,北京大学出版社,2007,第17~44页。
② 周宪:《文化表征与文化研究》,北京大学出版社,2007,第292页。

传统壁垒的一个爆炸性理论。这样的例子似乎不胜枚举。其实从学理上来说，波德里亚像祭司谶语一般的内爆理论似乎印证了新左派学者约翰·菲斯克（John Fiske，亦译约翰·费斯克）的名言："规范放在那里，就是为了被打破的。"①

事实上，对于当代理论研究来说，"跨越边界，填平鸿沟"，从"分化"过程中过渡到"去分化"状态②，探究各种"后回归"现象等，早已经是学界共识，这也跟跨学科交叉研究的盛行密不可分。本研究就是在这样的理论语境中具体探究消费和审美、商业和美学之间的历史和当代关系。

鉴于此，本书旨在探究消费和审美、商业和艺术之间对立数千年的关系壁垒在当前的语境下发生了怎样的裂变，进而考察这些被禁锢的深层关系结构一旦发生裂变将如何释放巨量的理论潜能。当然，本书无力于释放这些潜能的全部"当量"，只能从理论和实践两个层面疏通二者对立千年的关系隔阂，借此巡察这些工作可能带来的理论收益，进而将其用诸些许具有适切性的对象领域，以展示其强大的阐释效力。

据此，本书的主要目的包括以下三个方面。

第一，通过大量的文献研究，从理论上厘清消费和审美之间的历史和当代关系，考察两者关系谱系的连续、断裂、转机及其内在逻辑，论证指出这些转变的深层次原因；

第二，基于以上论述，初步提出一种文化批评的新观念，即"消费美学"，系统论述这一观念的可能性及其限度，包括其生成逻辑、基本内涵、研究方法、理论和实践价值等；

第三，从主体、行动、客体、环境等层面，进一步论述消费和审美的当代关系在生活世界的具体表现及结构规律，着力在日常生活和大众文化

---

① 〔美〕约翰·菲斯克：《理解大众文化》，王晓珏、宋伟杰译，中央编译出版社，2001，第247页。

② Scott Lash, *Sociology of Postmodernism* (London and New York: Routledge Press, 1990), pp. 11-14.

的特定领域深度考察两者的逻辑和事实性关联,初步呈现作为文化批评的消费美学所具有的阐释效力。

通过以上对研究背景和目的的描述,我们可以窥见本研究具有一定的学术价值和实践意义。

第一,本书对消费和审美的关系谱系作了系统的梳理,并论证指出了两者在当代社会中的内在关联,这项工作不仅为文艺理论、美学和文化研究提供了新视角和新思路,而且,对消费和审美、商业和艺术等一系列对立性要素内在关联的系统厘清缔造出一个重要的理论生长点。

第二,本书通过对消费和审美的关系在生活世界的系统发掘和厘清,呈现了一个比较清晰的社会文化图景,这将有利于认识当代日常生活和大众文化的结构性内涵,也有利于深度辨识当代社会的历史和文化语境。

第三,本书对于生活世界里"客体系统"的考察并非只针对传统的文化和艺术,它更专注于大众文化尤其是文化产业。事实上,本书的一个重要目的就是论述美学和艺术如何泛化为大众产品,及精英主义的创造性活动如何蜕变为产业化的文化工业等问题,书中将着重论证市场标准和艺术标准如何在文化产业中统一的问题,并以具体的案例来支撑这种论述,这些观念对于当代文化的诠释和建构来说具有一定的参照价值。

第四,"消费美学"的初步提出不仅是一种理论上的创新,而且提供了一个全新的观察视角,以此可以再考察和再认识后现代艺术以及各种媒介文化、娱乐文化、青年亚文化、都市文化等大众文化,可以在多个研究领域充分发挥它的阐释、批评和建构功能。而且,消费美学与全球化、现代性、生态环境等问题关系重大,基于其特定的理论视野可以审视这些当代理论的"宏大叙事",并可以依托其阐释和批判功能来发起新的、具有特定价值导向的建构实践。可见,所谓消费美学不再是传统意义上的美学,它既是一种社会学美学,也是一种大众文化的批评模式,并具有一定的文化建构功能。

二 文献回顾

本书以消费和审美的二元关系为主线，通过历史、逻辑、现实等多个层面的系统研究初步提出"消费美学"的基本观念，并在此基础上对于商业文化和传媒文化的特定领域展开阐释分析。与本书所涉内容紧密相关的研究文献综述如下。

（一）消费与审美之关系研究

通过查阅中外文文献发现，国内外学界关于消费和审美关系的研究虽然既没有专著，也没有博士论文，但比较集中的论述已较为深广而丰富。

四川大学吴兴明先生在余虹主编的《审美文化导论》一书中提到了关于"消费型审美"以及美学设计与文化工业关系的重要论述。该书第四章"消费审美文化"分为三个部分："作为消费活动的审美""消费时代的审美诉求与社会生活感的变迁""商业美学设计与文化工业"。其中第一节开宗明义，"在消费社会，审美文化变迁的一个重要标志是审美活动本身变成了消费"[1]，这实际上已经提出了审美的消费化问题。作者对这些问题还作了系统的总结，指出当代的"消费型审美"具有三个特点：日常性、大众性和身体性[2]。作者还考察了消费审美与商业设计以及文化生产之间的关系，指出当代消费品本身已经被严重艺术化，成为"消费艺术品"。

南京大学周宪教授的《文化表征与文化研究》一书的第五章"消费社会及其意识形态"和第六章"'后革命时代'的日常生活审美化"从审美文化历史变迁的角度叙述了审美范式的当代转型及其与消费文化之间的关系。该书的有些观点直抵本研究的核心理念，比如"商品+形象=美，这

---

[1] 余虹主编《审美文化导论》，高等教育出版社，2006，第146页。
[2] 余虹主编《审美文化导论》，高等教育出版社，2006，第153页。

个公式似乎道出了当代日常生活审美化的真谛"①,"日常生活审美化其实是一种当代消费社会的意识形态"②,等等。这里实际上已经道出了美学界所提出的日常生活审美化问题归根结底还是消费社会问题,或者说审美化的核心是消费活动问题,反之亦然。这些当然是消费和审美当代关系的重要佐证。此外,陆扬③、陶东风④、王德胜等的很多著述都着重涉及这些问题。其实,美学和文艺学出身的这些学者谈论消费社会和文化工业问题,当然会很自然地论述消费活动与美学和艺术学之间的相关性,这是两种知识范式的碰撞,也为本研究提供了大量可以直接借鉴的理论资源。

中国社科院文学所刘方喜研究员的《审美生产主义——消费时代马克思美学的经济哲学重构》一书的第一章"消费社会·消费主义·文化研究：美学经济哲学重构的语境"及部分后续章节比较系统地论述了消费社会的基本内涵,由它引起的政治支配方式与消费方式的变迁,以及消费文化与审美范式之间的关系,等等。书中尤其明确提出了"大众日常消费生活的审美化"问题,并对此作了系统的论述,其基本内涵是消费的非功利化、图像化和感性化（情感化）,这些特点也意味着消费的非必要性、精神性和符号性的增强。此外,作者还指出了"被审美化的大众'日常生活'是指也只是指'消费生活'",⑤ 这就是说,消费社会的日常生活即消费生活,"日常生活的审美化"其实也就是"消费（生活）的审美化",这就进一步深化了审美化的具体内涵。刘方喜研究员选编的《消费社会》⑥一书不仅重申了这些观点,而且这本以"消费社会"为主题的论文集中近一半的入选论文是关于美学和艺术问题的,这不仅说明了消费与审美之间的相关性已经成为一种社会事实,而且再次印证了前文所言：从美学和文

---

① 周宪：《文化表征与文化研究》,北京大学出版社,2007,第284页。
② 周宪：《文化表征与文化研究》,北京大学出版社,2007,第290页。
③ 陆扬：《日常生活审美化批判》,复旦大学出版社,2012。
④ 陶东风主编《文学理论基本问题》,北京大学出版社,2012。
⑤ 刘方喜：《审美生产主义——消费时代马克思美学的经济哲学重构》,社会科学文献出版社,2013。
⑥ 刘方喜选编《消费社会》,中国社会科学出版社,2011。

艺学的学科身份出发研究消费社会问题，必然会涉及对消费和审美之间关系的论述。

潘知常教授的《美学的边缘——在阐释中理解当代审美观念》[①]一书的第一编第三章"商品社会与当代审美观念的重构"比较系统地论述了审美活动与商品交换活动之间的关系问题，是目前所见到的国内最早的相关论述，而且该书作者的论述还完全取自马克思主义政治经济学的理论，非常难能可贵。作者站在审美活动与商品交换活动同与不同的比较研究视角，论述了两者之间尖锐的对立关系，又着重论述了商品社会语境下审美活动中商品属性的凸显，这其实已经在论述"审美的消费化"问题了。作者对于审美活动中精神需求和物质需求之间的矛盾及其在不同历史境遇下的解决方式（稀缺时代的内部解决，过剩时代的外部解决）有着深刻的洞见，这些洞见稍加修整就非常适合论述审美方式向消费活动的当代转变。此外，作者认为当代审美观念的转变基于商品社会和电子文化的驱动，非常值得考究。

由李春青、张勇两位教授合著的《反思文艺学》是一本研究生教材，书中开篇就讲"中国审美范式的历史演变"，其中主要论述"传统的'审美'"（第一节）和"大众审美"（第二节）的分野以及知识分子的言说立场等问题。这本书及其上述问题都非常重要，它至少说明了以下几点。第一，审美范式的基本类型对文艺学的学科形态、性质、研究对象以及方法等具有决定性作用，美学是文艺学的元话语，而美学根据其核心议题又被定义为"审美学"，审美范式的变迁是最重要的问题。换言之，有什么样的"审美"，就有什么样的美学，也就有什么样的文艺学。第二，具体到这本书，作者正是以此来布局全部的内容框架，而且书中对"大众审美""大众审美文化"等有明确的表述："那种亘古不变的、无功利的、纯而又纯的审美活动不过是一种精神乌托邦而已。"[②] "大众审美文化并不是

[①] 潘知常：《美学的边缘——在阐释中理解当代审美观念》，上海人民出版社，1998。
[②] 李春青、张勇：《反思文艺学》，北京师范大学出版社，2008，第1页。

传统意义上的审美现象，而是一种复杂的社会文化现象，对这种社会文化现象应该这样来描述：随着社会大众物质生活水平的普遍提高，在他们的日常生活中融进了越来越多的与物质需求没有直接关系的消费活动，人们在这种消费活动中享受到精神的或感官的快适与愉悦。"① 这就是说，随着物质生活水平的提高，大众审美范式的出现是必然的，作者将当代审美活动的理解与消费经济活动直接关联起来。而且，作者还对此作了简单的历史考察，认为从传统的两种审美范式即"文人—精神贵族审美"和"意识形态审美"到当前语境下的"大众审美"，其全部的历史就是审美活动在功利化、纯粹化、政治化、经济化之间不断迁移的历史，到了后现代消费社会，审美活动向经济活动的趋近已经不可避免。这些看法已然表明，审美范式的当代变迁已经逐渐被主流学界所接纳。

此外，陶东风、金元浦、周宪、王杰、陆扬等主编的文学理论和美学教材对这些问题也有较多论述。事实上，美学界提出的"日常生活的审美化"和文艺学界提出的"文化研究"这两者之间是有深刻的内在关联的，它们的共同之处在于，"跨越边界，填平鸿沟"，跳出传统的藩篱，共同将美学和文艺学的研究扩展到大众文化领域。

关于消费与审美之间关系的国内研究还非常多，比如凌继尧、刘悦笛、王旭晓、李西健、彭锋等学者的研究，还有《消费文化读本》《城市文化读本》《物质文化读本》等相关论文集，在此不一一列举。

还有几篇学位论文颇值得关注。（1）何志钧的《文艺消费研究》（四川大学博士论文，2005）。该论文是对文艺消费问题的系统研究，与消费美学对消费和审美主体的研究部分关系较大。作者详细界定了消费、文艺消费等具体概念，并对文艺消费的主客体，文艺消费与文化转型、文化生态之间的关系作了重点论述。作者还区分了作为商业活动和作为艺术接受的文艺消费，前者实际上已经接触到了消费审美的重要层面，但我们更倾向于认为，不仅消费品本身已经被高度美学化了，而且消费或接受活动本

---

① 李春青、张勇：《反思文艺学》，北京师范大学出版社，2008，第9页。

身已经蜕变为一种美学活动。造成这种观点差异的主要原因是没有对日常生活审美化和消费社会问题予以足够的关注。(2) 樊朝臣的《从审美走向消费——艺术接受的当代嬗变》(山东大学硕士论文,2008)。该文以艺术接受为主要视点,探讨了当代社会的审美活动向消费活动转化的趋向,这也是我们要着重论述的议题之一,即"审美的消费化"问题。作者比较了前消费社会和消费社会的艺术接受的差异,指出当代艺术接受具有感官化、时尚化、平面化、快餐化四个特点,并认为"消费与审美的对立"渐趋瓦解,审美带有消费特点,反过来消费也带有审美的特点,这与消费美学的基本构想比较接近。(3) 郭少丹的《消费与审美的对话——审美现代性视野中的中国审美文化转型研究》(西北大学硕士论文,2009)。该文主要论述了消费文化与审美文化的同化现象,认为由于消费主义的无往不利,消费文化对审美文化带来严重的冲击和破坏,严重扭曲了其内部的感性和理性、大众性和批判性、世俗性和超越性、他律性和自律性的传统张力结构,并导致审美的严重泛化,进一步的结果是,审美不再指向对人的生存的终极关怀,而是指向了消费的社会逻辑。这些观点与我们的"审美的消费化"转向颇为接近。

笔者以上大致梳理了关于消费与审美问题的国内相关研究,但从研究广度和深度来看,国外学者的相关研究更丰富。

法国理论家奥利维耶·阿苏利(Olivier Assouly)的《审美资本主义——品味的工业化》[①]一书对于消费与审美之关系做了较为深入的研讨。这是与本研究最直接相关的专著。该书主要论述了两个问题。一方面,审美和艺术在资本主义的发展历史中究竟起到了什么样的作用。作者通过论证指出,资本主义历经工业资本主义和文化资本主义,到了21世纪伊始,已经进入"审美资本主义"的全新阶段,"审美资本主义"的基本含义是,审美动因与经济动因之间的矛盾至此已被完全克服,审美动因已成为资本

---

① 〔法〕奥利维耶·阿苏利:《审美资本主义——品味的工业化》,黄琰译,华东师范大学出版社,2013。

主义经济增长的基础性力量。这种理解乍听好像有点惊世骇俗,其实詹姆逊(Fredric Jameson,亦译杰姆逊、詹明信等)、丹尼尔·贝尔(Daniel Bell)等理论家对此早有不同程度的论述。2002年诺贝尔经济学奖得主丹尼尔·卡尼曼(Daniel Kahneman)的"大审美经济"思想也认为,人类历史已经过农业经济、工业经济两个阶段,到了当代社会正在进入大审美经济的第三个阶段。在消费社会语境下,这当然是对审美和消费关系的一个强有力的论证。另一方面,品位或审美趣味如何被组织进入工业化的生产逻辑。这其实是在论述美学与文化工业之间的关系问题,德波(Guy Debord)的《景观社会》一书早就提到"商品形象的过剩堆积"问题,大卫·哈维(David Harvey)的"后现代状况"也论述了"形象工业"问题,与作者的观点可互为参证。此外,作者在序言中以反问的方式特意提到了"消费的审美化"问题:"是否该承认,资本主义要成长和生存,则必须在其当代历史的某个时刻转向消费的审美化呢?"答案当然是肯定的,不过作者将这个问题提升到关系资本主义生死存亡的重要位置,确实匪夷所思。从全书来看,作者对消费活动的理解确实有一种美学化的倾向,比如他认为,"审美品位就像经济机器的发动机,其动力是对物质消费所能带来的享受的直接或间接的愉悦想象"[①],即消费过程中的满足感不是来自物质享受本身,而是它所激发的审美想象,因此才会引起关注和获得赞许。这种观点引人深思。

法国理论家波德里亚的大部分著作也涉及消费与审美的内在关联。关于消费社会问题的首屈一指的研究者当然非波德里亚莫属,他凭借有关消费的基础化、符号消费、客体系统、拟像等问题的研究在学界备受瞩目,这里尤其关注的是这些理论与美学之间的关系。值得注意的是,日常生活审美化理论的一个重要来源就是波德里亚的研究,其中他关于"超美学"的论述尤为经典。"超美学"其实就是泛审美化的另一种表述,不过结合其消费社会理论和"超现实"思想,不难得出与奥利维耶·阿苏利几乎一

[①] 〔法〕居伊·德波:《景观社会》,王昭风译,南京大学出版社,2007,第57页。

致的结论：既然"超现实"表现为商业影像没有摹本的自由漂移，那么，消费社会就是被虚构的影像相互模仿的美学社会，当代资本主义也就是审美资本主义。此外，波德里亚的符号消费思想是消费活动向审美化转变的重要理论支撑，他的关于消费的真正对象不是物质性的使用价值本身而是其作为系统的外观形象的观点为美学研究提供了重要参考。

英国后现代文化理论家迈克·费瑟斯通的《消费文化与后现代主义》[①]是关于日常生活审美化理论的经典文献。意味深长的是，正是这本以"消费文化"为主题的书第一次系统提出了"日常生活的审美呈现"问题。而且，仔细品味这个影响至深的命题的三个方面就会发现，它是在讲美学范式的日常生活转向问题，但同时在讲消费理论问题，两者之间的这种深刻的内在关联已经溢于言表了。此外，费瑟斯通关于"美学社会"和"社会美学"的论述跟本研究所提出的"消费美学"构想在理论旨趣上颇为相投，后者可谓前者的一种实现的可能性。

法国著名社会学家皮埃尔·布尔迪厄（Pierre Bourdieu）的《区分》一书对于消费与审美的关系也做了深刻探讨。这本书的副标题"美学鉴赏的社会批判"值得玩味。本书的主旨就在于根据其场域理论系统批判康德及其以后所形成的鉴赏判断的纯粹性、非功利性等精英主义传统。书中作为价值立场的"社会批判"很大程度上已经牵涉消费社会和大众文化问题，在《导言》中，布尔迪厄将消费与美学结合起来进行考察的迹象非常明显："将审美消费置于日常消费领域的不规范的重新整合，取消了自康德以来一直是高深美学基础的对立，即感官鉴赏与反思鉴赏的对立，以及轻易获得的愉悦——化约为感官愉悦的愉悦，与纯粹的愉悦——被净化了的快乐的愉悦的对立。"[②] 显然，布尔迪厄对于鉴赏判断的批判所预设的一个重要语境就是"日常消费领域"，这跟本研究的关系无疑非常密切。

---

① 〔英〕费瑟斯通：《消费文化与后现代主义》，刘精明译，译林出版社，2000。
② Pierre Bourdieu, *Distinction: A Social Critique of the Judgement of Taste* (London: Routledge and Kegan Paul, 1984), p.45.

| 作为文化批评的消费美学 |

德国美学家韦尔施（Wolfgang Welsch）的《重构美学》① 一书系统梳理了审美概念及其与消费经济之间的关系。韦尔施以维特根斯坦的"家族相似"理论对审美概念作了谱系性的系统分析，《重构美学》是后审美范式研究的奠基之作。书中对于审美概念的研究从表层深入人的心灵、思想，以及技术和社会结构，其中的经济维度必不可免（"作为经济策略的审美化"），而且作者正是以此为起点来论述审美泛化问题。更重要的是，审美范式的极度泛化已经深入基础领域，这是审美资本主义的另一个重要佐证。书中关于"美学人"的论述可以与布尔迪厄的"新型媒介文化人"等相互参证，是当代消费和审美主体研究的重要理论资源。

除了上述文献以外，豪格（Wolfgang Fritz Haug）的《商品美学批判——关注高科技资本主义社会的商品美学》②、格罗缁（Jukka Gronow）的《趣味社会学》③、拉什（Scott Lash）与厄里（John Urry）合著的《符号经济与空间经济》④、理斯曼（David Riesman）的《孤独的人群》⑤、鲍曼（Zygmunt Bauman）的《流动的生活》⑥ 和《工作、消费、新穷人》⑦、拉什的《组织化资本主义的终结》⑧、西莉亚·卢瑞（Celia Lury）的《消费文化》⑨，以及舒斯特曼的《身体意识与身体美学》⑩、《审美即生活》⑪ 和《实用主义美学》⑫ 等著作，还有法兰克福学派的主要理论家包括马尔

---

① 〔德〕韦尔施：《重构美学》，陆扬等译，上海译文出版社，2005。
② 〔德〕豪格：《商品美学批判——关注高科技资本主义社会的商品美学》，董璐译，北京大学出版社，2013。
③ 〔芬〕格罗缁：《趣味社会学》，向建华译，南京大学出版社，2003。
④ 〔英〕拉什、厄里：《符号经济与空间经济》，王之光、商正译，商务印书馆，2006。
⑤ 〔美〕理斯曼：《孤独的人群》，王崑、朱虹译，南京大学出版社，2003。
⑥ 〔英〕鲍曼：《流动的生活》，徐朝友译，江苏人民出版社，2012。
⑦ 〔英〕鲍曼：《工作、消费、新穷人》，仇子明、李兰译，吉林出版集团有限责任公司，2010。
⑧ 〔英〕拉什：《组织化资本主义的终结》，征庚圣、袁志田等译，江苏人民出版社，2001。
⑨ 〔英〕西莉亚·卢瑞：《消费文化》，张萍译，南京大学出版社，2003。
⑩ 〔美〕舒斯特曼：《身体意识与身体美学》，程相占译，商务印书馆，2011。
⑪ 〔美〕舒斯特曼：《审美即生活》，彭锋等译，北京大学出版社，2007。
⑫ 〔美〕舒斯特曼：《实用主义美学》，彭锋译，商务印书馆，2002。

库塞、阿多诺、哈贝马斯等都有关于消费与审美关系的重要论述。

总体而言，在消费与审美关系的问题上，国内外学界已经在不同程度上提出了消费的审美化、审美的消费化等重要议题，对于商业和美学、消费品与艺术品等之间的关系问题也做了一定论述，但整体上散论多于宏观，整合不够深入，较为缺乏具有系统性和创新性的探讨分析。

（二）"消费美学"相关研究

"消费美学"的概念在国内已经有学者提出。早在20世纪90年代，国世平、匡国建合著的关于商品文化与消费的学术著作就以"消费美学"①直接命名。该书的"消费美学"是从传统的审美观念出发，对当时社会正在出现的审美消费化现象以及消费审美活动进行的一个比较系统的理论研究，作者的眼光是敏锐而超前的，但该理论存在以下两个问题。一是，由于历史条件的限制，作者的理论视野仅仅局限于消费经济学、马克思主义政治经济学和传统精英主义美学，没有涉及任何消费社会、日常生活审美化、文化研究等相关理论资源，造成其材料陈旧、观念缺乏新意，在论述上也流于经验化，而且大部分观点和结论比较老套，与当代社会语境严重背离。二是，两位作者都是经济学出身，对美学的基本观念缺乏足够的了解和把握，文中出现了大量函数、公式、效益分析等量化研究的迹象，整体上偏重经济学研究。

王俊棋在《消费美学初探》②一文中没有正面提出消费美学的概念，也没有勾勒一个理论框架，而是主要对消费美学学科理论的前提性问题作了初步解答，认为：第一，传统的本体论美学反对审美经验的做法在审美和艺术已经严重泛化的后现代消费社会必须被扭转过来，"美学社会"的出现导致必须建构起一种与之相适应的"社会美学"；第二，从波德里亚到詹姆逊再到韦尔施的一系列理论家已经充分意识到商品生产和消费过程

---

① 国世平、匡国建：《消费美学》，福建人民出版社，1990年。
② 王俊棋：《消费美学初探》，《当代文坛》2008年第2期，第42~44页。

| 作为文化批评的消费美学 |

与艺术过程密不可分的联系,他们为消费美学提供了重要的理论资源,而法兰克福学派站在精英主义立场上所坚持的大拒绝、大批判的态度日渐沦为一种审美主义的乌托邦空想。该文作者的这些观点与我们的基本构想比较一致,关于如何建构"后理论时代的美学"的发问值得学界深思,关于"社会学美学"的提议正与我们的基本目标相一致。但可惜文章内容太少,且没有后续研究。更重要的是作者所谓的"消费美学"有应用美学倾向,这一点我们不敢苟同。

凌继尧教授的《经济审美化研究》[①] 一书为国家社会科学基金重点项目"我国经济审美化现状及对策研究"结项成果。凌继尧主要根据当前社会的"经济审美化"现象和以色列裔美国普林斯顿大学卡尼曼教授的"大审美经济"思想,提出了"审美经济学"的理论构想,这显然是应用美学的研究,而不是理论美学,因此理论价值不高。理论美学与应用美学最根本的区别是:有没有对审美活动及审美范式本身有新的发现并作出系统的研究和界定。由于"美学是审美学",审美问题就成了美学体系的最基本内核;应用美学就是在假定某一种审美范式以及美学理论的前提下,对具体问题进行的美学研究。审美经济学就是在特定美学理论前提下的应用研究,而且根据其主要内容,凌继尧主要是在传统的精英主义美学理论前提下研究当代社会的经济问题,我们认为这种观念值得商榷。因为传统美学是超越性的非功利主义美学,这与其主要议题即经济活动有本质的差异,后者主要是一种追求利益最大化的理性的功利活动。事实上,经济活动与审美活动的最佳契合点不在于笼而统之的经济活动本身,而在于作为当代经济活动重心的消费活动,也正是在后一点上才能发现经济学与美学在理论美学问题上融通和对话的可能性。此外,凡此种种的所谓"商品美学""企业美学""时尚美学""营销美学"等体系性构想一方面都属于应用美学,另一方面都存在上述非功利价值与功利活动相对立的现象,这些构想大多没有太高的理论价值。

---

① 凌继尧:《经济审美化研究》,学林出版社,2010。

此外，刘悦笛的《生活美学与艺术经验——审美即生活，艺术即经验》①一书着意于从不同的理论资源、不同视角和不同立场出发对同一问题的不同层面进行系统研究，并据此对同一现象赋予了不同的称谓，一为"消费美学"，一为"生活美学"。该书对于这两个概念及其对象领域的探讨具有较强的学理性，对于本书有较大的参考价值。

美国学者丹尼尔·哈里斯（Daniel Harris）的《可爱、古雅、渴求与浪漫：消费主义美学》②一书不是一部消费美学的体系性著作，作者也没有流连于对消费主义美学的学理性阐发，而是创造性地提出了消费社会语境下的十个基本范畴，它们非常接近于国内美学研究者所谓的审美形态或审美范畴，分别是：cuteness（可爱）、quaintness（怀旧）、hungry（饥渴）、coolness（酷）、romantic（浪漫）、zaniness（古怪）、futuristic（时髦）、deliciousness（可口）、glamorousness（诱惑）、cleanness（纯净）。这些范畴部分与我们的审美范畴/形态的构想比较一致。

通过综述可知，国内外学界对于消费美学的基本命名有初步涉及，但是其内涵不统一，也很少从消费与审美的内在关系着手探讨消费美学的基本观念，与本书主旨存在较大的距离。

（三）日常生活与大众文化研究

从目前的研究文献来看，关于消费与审美问题的研究一方面主要探讨两者内在关联，另一方面这些研究过程和结果大多涉及日常生活和大众文化问题，或者把后者作为对象化领域，因此本书有必要以消费和审美为主要视角对该研究领域的基本情况作扼要综述。

日常生活问题是文化研究和当代美学、文艺学都比较关注的问题，其中以胡塞尔（Edmund Husserl）、海德格尔、哈贝马斯、列斐伏尔（Henri

---

① 刘悦笛：《生活美学与艺术经验——审美即生活，艺术即经验》，南京出版社，2007。
② Daniel Harris, *Cute, Quaint, Hungry And Romantic: The Aesthetics of Consumerism* (Massachusetts: Da Capo Press, 2001).

Lefebvre)、德赛图（Michel de Certeau）等的研究尤为经典，在社会学方面，现象学社会学的代表人物阿尔弗雷德·舒尔茨（Alfred Schütz）、常人方法论社会学的代表人物加芬克尔（Harold Garfinkel）等都有过重要论述。

胡塞尔的《生活世界现象学》①是现代哲学向日常生活转向的最重要拐点，其巨大哲学史价值正如苏格拉底将哲学从天上拉回人间。关于生活世界的研究是胡塞尔后期哲学的最重要成就。胡塞尔前期将主体通过三次还原规定为先验的、确定性的意识，但在后期他指出意识没有时间永恒不改变的绝对，它本身就是一个历史的意向性的发生和构造过程。这已经把意识主体向感性具体的人过渡了。胡塞尔进而指出，当下生命的体验来自一个普遍的境遇，这就是"生活世界"。它是一切经验的历史基础，并先于科学和真理的世界而存在，它是一种"前科学"，同时为前者提供活生生的生命直观的基础，但包括数学和几何学在内的一切欧洲科学以不断抽离和否定生活世界为前提，因此胡塞尔呼吁建构一种生活世界的科学。

海德格尔的存在哲学更是以关注生活世界和人的在世生存而闻名。在《存在与时间》等著作中，海德格尔揭示了"日常状态"并分析了它的三个基本特征，指出"'此在'可能木木然地'受着'日常状态，可能沉浸到日常状态的木木然之中去"。这里所分析的日常状态显然是一种被遮蔽的、晦暗不明的状态。能够一直领受这种状态的人，海德格尔指出是"常人"，即人的一种"平均状态"，以一种"非自立状态与非本真状态的方式存在"。②这种分析显然与正在浮现的"大众"观念有异曲同工之妙。海德格尔进一步将日常生活揭示为此在的沉沦、操心、畏惧等在世方式，这与胡塞尔对生活世界的界说显然大相径庭。二者对生活世界的不同见解正是此后理论界产生不同见解的重要基础。比如法兰克福学派的哈贝马斯等人显然与胡塞尔的见解更为接近，生活世界与系统的分野，体现为作为前科

---

① 〔德〕胡塞尔：《生活世界现象学》，倪梁康等译，中央编译出版社，2002。
② 〔德〕海德格尔：《存在与时间》，陈嘉映等译，生活·读书·新知三联书店，2006，第156页。

学的生活世界与作为一般科学的知识系统之间的对立,只不过前者加重了政治色彩罢了;而阿多诺等人则以异化的观点看待生活世界问题,显然更接近海德格尔的观点。

值得关注的是来自社会学界的几个理论家对生活世界的理解。其中以舒尔茨的现象学社会学最值得关注。舒尔茨受胡塞尔影响较大,他所谓的生活世界是人们在此过一般意义上的日常生活而直接经验到的主体间的一个场域。它所具有的最重要的特点就是先于任何人而存在,而且是理所当然的。因此,人们在日常生活中必然持有一种朴素的、未经反思的自然态度,他们本能地"对怀疑存而不论"。这种态度是在说明生活世界是感性的、前反思的、非规范性的,同时是不断重复的、可以用经验说明的。他的弟子加芬克尔就是在日常生活实践的可说明性及语言表达的索引性等问题上进一步深化了这些研究,一种关于常人的知识的理论研究第一次进入社会学的核心领域中。

关于日常生活审美化视野中的日常生活问题非常值得研究,一般认为此种日常生活是中产阶级在追求感官享乐的同时被意识形态控制和异化的前反思的生活世界,它是各种力量合力塑造的结果。

大众文化问题也是近年来文化研究、文艺学等学科领域密切关注的焦点问题,文化研究的真实含义其实就是大众文化研究。值得一提的是,对于大众文化,国外对应不同的译法,比如流行文化(popular culture)、通俗文化(mass culture)、文化工业(cultural industry)等,这些译法的侧重点有所不同,但都可以被抽绎出一些共同点,比如大众性、娱乐性、消费性、批量生产性等。

关于大众文化问题的研究,有一些著作比较重要,比如上述约翰·菲斯克的《理解大众文化》、英国文化批评家约翰·斯托里(John Storey,亦译约翰·斯道雷)的《文化研究与大众文化研究》[1]以及国内陆扬等合著的《文化研究导论》、陶东风主编的《大众文化教程》等。值得关注的是

---

[1] 〔英〕约翰·斯托里:《文化研究与大众文化研究》,北京大学出版社,2007。

约翰·斯道雷的《文化理论与通俗文化导论》[①] 一书。该书再版近十次，深受文化研究理论界好评。书中所提出的将文化研究的理论资源分为文化主义和结构主义两个部分已经是学界共识。

关于日常生活与大众文化之间的关系，必须要在这里说明：对日常生活与大众文化之间关系的重新审视是文化研究在理论上的重大创获之一。根据威廉斯及其他后续研究者的界定，这两者之间在很大程度上已经被等同化了，"文化是由'普通'男女在日常生活中与日常生活的作品和实践相交流过程中创造的，它的定义应该是他们'活生生的经历'"[②]，两者之间的差异只是不同文本的表现形态的差异，谈论日常生活问题很大程度上已经是在谈论各种大众文化问题了。有一些著作对此有专门的研究，比如英国理论家戴维·英格里斯（David Inglis）的《文化与日常生活》[③] 就详细地探讨了这个问题。

就国内的情况来说，学界对进入新时期以来的日常生活和大众文化有一个基本共识，那就是自20世纪90年代以来，随着李泽厚、王蒙等提出"告别革命""躲避崇高"等观念，日常生活逐渐过渡到以追求"快感"为旨的"后革命时代"[④]，大众文化也逐渐与革命、政治、解放、进步、民族、国家等此前数十年密不可分的宏大叙事渐行渐远；同时，在全球化浪潮的强力冲击之下，两者都驶入了商品社会和消费主义的历史境遇之中。20世纪90年代大陆学界曾经发起的"人文精神论战"其实主要就是各派对市场经济、大众文化、革命理想以及人文知识分子的精神操守等问题所展开的激烈思想交锋。此后的历史更是一个逐渐向后革命时代的消费文化

---

① 〔英〕约翰·斯道雷：《文化理论与通俗文化导论》，杨竹山等译，南京大学出版社，2006。
② 〔英〕约翰·斯道雷：《文化理论与通俗文化导论》，杨竹山等译，南京大学出版社，2006，第58页。
③ 〔英〕戴维·英格里斯：《文化与日常生活》，张秋月、周雷亚译，中央编译出版社，2010。
④ 周宪：《文化表征与文化研究》，北京大学出版社，2007，第283~288页。

不断蜕变的历史。戴锦华对"广场"（Plaza）的著名分析①可为此佐证。正是在这样的历史语境下，国内部分美学和文艺学的学者才开始转向对"日常生活审美化"问题的研究。显然，他们所谓的日常生活在很大程度上，正如周宪和刘方喜等所说，主要就是指"消费生活"，而不是"政治生活"或"生产生活"。另外，正如陶东风等学者所忧虑的那样，社会历史一旦进入"后革命时代"，对于物质消费、感官欲望等的空前满足，很容易使消费大众进入一种感官相对剥夺的、不关心政治权利和民主进程的境地之中，这是日常生活和大众文化研究必须要警惕的问题。

（四）消费与审美视域下的编辑出版研究

应该说，在文化消费化、大众化的语境下，编辑出版问题本身属于大众文化的一个子范畴，报纸、杂志、书籍、网络本身与人们的日常生活息息相关，基于消费和（或）审美的视角探讨编辑出版问题的研究目前已经为数不少。

由王黎明撰写的《编辑美学》② 一书是国内学界较早关于编辑出版活动的美学理论探讨。该书借用马克思主义美学的基本原理对于编辑活动的各个环节进行了美学考察，并侧重于研究编辑制成品即图书文本的装帧、设计、宣传等方面的美学问题。虽然限于当时的市场经济和文化环境，该书几乎未涉及阅读消费问题，但其先导性和创新性依然是不容忽视的。肖先福等主编的《编辑美学》是一部研究论文集。该书主要考察了编辑作品的本质、特征、变化规律以及所谓"作品美"问题，延续了实践美学的基本路数。书中特别指出，新的社会经济条件下的编辑从业者应将社会效益和经济效益统一起来，使每件作品都能体现出独特的魅力，在文字、图像、色彩搭配、材质、制作工艺、表现形态等各个方面尽可能做到尽善尽美，从而占据图书市场的抢眼位置。这些观点已经触及美学与消费行为的

---

① 戴锦华：《大众文化的隐形政治学》，《天涯》1999年第2期，第32~41页。
② 王黎明：《编辑美学》，吉林大学出版社，1995。

关系性问题，具有一定的理论前瞻性。具有丰富业界经验的杨秦予在其撰写的《图书编辑美学初论》[1] 一书中充分展现了美学理论、阅读消费与图书编辑出版活动之间深刻的内在关联。该书从学科本体论、审美客体论、审美主体论、审美创造论、审美关系论五个方面对编辑活动中的审美、创造美问题进行了系统研究，其中审美关系论对于社会文化和经济市场环境的关注拓宽了此前编辑出版美学研究的视野，对本书的消费美学研究具有一定的启发。

提起编辑出版领域的美学研究不可能绕开黄理彪先生。黄先生早年毕业于山东大学，主修文艺学专业，后来在多家报社和杂志社任职，较早涉足用美学理论探讨编辑出版活动的研究领域，其所撰写的《图书出版美学》[2] 一书至今依然是国内众多高校编辑出版专业的首选教材。该书集中探讨了编辑出版领域的审美活动和审美规律，提倡用美学和艺术学的基本原则打造出版物。书中对于图书装帧设计以及市场营销的论述具有一定的学理深度，代表了纸媒时代编辑出版美学的巨大成就。

关于编辑出版和市场营销领域的研究在国内外学界较多，可惜大多局限于经济学领域，很少有以美学的视角营销出版物的研究。而且，就目前的研究文献来说，关注传统出版有余，关注新兴出版形态比如网络出版、数字出版、移动出版等的研究为数不多，这说明在审美泛化和日常生活审美化的大背景下编辑出版的美学研究未能与时俱进，没有将出版物尤其电子出版物的消费和阅读提升为生活世界的结构性要素，以及并未对其进行学理观照，而这些问题正是本书的重要着眼点。

三　构架与方法

本书在技术路线上以消费与审美之间的关系为主线，通过对二者历史

---

[1] 杨秦予：《图书编辑美学初论》，河南大学出版社，2009。
[2] 黄理彪：《图书出版美学》，首都师范大学出版社，1998。

和理论脉络的系统梳理，初步提出消费美学的思想观念，在此基础上构建出其对象化领域，然后以适切性为原则对于商业文化和笔者比较熟悉的传媒文化的特定领域展开具体的阐释实践。基于这种构想，本书的主体框架可分为如下几个层面。

首先，"绪论"部分以消费社会语境下审美主义的失落作为研究缘起，提出要深入探究消费和审美、商业和美学之间的历史和当代关系的理论和现实意义，进而围绕这一核心议题详细梳理国内外相关的研究文献，重点找出其不足，然后简要介绍本书的基本框架和研究方法，从而为正式研究做好学理铺垫。

其次，本书的理论架构沿循"从古至今、纵横有序、自下而上"的逻辑，通过大量的文献研究，系统厘清消费和审美以及商品和艺术的历史及当代关系，尤其着重于论述它们在当前语境下关系模式的新变化，在此基础上初步提出"消费美学"的基本构想，系统论证其主要概念内涵、理论归属、研究方法、学术和实践价值，等等，并尝试通过消费美学的理论视野重新检视审美主义和审美现代性问题。这部分的理论探讨为本书上编。

最后，本书下编以消费美学为基本视点，集中探讨生活世界的商业和传媒文化现象，重点聚焦于主体、行动、客体等关键层面，深度发掘消费性和审美性元素在这些层面上的具体表现及结构关系，力求厘清二者在生产过程、消费行为、文化制成品等方面的事实性关联，充分展示消费美学的阐释效力及其在某些领域的建构功能。

在研究方法上，本书在理论探赜部分以消费和审美之间的关系谱系为主要研究对象，因此在理论基础部分以文献研究和理论思辨研究为主，同时对消费和审美之间的属性、特点及其关系脉络展开比较研究。在阐释实践部分，本书牵涉具体的事实对象，需要深入相关从业者和消费大众的生活现场，采用实证性和阐释性的研究方法，比如对于商业文化研究需要亲赴商业中心，以身体为研究工具，展开田野调查，对于以编辑出版为例的传媒文化研究则需要了解相关行业，甚至需要一定的从业经验，以便于展开民族志研究。

综上可知，本书主要创新之处包括以下三点。

第一，理论和学术创新。主要体现为系统梳理消费与审美的历史和当代关系谱系，提出消费美学的基本构想等。

第二，实践和应用创新。不仅本书所提出的消费美学的基本构想可以用诸商业文化、传媒文化等领域的阐释—批评实践，而且本书所述消费性和审美性元素综合平衡的基本理念可以用来建构大众文化、商业公共空间等，具有一定的应用价值。上述构想和理念还可以对现代性、全球化等宏大主题进行重新批判，发挥相应的理论建构功能。

第三，研究方法创新。本书在研究方法上服膺于文化研究（Cultural Studies）的方法论理念，力求将理论思辨与实证研究相结合，借此打通人文科学和社会科学的方法论壁垒。书中不仅运用文献研究、思辨研究、比较研究等传统书斋式的人文科学研究方法，还倡行走向田野、生活现场和（文化）生产车间，以获取经验材料，研究过程融入了实证主义和阐释主义的社会科学方法。

上编　理论探赜

在人本主义心理学家马斯洛（Abraham H. Maslow）的七阶需求层次理论中，人的消费需求被列为低层次的生命和安全需求，消费必然意味着某种缺失，对消费资料的获取构成了生命体得以存续的物质和生理基础，相形之下，审美则是一种高级的精神需求，它以距离性和去功利化为基本特点，代表着人对自由、超越的生存境界的向往。但是，在审美资本主义（Aesthetic Capitalism）和符号消费的强力驱动之下，消费和审美这一泾渭分明的划分，似乎正经历着某种挑战。当我们悬置各种理论预设，像胡塞尔那样"面向事情本身"，就会发现正在发生的人们的消费实践已不再仅属于低级的生理需求，审美也近距化、具身化了，不再是一种高高在上的、形而上的价值追求，两者之间的关系似乎已经发生了某种革命性的变化。本部分我们将尝试从历时性和共时性两个维度，系统探究这种变化的历史脉络和内在逻辑及其带来的深刻影响。

第一章　历史因缘

在当前的语境中，消费和审美这一对立性的因素似乎已经被牢牢地绑定了，二者总是言此及彼，互相通达，而且，二者事实上都已经走向了各自传统的反面，出现"消费的审美化"和"审美的消费化"的互逆过程。这一过程的出现极大地震颤了当代文化，甚至消费性和审美性这一对立性因素在很大程度上合力重塑了当代文化，成为其不可或缺的特质。消费和审美之间关系的这种变化不仅已成为既定的社会和文化事实，而且很可能带来一个重要的理论增长点，即以"消费"和"审美"这一对已然走向融合、互渗的前对抗性因素为切口来研究大众文化，探究消费和审美在当代文化中的再现、功能和意义等，从而有可能开辟出文化研究的一个新领域、新范式。

在此，笔者将通过对消费和审美历史谱系的全盘厘清，来考察它们的运行轨迹，借此为对二者横向关系的研究作铺垫。概而言之，消费和审美作为人类文明特有的感性活动"本根同生"，但经历了"相煎何急"的戏剧性历程，最终又在消费社会和审美过剩时代重归于感性同一性。

一　从"本根同生"到"相煎何急"

在原初意义上，消费和审美具有天然的相关性：二者都与"感性"或"快感"有关。例如，中国古文字"美"是"羊"与"大"的上下结合，这一结合将消费与审美的感性关系明白无误地凸显出来。既然二者都关涉感性，那么在这里我们可将前者称为"消费感性"，后者称作"审美感性"。我们发现，虽然都是以感性相关性为起点，二者后来的观念衍变却产生了根本性的差异甚至对立：美学的前—后现代史表明，审美感性与消费感性之间有一种不共戴天的敌对情结，美学的旨趣总是强调审美的超越性、非功利性和自由精神，始终与消费的生理肉身性保持着谨慎而适当的距离。二者的对立可以总结为以下一系列的区分范畴：现实性的/超越性的、功利性的/非功利性的、肉体性的/精神性的、低级的/高级的，等等。这一系列的二元区分造成了二者截然不同的历史命运和繁杂纠结的斗争关系。

然而，最初的文明史（虽然以否定的方式）依然是将二者天然的感性关系相提并论。先看"消费"。从词源学上来看，无论在中国还是在西方，"消费"一词最初都带有鲜明的贬义色彩。在中国古代，"消"，《说文解字》注为"尽也"，元朝始有"享受、受用"之义；"费"在先秦表意为"大量花费""靡费"。"消费"一词在汉代已出现，义为"消磨、浪费"。[1] 西方的"消费"概念，就像威廉斯所总结的那样，指"摧毁、用光、浪费、耗尽"。此外，"消费……在中古英语中写作'consumpcyon'，源于拉丁语'consumption-'词干，带有'用尽'、'耗费'、'用光'、'摧毁'乃至'暴殄天物'之类的意思"。[2] 可见，"消费"的原初含义就是靡费、破坏，其贬义的感情色彩在中西古代是不约而同的。这种现象被认为与古代社会极其有限的生产力水平和极端不均衡的分配模式有关。自人类文明的等级制度创世以来，提及消费似乎总带有一种阶级情绪：消费总是与特权阶级有关，因此，消费即浪费，消费伦理即道德颓丧。更严重的是，声色犬马之感官消费又总是与审美和艺术息息相关，正是在这个意义上，古代的很多理论家对艺术一直保有戒心，甚至采取了简单否定的态度。其中，老子的言论最为典型："五色令人目盲，五音令人耳聋，五味令人口爽，

---

[1] 杨魁、董雅丽：《消费文化》，中国社会科学出版社，2003，第4页。
[2] 杨魁、董雅丽：《消费文化》，中国社会科学出版社，2003，第5页。

驰骋畋猎令人心发狂,难得之货令人行妨。是以圣人为腹不为目,故去彼取此。"(《老子》第十二章)"为腹"即基本的生理需要,相当于我们所说的"消费";"为目"即各种审美和艺术活动。"为腹不为目"乍看好像是肯定了消费、否定了审美,实则是对二者的一概否定。老子认为,"为目"会带来眼花目眩、听觉失灵、心思狂荡、口味败坏、坐卧不安等后果,将对人的生理和精神造成极大伤害,而且,从特定的阶级立场上看,它还有可能给实践和伦理带来更为严重的后果。但实际上这些后果并不能都归结为"为目",而是可以分为作为艺术的"五色""五音",以及作为消费(品)的"五味""畋猎""难得之货"。显然,老子在这里是将二者直接并置的,没有作任何区分,换言之,老子的判断是基于消费感性和审美感性之间天然的连带关系,在否定其一的同时,悖论式地否定了其二。总之,老子将审美和艺术与消费相提并论,并把它们认作特定的阶级实践的一部分,因而下令将它们一并驱逐出伦理学与美学的"理想国"之境。在这里,我们已隐隐感觉到,"放逐诗人"的背后其实隐藏着一个巨大的后现代消费寓言:消费必然与审美有关,消费感性与审美感性之间仅一步之遥。

如果说古代的一些理论家因由特定的阶级情感放逐了诗人和艺术,那么另外一些理论家则以崇高的礼遇将审美和艺术迎回;而相反,消费的命运曲线一直没有转折;同时,审美在自身合法化的过程中与消费之间的关系日渐紧张起来。

召回审美和艺术并将其置于无上地位的传统在中西方分别肇始于孔子和亚里士多德。与老子相反,孔子充分肯定了艺术,认为"审美和艺术在人们为达到'仁'的主观修养中能起到一种特殊的作用",[①] 君子人格的塑造分别诉诸外在的"礼"和内在的"乐";亚里士多德则比较了艺术和历史,认为前者比后者更加真实,从而肇创了"美"高于"真"之先河。此后,美、审美和艺术开始无限攀升,以至于达到了意识世界之极境。

---

① 叶郎:《中国美学史大纲》,上海人民出版社,2005,第42页。

| 作为文化批评的消费美学 |

这一进程沿两条轴线展开：在宗教谱系中，美被指定为上帝的属性，上帝即真善美的统一；从历史的角度看，这一传统自柏拉图的"理念说"肇其始，却不见有后人翼其端。古罗马时期，普罗提诺（Plotinus）提出"太一说"，认为"太一作为第一性的存在，就是神，就是柏拉图讲的最高理念，纯粹理性，就是善，也就是真善美的统一"。① 在此，美已与上帝争得了共席之礼；到了中世纪，美学被纳入神学，神学、美学融柏拉图学说、普罗提诺的新柏拉图主义和基督教教义为一体，"其中心任务就是论证'上帝之美'"。② 奥古斯丁（Saint Augustinus）在《忏悔录》中坦言，他自己以前"最大的错误就是从物质世界的内部寻求美，而实际上美的根源只在上帝……上帝是至美，绝对美，无限美，万美之美，一切美的根源和创造者"。③ 此后，托马斯·阿奎那（Thomas Aquinas）、马利坦（Jacques Maritain）、巴尔塔撒（Hans Urs Von Balthasar）等神学、美学家无不将美设定为上帝之光，美的神圣地位已坚不可摧。

同时，在世俗世界里，美统一了真和善，并与自由直接同一。真、善、美的关系问题一直是美学的核心命题之一，休谟、康德、黑格尔等对此都有重要论述。马克思改造了斯宾诺莎（Baruch de Spinoza）的"自由是对必然的把握"，提出自由是对必然的认识和对客观世界的改造，即真和善的统一，后来的马克思主义者又将其总结成客观性和社会性的统一。这种观点在美学世界引起了广泛回响，并被直接表述为："真和善、合规律性与合目的性的这种统一，就是美的本质和根源。"④

审美地位的无限攀升实际上是以非功利性、超越性品格为前提的，而该前提正是奠基于审美感性对消费感性的不断伤害、剔除和否弃。这一过程在逻辑上分作两个层面来实施：一个层面是艺术的合法化，即艺术与"技艺"脱离开来，将非实用性、非功利性、无目的性作为自己的本质属

---

① 李醒尘：《西方美学史教程》，北京大学出版社，1995，第101页。
② 李醒尘：《西方美学史教程》，北京大学出版社，1995，第110页。
③ 李醒尘：《西方美学史教程》，北京大学出版社，1995，第103页。
④ 李泽厚：《美学四讲》，天津社会科学院出版社，2004，第91页。

性，借此，艺术实现了与高雅、纯粹、贵族趣味的关联；另一层面是审美的合法化，即审美宣称自己与消费断然决裂，审美感性不同于消费感性，审美快感亦有别于消费快感。显而易见，艺术和审美的合法化是同一过程的两个方面。消费感性和消费快感作为低级的官能需求在审美和艺术合法化过程中都必须被极力克服，以便拉开"距离"。这样，在美学的历史上，消费就变成了完全陌生的、他性的存在。

消费被边缘化、他者化的历史在早期的经济学中同样存在。早期的经济学家威廉·配第（William Petty）认为，最不利于生产的首先是大吃大喝的消费，其次是用于购买衣料的消费；亚当·斯密则干脆宣称节俭者是"社会的恩人"，挥霍浪费则是"社会的敌人"。

消费这一充满了悲怆意味的历史在韦伯的《新教伦理与资本主义精神》中被演绎得淋漓尽致。根据新教伦理，上帝选民的美德就是勤于劳作，累积财富，例行节俭，避免挥霍浪费，只有这样才能得到神的恩典和救赎。新教伦理的禁欲主义和苦行主义精神在造成获利合法化的同时，造成了对消费感性的彻底否弃，或者说，造成了消费感性与审美感性之间的空前对立。新教伦理认为禁欲、苦行、内心清净能够分享上帝的光辉，而后者如前所述，在很大程度上被认为正是真善美的统一或美本身。这种将感性弃绝才能实现审美/观道的论调，无疑正是传统美学精神之指归。

在整个前—后现代，审美和艺术一直占据人类意识的顶端，"上帝死了"之后，这一观念愈演愈烈，以致出现了："审美主义"的浩荡大军——尼采、韦伯、齐美尔（Georg Simmel，亦译西美尔、席美尔、西梅尔）、海德格尔、马尔库塞、阿多诺、福柯、席勒、叔本华等。应该说审美主义以审美和艺术置换宗教的理论构想在传统的逻辑内是完全可行的，而且若是不遇到消费主义就几乎是完美的。但是很可惜，这一项蔚为壮观的救赎计划在遭遇后现代消费社会后，就无可挽回地坠入了世俗的尘埃。虽然理论家竭力捍卫审美的传统合法性，以及守护经典、先锋艺术的神圣地位，但是正如法兰克福学派深刻揭示的那样，消费逻辑、工具理性的锋镝所指，已经不容"圣物"的存在。在"上帝死了"之后,艺术也必须终结。消费主义与审美主义对决的最终结果是,审美遭到降格、祛魅,逐渐世俗化、功利化、泛化、日常化,逐渐被卷入日常逻辑,最终审美主义为之搁浅。

审美主义救赎计划的失败说明,在消费主义和大众主义的围攻下,传统的充满精英趣味的审美和艺术的合法性开始面临危机;同时说明,在某一时刻,在经历了崇审美而抑消费的相当长的历史时期之后,消费的生命开始惊动、苏醒,并试图主动纠缠、引诱、笼络审美和艺术。

二 现代性与关系转型

这一历史性时刻就是资本主义的到来。在消费与审美的关系发展过程中,资本主义扮演了一个极为重要的角色。现代历史以来的资本主义进程彻底改写了消费与审美的关系史,不仅打破了消费缄默的、他性的历史,而且正是作为消费化或消费策略的一部分,审美化的逻辑潜能最终被唤醒。资本、商品和消费的现代化与其自身的合法化过程在很大程度上是直接同一的,只是到了资本主义时代,生产、商品、消费等资本的要素才被推到历史的前台并担当核心角色。但该过程全然不同于审美和艺术的合法化对消费的拒斥,而是采取了拉拢、引诱的战略。其结果是,后者被迫放弃了自己的传统合法地位,审美和消费复归感性同一性,一起加入了世俗和市场的狂欢。

按斯蒂文·贝斯特的划分,现实的商品化(消费的现代化)的三个阶段在理论上分别对应马克思主义、新马克思主义和后马克思主义,其发展轨迹也就是从商品社会到景观社会再到仿真社会,这一轨迹同样描述了从现代性到后现代性的一种运动。[①]

资本主义的生成和进展都伴随生活世界的逐步世俗化、商品化。在

[①] 〔美〕道格拉斯·凯尔纳编《波德里亚:批判性的读本》,陈维振等译,江苏人民出版社,2005,第59页。

《哲学的贫困》中,马克思最先生动地描述了资本主义的"商品化阶段":"人们一向认为不能出让的一切东西,这时都成了交换和买卖的对象……甚至像德行、爱情、信仰、知识和良心等最后也成了买卖的对象……这是一个普遍贿赂、普遍买卖的时期,或者用政治经济学的术语来说,是一切精神的或物质的东西都变成交换价值并到市场上去寻找最符合它的真正价值的评价的时期。"① 马克思充分注意到了物品、文化、精神、情感甚至人本身(劳动力)等的商品化,深刻地揭示了资本的德行,从而开辟了一个源远流长的批判传统,该传统历经卢卡奇、阿尔都塞、法兰克福学派等生动地再现了一个被资本逻辑异化了的生活世界。马克思主义者的理论叙事直接或间接地表明,资本主义进程的重要后果不仅带来了审美和艺术的合法化,而且使消费与审美之间的隔膜逐渐消融。在前者,审美和艺术一方面在外部遭遇来自消费主义、大众主义等的渗透兼引诱,另一方面,在其内部也经受着现代主义和后现代主义诸流派形形色色的颠覆和解构,传统文化的膜拜价值渐渐消失于历史中;在后者,审美和艺术不得不走下神圣的祭坛,加入了复制技术、工具理性、商品消费等世俗世界的联欢。

这一进程到了新马克思主义者德波那里,出现了空前的转机:德波的"景观"概念不仅进一步揭示了日常生活的商品化,而且凸显了消费与审美相融合的态势。

根据德波所言,一方面,"景观就是商品完全成功地殖民化社会生活的时刻",景观是商品化的一个新阶段,"商品不仅是可见的,而且那就是所见到的全部:所见到的就是商品的世界"。② 可见,景观社会就是商品完全占据社会生活的时代,是商品化的空前时刻。另一方面,德波在另一处仿效马克思《资本论》的开篇,"在现代生活条件无所不在的社会中,生活本身展示为许多景观的高度聚集。直接存在的一切都转化为一个表

---

① 〔德〕马克思:《哲学的贫困》,人民出版社,1949,第25页。
② 〔法〕居伊·德波:《景观社会》,王昭风译,南京大学出版社,2005,第56页。

象"。① 这就是说景观是一种外在的表象，景观化就是表象化，"景观"这一"非常复杂的术语"的一个重要方面就是商品的形象展示。在"景观"中，"物质客体让位给了它的以符号形式出现的表征，并将自身的'直接影响力和最终功能'描述为形象。客体的生产普遍地让位于一种大量增长的形象客体"②，"在抽象的景观社会中，形象变成了物化商品的最高形式"。③ 在这里，商品的形象、外观首次被标示到了极为显著的位置，而这无疑正是艺术性和审美性因素的呈现：所谓"形象外观"实质上就是审美化的物质形式。而且，既然整个社会生活都已被商品化，那么作为商品结构要素的审美化必然如影随形。这样，一个消费和审美双重过剩的时代就呼之欲出了。

三 双螺旋结构

德波的"景观"概念已经凸显了消费性元素和审美性元素互渗、融合的态势，这并不足为怪，因为德波及"国际境遇主义者"所处的1960年代已经接近或抵达了另一个时代的入口：消费社会。历史地看，消费社会是一个完全崭新的断代纪元，在这里，消费"正在摧毁人类的基础，即自古希腊以来欧洲思想在神话之源与逻各斯世界之间所维系的平衡"。④

社会存在和价值系统的剧变再一次给消费和审美之间的关系带来空前的转机。具体来说，一方面，消费社会是商品化进程的极致或消费合法化的最终完成："今天，在我们的周围，存在着一种由不断增长的物、服务和物质所构成的惊人的消费和丰盛现象。它构成了人类自然环境中的一种

---

① 〔法〕居伊·德波：《景观社会》，王昭风译，南京大学出版社，2005，第1页。
② 〔美〕道格拉斯·凯尔纳编《波德里亚：批判性的读本》，陈维振等译，江苏人民出版社，2005，第67页。
③ 〔美〕道格拉斯·凯尔纳编《波德里亚：批判性的读本》，陈维振等译，江苏人民出版社，2005，第68页。
④ 〔法〕让·波德里亚：《消费社会》，刘成富等译，南京大学出版社，2004，第1页。

根本变化。恰当地说，富裕的人们不再像过去那样受到人的包围，而是受到物的包围。"① 商品和服务的惊人的丰盛、人被物的包围都说明商品化（就像审美和艺术在传统意识中那样）已经攀升至日常生活的极境，商品已经超出了它的需求限度，从而呈现过剩的态势，这就是说，一个"过剩经济"的时代已经来临。

另一方面，审美和艺术也被彻底拉入了市场的深渊，在日常生活彻底商品化的同时，出现了前所未有的日常生活的审美化。如今，"艺术与日常生活加以区分的概念正在消解……人们也在将自己的生活转变为某种审美规划，旨在从他们的服饰、外观、家居物品中营造出某种一致的风格。日常生活审美化也许达到了这样一种程度，亦即人们把自己以及他们周遭环境看作艺术的对象"②。韦尔施甚至认为审美化已经延展至由外而内的四个层面，即"锦上添花式的日常生活表层的审美化"、"技术和传媒对我们物质和社会实践的审美化"、"实践态度和道德方向的审美化"和"认识论的审美化"③。可见，消费社会的审美化现象再也不是高雅趣味的表征或"蛋糕上的酥皮"，而是伴随过剩经济一同到来的、普遍发生在日常生活世界的"审美过剩"。

上述消费和审美的双重过剩给两者的关系史带来了巨大的变化：它造就了"消费的审美化"和"审美的消费化"，使消费和审美达到你中有我、我中有你的互摄、共生的境界。

总之，进入现代史以来，西方文化语境下诸神远去，上帝缺席，临危之际审美主义被赋予了救赎的使命，然而，这一项浩大的救赎工程在进入后现代消费社会后似乎走向了辩证法的另一面：审美主义的极力倡行导致了美学和艺术的空前泛化，当代的审美实践已经被严重降解、祛魅，逐渐沦为一种生活化、身体化、娱乐化和消费化的世俗体验，在此，"审美经

---

① 〔法〕让·波德里亚：《消费社会》，刘成富等译，南京大学出版社，2004，第1页。
② 周宪：《文化研究关键词》，北京师范大学出版社，2007，第281页。
③ 〔德〕韦尔施：《重构美学》，陆扬等译，上海译文出版社，2005。

验死了"[1],"审美匆匆告别了理想主义的崇高与革命激情的悲剧感,日益转向生活表层的物质性美化与快感体验,精神性的升华功能消失在物质性消费的愉悦之中"[2]。这样的审美体验再也无力担负起神圣救赎的天职,美学的上帝被消费主义所劫持,并反过来为世俗和市场的狂欢助兴,这就是审美主义的当代宿命。

当然,在当前的语境下,消费和审美之间关系的逆转和融入绝非单一层面的现象,事实上消费和审美的这种二元性的双螺旋结构还缔造了当代社会的诸多社会文化现象。只要稍稍打开视野我们就会发现,不仅是商品消费和艺术活动,而且文化、生活、经济、社会等传统意义上壁垒森严的对立性活动之间的关系也都已经被打通,伴随这一过程的是被长期禁锢的深层关系结构所释放出来的巨大的理论潜能:威廉斯对文化和日常生活之间关系的新发现,几乎奠定了文化研究这一学科的全部理论基石;费瑟斯通对美学和生活世界之间关系的打通,在世界学术范围内引发了"日常生活审美化"的激烈争论;舒斯特曼的"身体美学"则是打通审美活动和身体经验之间传统壁垒的一个爆炸性的理论。从理论逻辑上来说,它们都可以被归结为消费和审美之间深层结构的"内爆",因此对于二者关系的深入探讨是一个具有深度性和根本性的重要论域。

---

[1] 〔美〕舒斯特曼:《生活即审美》,彭锋等译,北京大学出版社,2007,第17~44页。
[2] 周宪:《文化表征与文化研究》,北京大学出版社,2007,第292页。

第二章 范式融合

诚如前述，在消费社会和审美泛化的双重语境下，消费与审美、商业和艺术之间的关系壁垒已经被逐渐打破，二者达到了彼此融入、互摄共生的境界，但具体来说，二者的这种融合共生的关系是如何实现的，其内在逻辑关系怎样，这些深层次的问题，需要我们做进一步的回答。

在学理上，消费与审美或广而言之经济学与美学的关系问题已引起学术界的广泛关注，基于跨学科的理论视角，"大审美经济"（丹尼尔·卡尼曼）[1]、"美学经济力"（金宣我）、"营销美学"（贝恩特·施密特等[2]）、"商品美学"（豪格[3]）等理论观念也被不断提出，但切实而深入地探索当代语境下消费与审美之间关系的研究并不多见。事实上，二者与传统范式

---

[1] 丹尼尔·卡尼曼（Daniel Kahneman）是2002年诺贝尔经济学奖得主，他的"大审美经济"思想认为，人类迄今的经济发展有三种形态，分别是农业经济、工业经济和大审美经济，其中最后一种与前两种有根本的不同，它更注重产品所带来的体验、情感、视觉经验等美学内涵。这种观点在美学和文化研究界也有提及，比如法国理论家奥利维耶·阿苏利认为，资本主义历经工业资本主义和文化资本主义之后，在21世纪已经进入所谓"审美资本主义"阶段。

[2] 营销美学（Marketing Aesthetics）是美国的两位企业识别管理专家贝恩特·施密特（Bernd Schmitt）和亚历克斯·西蒙森（Alex Simonson）提出的系统化的营销策略理论，并于1997年结集为学术专著出版。该专著提出，对于产品的"性价比"和品牌形象的追求已成为营销学的历史，现在的消费者是否选择商品往往基于该商品是否满足其生活方式或个性化的体验。在信息爆炸的媒体环境下，能够吸引顾客的是品牌价值所赋予的令人难忘的感官体验，而不是产品的使用价值。这一思想与法国理论家波德里亚的消费社会理论有异曲同工之妙。

[3] 豪格（Wolfgang Friz Haug）在其《商品美学批判》（该书已由北京大学出版社2013年引进出版）一书中从政治经济学的视角分析了全球化和信息技术背景下的大型广告活动以及全天候媒体，书中较为详细地分析了商品美学的基本内涵及历史流变。

的断代性剧变以及新的关系组合，不仅应为学界关注，而且意味着一个重要的理论增长点。

一　动力机制

消费与审美之间的关系充满了戏剧性。二者"本是同根生"（都与感性/快感有关，具有原初意义上的感性同一性，比如"美"字就是"羊"与"大"的上下结合，"羊大"既是美的，也是欲的，是消费和审美的共同理想对象），却经历了"相煎何急"的戏剧性历程：基于文化历史的原因，消费（经济学）与审美（美学）的话语形态曾经长时期地彼此隔绝；但到了后现代消费社会这一崭新的断代纪元，在消费性元素和审美性元素双重过剩（经济学上出现了"过剩经济""消费社会""丰盛社会"等，美学上也出现了"审美过剩""美的滥用"等）的语境中，二者又发生了新的关系重组，在更高的层次上复归原初意义上的同一关系。

这种现象无疑是值得深思的。但只要稍稍考察一下消费和审美的关系史就不难发现，上述情况的发生并非偶然，事实上它们早就具备了拥抱的充足动力。

一方面，正如马克思主义经典作家及其一代又一代的追随者们所深刻揭示的那样，自从资本主义创世以来，商品逻辑和消费主义对传统的审美和艺术主动发起的纠缠、引诱甚至颠覆活动从未停止，这也是消费合法化的重要方式，即通过拉拢审美和艺术，消费被包装和重塑，逐渐从"靡费""破坏"等贬义意涵向"使用""社会身份""经济生活基础"这类中性和褒义意涵转变。另一方面，审美和艺术本身也不是全然的被动，而是表现出了相当的主动性：现代主义及后现代主义美学对无意识、身体和本能欲望的颂扬甚至圣化为审美和艺术的降格、祛魅、世俗化及其向感官消费的无限趋近做好了充足的理论准备；另外，正如费瑟斯通所说，达达主义、超现实主义和先锋派不断推行的现成主义、即兴主义等反艺术的艺术实践，以及它们对日常生活的美学筹划活动，不仅在内部瓦解了传统，而且深刻影响了消费品和消费方式。① 这也是审美和艺术的去合法化过程，即其传统类型从里到外无不被破坏和颠覆，乃至与作为其对立面的消费活动扯上了暧昧不明的关系。

可见，消费与审美向同一性的复归并不是简单的主被动关系，而是双向互动并伴随各自的合法化和去合法化的复杂过程。该过程为二者之间的关系史带来了巨大的变革。这种变革其实早被很多理论家敏锐地捕捉到了。比如，在其晚近的著述中，费瑟斯通曾这样描述后现代主义的"主要特征"之一："它是一个日常生活美学化的趋势，这种趋势的能量来自艺术内部的努力与一场所谓的具有模仿性的消费文化运动，前者主要是力图消除艺术与生活之间的界限，后者则使得符号不断复制的虚幻面遮盖了表象与真实之间的区别。"② 拉什对此也有过深刻的揭示："如果现代化意味着各个场域的分化，那么，后现代化则至少意味着某些场域陷入另一些场域之中。比如，'审美场'破裂了，并进入了'社会场'；或者说，随着商品化，'审美场'破裂后进入'经济场'之中。"③ 詹姆逊也指出："今天的美学生产已与商品生产紧密地结合起来，以最快的周转速度生产永远更新颖的新潮产品，这种经济上的狂热的迫切需要，现在赋予美学创新和实验一种日益必要的结构作用和地位。"④ 上述言论也可以在波德里亚、韦尔施、西莉亚·卢瑞等理论家的著述中看到。

事实证明，消费和审美这一对曾经"不共戴天"的孪生体在当代语境中的合法性和关系模式都已经发生了空前的剧变，它们都突破甚至完全背弃了传统范式，从完全不相干变得关系密切。在这里，我们把消费和审美的这种关系剧变称为二者的"范式融合"，即二者在当前语境下经由"内

---

① 〔英〕费瑟斯通：《消费文化与后现代主义》，刘精明译，译林出版社，2006，第96页。
② 〔英〕费瑟斯通：《消解文化》，杨渝东译，北京大学出版社，2009，第61~62页。
③ Scott Lash, *Sociology of postmodernism* (London: Routledge, 1990), p. 252.
④ 〔美〕詹姆逊：《快感：文化与政治》，王逢振译，中国社会科学出版社，1998，第156页。

爆"走向了"耦合"。

二 双重耦合逻辑

消费与审美之间的关系之所以说是"关系耦合"或"范式融合",而不是一种单方面的、外在的拼合或凑合,是因为二者关系的结成,除了充足的动力条件外,还具有深刻的内在逻辑,而且后者从根本上确保了其关系模式的持久性和稳固性。这种内在逻辑可以被概述为一种共时性的互逆过程,即"消费的审美化"和"审美的消费化",其基本含义是:消费和审美相互转化,相辅相成,它们构成了理解消费和审美关系模式的实践基础。但在理论逻辑层面上,该过程可以被区分为以下紧密相关的三个层次。

首先,从物质性层面来讲,消费和审美互为中介,而且这种关系超过一定界限,还将进一步造成二者在实体意义上的相互转化。

后现代消费社会是一个彻底商品化的社会,在这里包括艺术品在内的几乎所有文化产品的生产制作过程都要受到商业模式的嵌入和制约,其目的就在于实现商业价值。因此"人的审美活动的实现必须仰赖于经济上的支付和购买"[①],商业逻辑已经深深植根于艺术品从创作到接受的全部过程。另外,正如韦尔施所说:"一旦同美学联姻,甚至无人问津的商品也能销售出去,对于早已销售得动的商品,销售量则是两倍三倍地增加。"同时,"由于审美时尚特别短寿,具有审美风格的产品更新换代之快理所当然……甚至产品在固有的淘汰期结束前,审美已经使它'出局'了。"[②]这说明审美已被设计成了消费品的不可或缺的结构性环节,消费价值需要通过艺术价值的中介和催化作用才能实现。

消费和审美的这种互为中介关系超过一定的界限还会导致二者在实体

---

① 余虹主编《审美文化导论》,高等教育出版社,2006,第150页。
② 〔德〕韦尔施:《重构美学》,陆扬等译,上海译文出版社,2005,第6页。

（消费品和艺术品）意义上难以分解，甚至"反客为主"，即随着二者在其对象中含量的与日俱增而相互转化。事实确实如此：像陶罐、茶具、首饰之类的东西，已经无从甚至也无须分辨它们究竟是艺术品还是消费品，最好效仿波德里亚，称它们为"物"或"客体"（objects）；至于一幅画、一本书或一部电影，其价值首先要拿到市场上去接受检验；同样，一件时装或一支口红也可以因为匠心独运的美学设计而被收藏。它们的价值似乎只有借助外部标准（艺术品借助市场标准，消费品借助美学标准）才能被最终判定，彼此的根基都已被消融和置换，互相成为对方的影子。这大概就是当前的文化产业执着于这两个标准的原因所在。

其次，作为主体活动的消费方式和审美方式也已经发生裂变，并且都试图向对方内部突入。其后果是，二者传统意义上的"肉体/精神"张力关系被完全倒置，体现为一种相互排斥又相互吸引的关系模式。

如今，消费活动正日益趋近于具有精神快适和浪漫气质的审美活动。这在逻辑上可以划分为两个环节。第一，波德里亚说得明白："消费是一种符号操作的系统性行为……为了构成消费的对象，物必须变成符号。"[1] 换言之，"消费不是一般意义上的物质实践，物质商品不是消费的对象，它仅仅是需要和满足的客体，而需要和满足只是消费的前提"。[2] 消费的"对象"是消费品的能指符号，而其物质属性则变为消费的"前提"，两者传统位置的互换使得使用价值变成了符号价值的载体。第二，由于审美和艺术被设计成消费品的一个结构性环节，又进一步造成"商品和包装、内质和外表、硬件和软件的换位。原先是硬件的物品，如今成了附件；原先是软件的美学，赫然占了主位"。[3] 也就是说，由于审美化的深度介入，在使用价值变成符号价值载体的同时，后者变成了美学和艺术的载体，而且正是这种占据主导地位的审美外观变成了消费的真正对象。审美化的后果

---

[1] Jean Baudrillard, *Selected Writings* (Stanford: Stanford University Press, 1988), p. 22.
[2] 杨魁、董雅丽：《消费文化》，中国社会科学出版社，2003，第187页。
[3] 〔德〕韦尔施：《重构美学》，陆扬等译，上海译文出版社，2005，第6页。

不宁唯是。根据波德里亚的"超美学"思想，现存的一切"都已经被植入美学的维度，世界上所有微不足道的事物都已经被美学化过程所深深改造"①，消费社会隐没于超现实的拟像之流，到处笼罩着虚拟、图像和审美幻觉，在这样的美学帝国中，甚至连需求本身都已真假难辨，消费实践要想回到原初意义上对物的身体和生理的使用已不复可能。正如坎贝尔所说："消费的核心行为并不是产品实际的选择、购买与消费，而是追求产品形象所赋予自身的想象的快乐，'真实'消费很大程度上是这种'精神'享乐主义的产物。"② 可见，消费既然把具有审美属性的物品作为自己的对象，那么消费方式也必然被审美逻辑所浸染，消费于是开始剔除其低级的生理肉身性，转而向精神层面跃升，消费快感摇身一变成了一种精神愉悦。这种以精神快适和"浪漫伦理"为主要特征的消费方式，至少在表现形式上已与审美活动无差别了。

与消费实践向精神层面的跃升相反，审美体验向感官需求和消费欲望方向逆转，审美活动的消费快感体验被不断加大。这一过程在逻辑上也体现为两个步骤：一是"意识审美"向"身体审美"的转化，二是"身体审美"向"消费审美"的转化。

意识审美是传统美学的经典范式。意识审美强调审美活动是一种无功利的、有距离的、非身体的、超越性的精神活动，它建立在身心二元论的基础之上，对于身体和生理因素参与审美过程始终持一种警惕态度，认为这不仅会弱化审美快感，而且世俗和沉重的肉身无法使意识主体超越到"与道冥同"的"澄明、通透之境"，造成审美过程的被迫中断。传统审美范式显然处在一个世俗化、商品化和身体欲望尚未泛化的历史境遇之中，因此对纯艺术和精英趣味的关切是其首要特征。这当然会引起处于不同语境下的享乐主义和大众化潮流的强烈不满。后者认为，身体不仅实质性地

---

① Jean Baudrillard, *The Transparency of Evil*: *Essays on Extreme Phenomena* (London & New York: Werso, 1993), p. 11.
② 〔英〕费瑟斯通：《消解文化》，杨渝东译，北京大学出版社，2009，第33页。

参与了全部的审美过程,而且意识只是身体结构的一部分,审美体验从根本上来说就是一种身体经验。这就从对"身体审美"的强调进一步走向了"身体美学"。正如舒斯特曼观察到的那样,"哲学美学已经将艺术经验赶上了一条空洞的精神化的路径,血色丰满的和被广泛分享的审美愉悦被少数人精炼为贫血的和有距离的鉴赏力"。① 因此必须提高身体的主体性地位,严肃探讨审美与身体感官的连续性问题,审美只有沉降为身体实践的一个结构性要素,才能完整地揭示美感经验的全部丰富内涵。柏林特也指出:"通过公然承认身体性,更大方地把身体性纳入审美经验之中,我们能够利用身体的接受和感觉能力的差别来解释人们为何对于同样的审美刺激会产生不同的反应。"② 没有身体就没有体验,美感也就无从谈起,更不用说细微的感受差别了。对于身体作为美感器官在审美活动中的基础作用在经典美学理论中也有论述,浮龙·李的"筋肉运动说"就是著名的案例。此外,在苏格拉底、蒙田、杜威、尼采、福柯等理论家的著作中也可找到相关证据。

看来,关于"审美身体化"或"身体审美"的理论已形成了一股思想潮流,审美向身体和本能层次的趋近和沉降也确实能够更透彻、更完满地解释美感经验的深层次问题。但进一步的问题是,在当前的语境下,也就是在消费社会这一崭新的断代纪元,在商品化无所不在的空前时刻,任何审美主体都不能从商品世界的汪洋大海中脱身,其经验、行为、反应方式等都受到消费逻辑的渗透和浸染。在密密交织的消费网络中,审美活动,尤其是被欲望化了的身体审美一旦开始,消费的幽灵便不可避免地"以无厚入有间"。也就是说,"身体审美"一旦被确定下来,在具体的实践中必然会造成进一步的"消费审美":既然生活世界里"目所盘桓,身所绸缪"无物不是商品,那么任何审美经验都必须经由消费活动并同化为它的一部

---

① 〔美〕理查德·舒斯特曼:《实用主义美学》,彭锋译,商务印书馆,2002,第80页。
② Arnold Berleant, Re-thinking Aesthetics: Rogue Essays on Aesthetics and the Arts (Aldershot: Ashgate Pub Ltd, 2004), p. 89.

分才能真正得以实现。消费和审美的双重过剩甚至造就了这样一个简单的推理：需求就是市场，市场就是商品，商品就是消费，消费就是审美。在此，身体经验与消费快感一道对传统的意识美学带来了新一轮的严重冲击。

总之，审美与消费传统的"精神/肉体"的张力结构在当代语境中已经被彻底倒置，两者各自都走向了传统的对立面。当然，不可否认，无论是消费还是审美，两者都不可能彻底背离其传统，任何背离都必然受到来自传统的巨大拉力，但同时二者都有突入对方内部的不可抗拒的吸引力，因此它们只能在被倒置的张力结构中既相互排斥又相互吸引，从而结成星系一般稳固的动态模型。这种情况显然既不同于两者传统意义上的绝对对立，也不同于现代意义上的单方面的拉拢或破坏，而是呈现了一幅吊诡的后现代图景。

最后，消费与审美的倒置关系在主体的经验层面也有重要体现：消费体验因审美逻辑的介入而日益让人难以自拔，甚至变成了宗教式的迷狂；消费逻辑使审美活动逐渐蜕变为一种世俗化、大众化的日常体验。

关于消费实践与宗教迷狂的关系马克思早有论述："商品形式在人们面前把人们本身劳动的社会性质反映成劳动产品本身的物的性质，反映成这些物的天然的社会属性……这只是人们自己的一定的社会关系，但它在人们面前采取了一种物与物的关系的虚幻形式……我把这叫作拜物教。"[①]在马克思看来，"商品形态的特性"来自它把人们劳动的社会性质置换为劳动产品的物的性质，使"人际关系"被置换为"物际关系"，人们由此不得不面对一个强大的、异己的"披着雾纱的宗教世界"。这个"宗教世界"到了后现代消费社会持续存在，只是它不得不遭到美学帝国主义的大规模入侵：过剩堆积的商品本身已经变成被审美和艺术深深重构了的美学奇观，"商品形态的神秘特性"因此也只能更多来自过度的美学渲染。所谓"商品拜物教"就此转变成对商品形象、外观和能指符号的膜拜，成为

---

① 〔德〕马克思、恩格斯：《马克思恩格斯全集》（第23卷），人民出版社，1972，第89页。

"能指拜物教""审美拜物教"。正如普遍充斥于社会各阶层的"粉丝"或"铁丝"们那样,他们所表现出来的宗教般的狂热绝不是对"物"的内在价值或功能的膜拜,而是一种以形式外观为主要对象的审美迷狂:"粉丝们的迷狂往往带有明显的感官化因素……比如歌迷之于歌星的身高、体重、男/女友、婚姻、化妆、服饰,乃至化妆品、星座等都带有浓厚的兴趣,那些涌入剧场、影院的粉丝们,绝不仅仅是去欣赏明星的艺术,而更多去领略明星的外表、风采,甚至隐秘的诱惑力(或英俊潇洒,或青春靓丽)。"[1] 可见,所谓的消费迷狂从根本上来说表现为一种美学的迷狂,它是审美逻辑在消费体验中再现的迷狂,美学和外观形象在此发挥了魔咒般的作用。

同样,消费逻辑对审美的介入也造成了审美经验的剧变,这也是消费社会不可避免的逻辑后果。正如研究者所说:"消费关系的座架化把所有人的生活结构性地规定为两大部分:工作和消费。工作是付出和劳作,而消费是吸纳和享用。因此,作为消费的审美在这种结构关系中被'降调'了:它的关系位置变了,它被日常生活化了,当然也就被普世化、世俗化了。"[2] 布尔迪厄明确表示,将"审美消费置于日常消费领域的不规范的重新整合,取消了自康德以来一直是高深美学基础的对立,即感官鉴赏与反思鉴赏的对立,以及轻易获得的愉悦——化约为感官愉悦的愉悦,与纯粹的愉悦——被净化了的快乐的愉悦的对立"。[3] "感官鉴赏"和"轻易获得的愉悦"分别取代了"反思鉴赏"和"纯粹愉悦",这是对以康德为代表的经典美学的彻底颠覆,也是对消费社会所带来的审美体验的典型概括。费瑟斯通认为,传统审美范式津津乐道的审美距离在消费文化语境下已经被空前淡化乃至消解,而且"距离消解有益于对那些被置于常规的审美对象之外的物体与体验进行观察。这种审美方式表明了主体与客体的直接融

---

[1] 陶东风主编《大众文化教程》,广西师范大学出版社,2008,第290页。
[2] 余虹主编《审美文化导论》,高等教育出版社,2006,第152页。
[3] 罗钢、王中忱主编《消费文化读本》,中国社会科学出版社,2003,第49页。

合，通过表达欲望来投入直接的体验之中"。① 审美主体不必再虔敬地远望、静观对象，而是直接通过欲望表达投入对象之中，甚至（正如波德里亚魔咒般的召唤）放弃主体性立场，接受客体"引诱逻辑"的驱使，参与到客体的狂欢中来。詹姆逊则进一步对消费语境下的审美体验作了理论描述。他认为，美学帝国已经失去了前现代世界结构逻辑的支撑，到处呈现为拼接、混搭、穿越和碎片，在此，"孤立的，毫无联系的，毫无连贯性的物质性能指符号……无法连贯出前后一致的连续意义"。② 深度模式被削平，历史终结了，"时间裂变为永恒的现在"，经验主体也不再能够上升到超越的"原初存在境遇"，而是不得不承受一种"感觉的超负荷"，甚至精神分裂的症候体验："世界以惊人的强烈程度，带着一种神秘和压抑的情感引生，点燃着幻觉的魔力，出现在精神分裂者之前。"③ 这样的世界，美学的碎片像病毒一样爆炸式传播，艺术化过度增殖，并造成"审美的通货膨胀"：面对审美和艺术的狂轰滥炸，审美感知的着眼点不得不由（传统的）焦点式变成散点式，感官变得麻木不仁，美感强度减弱，审美意义也极度贬值。这样的审美体验不再能寻求到整体的连贯意义，超越之维被严重破坏，只能迫使审美经验迅速向身体层面折叠，沉降为感性的、刺激性的生理快感，变成捕捉"震惊"、追求刺激，沦为一种欲望化、感官化的生理体验。审美体验的这种根本性变化无疑让它冲破了传统范式的"全金属外壳"，表现为一种狂欢化、世俗化的欲望需求，尤其表现为一种感官消费的体验，甚至回到了消费体验的最原始、最古老的模式。

审美的世俗化与消费的宗教化也都在当前语境下共时性地发生，二者共同构成了消费和审美二重体验的复杂过程，并同样呈现一道独特的后现代景观。当然，这个复杂的体验过程如同消费和审美方式的融合一样，在

---

① 〔英〕费瑟斯通：《消费文化与后现代主义》，刘精明译，译林出版社，2006，第104页。
② 〔英〕费瑟斯通：《消费文化与后现代主义》，刘精明译，译林出版社，2006，第84页。
③ 〔美〕詹明信：《晚期资本主义的文化逻辑》，张旭东编译，生活·读书·新知三联书店，2003，第411页。

事实上是不可分割的，只是由于理论论述的必要才在逻辑上区分开来。

　　总之，消费与审美经由"内爆"已经发生了前所未有的"范式融合"，而且这种融合具有深刻的内在逻辑因缘，二者相辅相成、相互转化，达到了共生的状态。正如前文一再强调的，在它们之间做出区分也只是为了逻辑分析之便，二者从物质形态到主体活动再到感知经验在本质上都已经区别不大。消费和审美的这种结构模式确保它们之间的融合关系具有很强的黏合性、稳定性和持久性，二者之间产生了一个坚实的"融合区域"，正是在这里形成了一个重要的知识生长带。

第三章　消费美学

前文指出，消费和审美在当代语境中已经由"内爆"走向了"耦合"，并结成了稳固、持久的内在关系。这种关系还是开放的、动态的和可延展的：一方面它会随着社会语境的变化而变化，另一方面它会随着消费和美学理论话语的进展而进展。也就是说，消费与审美之间的关系模式会随着现代生产条件的普遍化和纵深发展而趋于稳固，因为这意味着越来越严重的过剩现象以及随之而来的越来越密切的耦合关系；而且，正如威廉斯所说，不是语言"映照"社会历史进程，相反，"一些重要的社会、历史过程发生在语言内部，并且……意义与关系的问题是构成这些过程的一部分"。语言摹写并参与了社会进程，"通过不同的方式，语言里出现了各种形式的新关系及对现存关系的新的认知"。[①] 上述消费与审美之间的关系重组正是以具体的社会历史进程为基础的"新关系"和"新认知"。它们既是稳固的关系事实，又是客观的社会事实。基于这样的关系事实和社会事实，一种新的理论话语也就找到了它的逻辑和历史的双重起点。我们把立足这双重起点之上的新的理论话语命名为"消费美学"。

---

① 〔英〕威廉斯：《关键词》，刘建基译，生活·读书·新知三联书店，2005，第15页。

第三章 消费美学

一 是与不是之间

所谓"消费美学"（Consumer Aesthetics），是指在消费和审美双重过剩的语境中，奠基于二者稳固、持久、动态开放的范式融合关系而建构起来的一种新的理论话语体系。[①] 该体系以消费和审美的关系模式与正在变化中的社会进程为基础，并将以其独特的知识范式同时参与话语关系和社会历史的双重进程。在理论基础上，消费美学致力于在消费社会和日常生活审美化之间寻求理论的对话和融通，也就是在波德里亚、凡勃伦、詹姆逊、巴塔耶、德波、齐美尔、尼采、福柯、本雅明、舒斯特曼、韦尔施等理论家之间寻求话语协商，意在建构一种跨学科、跨领域的知识体系。在逻辑进路上，消费美学沿循身体美学（舒斯特曼）和生活美学（刘悦笛）的致思模式，但比两者都有所突进，它摆脱了纯粹美学范式的窠臼，将作为传统美学研究对象的审美和艺术延展为当代语境下的日常生活和大众文化，从而导向一种具有社会学美学性质的文化批评模式。这些特点可以在以下几组对立性的阐述中被揭示出来。

首先，消费美学不是应用美学，而是一种理论美学。"理论美学"区别于"应用美学"最关键的一点，就是对审美活动本身的结构和特点作出

[①] 需要说明的是，主要奠基于"消费的审美化"和"审美的消费化"这一关系模式的消费美学的理论建构在逻辑进路上并非独创，舒斯特曼的身体美学就是以"身体的审美化"（"实用的"和"实践的"身体美学）和"审美的身体化"（"理论的"身体美学）为基础，刘悦笛的生活美学也是以"日常生活的审美化"和"艺术的日常生活化"为基础，它们与消费美学并无二致，只不过在体系的完备性等问题上不尽相同。仅就理论建构来说，传统的意识美学实质上也是按照这个思路进行的："意识的审美化"主要研究心灵主体如何创造出各种审美和艺术的对象以及如何培育出美学的感受力，"审美的意识化"则探究审美是什么，这一过程通过排除审美不是高级的认识论和低级的身体快感来实现，认为审美是一种感性的意识活动，只不过各个流派对于究竟是什么样的"感性活动"有不同的解释。但由于传统美学附庸于哲学，它总有一个关于美是什么的本体论追问。当然这种观念还需要进一步论证。

新的本质规定。由于"美学即审美学"①，对审美活动的重新阐释和界定就成了美学的"元话语"，这将直接为系统的理论建构奠定基础。本书对审美问题已作了详细的厘清和论证，认为"消费的审美化"和"审美的消费化"是当前语境下审美活动的最重要特点，奠基于此的消费美学当然是一种理论美学。这种界定就与所谓的"商品美学""时尚美学""营销美学"等各种应用美学划清了界限。当然，划清界限并非意味着一刀两断，相反，其目的恰恰在于更好融入："商品美学"等正是作为消费美学的重要应用领域，才能得到最有效的解释和发掘。换言之，消费美学与这些应用美学之间实际上正是理论和实践、普遍和特殊的关系。

此外，需要特别说明的是，前文所提出的"审美的消费化"这一命题不仅基于事实性的观察，而且它在理论逻辑上具有巨大的延展性和包容力，这表现在两个方面：其一，"审美的消费化"内在地包含"审美的日常生活化"的最基本内涵，因为在商品化无所不在的后现代消费社会中，生活世界最重要的活动就是消费活动，而且显然是被审美化了的消费活动，因此与其探讨"日常生活与审美的连续性"，不如研究"消费与审美的连续性"；其二，"审美的消费化"还跟"审美的身体化"具有本质性的关联，因为消费化是一种带有生理反应的、追求感官愉悦的活动，这当

---

① 对于"美学即审美学"这个问题，学术界发起过激烈的讨论。王建疆、胡家祥等学者提出了这个观点，他们不同程度地认为美学在其学科范围内主要研究审美关系、审美活动和审美经验等问题，它既不关涉"美是什么"的本体论问题，也与作为应用研究的艺术学问题无关。我们支持这个基本观念，但反对它不完备的逻辑。在美学的学科范式经过后现代理论的洗礼之后，学界普遍认为虽然美学体系不必探究"美是什么"，但是美学的知识体系不涵盖作为应用研究的艺术学部分是说不过去的。因为就传统的意识美学来说，只保留"审美的意识化"部分而对"意识的审美化"问题不予追究，在逻辑上显然是不够完满的。美学既然是"审美学"，对于审美问题的研究就应该兼顾两个向度，而不应该去而不返，顾此失彼。因此，完满的表达应该是，传统美学从宏观的角度上可以分为作为理论美学的"（审）美学"（审美的意识化）和作为应用美学的"艺术学"和"美育"（意识的审美化）两个部分；身体美学也可以分为作为理论美学的"身体美学"和作为应用美学的"人体美学"两个部分；消费美学也应该分为作为理论美学的"消费美学"和作为应用美学的"商品美学""时尚美学"两个部分。完整的美学体系既包括审美学，也包括审美应用学。这种观念恰恰是回到了现代美学体系的建构模型。

然是一种身体经验,而且前文已经指出,当前的审美化恰恰回到了消费经验的最原始意义,也就是回到了其感性/快感的身体感知层面,正是在这里二者重新缔结了深层次的同一性关系。总之,"审美的消费化"包容力强、内涵丰富,以此为元话语的消费美学显然也具有强大的理论延展性和包容力,也就是说,它在学理上能够将生活美学和身体美学的很多重要因素合乎逻辑地涵摄进来,是在后者基础上进行的更高层次、更大范围的综合。

其次,消费美学是一种社会学美学。构建一个系统的社会学美学、用美学干预当代社会生活,是近年来美学界越来越强烈的呼声。从一定意义上说,美学界提出"日常生活的审美化"、文艺学界大力畅行"文化研究",都是对这些学科无法直接干预社会进程的一种反拨。消费美学对此做出了自己的尝试。消费美学实质上是在当前语境下对法兰克福学派不能正视审美和商品之间关系、着意于建构"纯粹美学"的一种再思考,它导向了一种社会学美学的知识模式。当然,消费美学作为一种社会学美学是由多重因素决定的,主要包括以下两点。

第一,消费美学的理论语境和资源在很大程度上来自消费社会理论。前文反复指出,没有消费社会这一崭新的断代纪元就不可能有审美过剩现象,也不可能造成消费与审美的耦合,当然也不会有消费美学的提出。而且,消费社会理论作为消费美学的重要理论资源,不仅意味着在其研究实践中要社会学地理解消费问题,也要社会学地理解审美问题。审美问题在此更多是一种行动、一种社会结构和权力关系,而不是传统意义上逍遥无待的意识形式。

第二,消费美学的研究对象不再是传统美学的审美和艺术,而是日常生活和大众文化。这种研究对象的确立是由消费美学知识体系的运思逻辑内生出来的必然结果。根据前述,消费美学主要致力于在消费社会和日常生活审美化两种理论话语之间寻求对话关系,它的这两种最重要的理论资源虽然分属于不同的学科领域,但在具体的研究内容上具有实质上的同一

作为文化批评的消费美学

性:后现代消费理论主要关注各种需求、商品、购物实践、消费方式等,而它们正是生活世界最主要的活动方式;同时,后美学的审美范式着重研究审美与日常生活的连续性以及美学向生活世界的渗透和泛化等问题。显然,虽然两者所属领域不同,但它们在对日常生活问题的关注上是高度一致的。基于这样的内生逻辑,消费美学也必然关注当代社会的日常生活问题。但根据威廉斯所说,"作为整体的生活方式"就是文化,"文化由'普通'男女在日常生活中与日常生活的作品和实践相交流过程中创造,它的定义应该是他们'活生生的经历'"。① 可见,日常生活问题也就是文化问题,当代大众的日常实践构成了活生生的大众文化。因此,消费美学的研究对象就是日常生活以及作为其文本表现形态的各种大众文化,这使得媒介文化、娱乐文化、青年亚文化、都市文化、酒吧文化、时尚文化、明星文化、广告文化等诸多大众文化形式都可以被纳入它的研究视域中来。在此意义上,消费美学不再致力于进行传统的文艺研究,而是作为一种文化批评模式。这种文化批评主要以消费和审美为切口来探究其研究对象的结构、状态、一般特点等,它显然要比传统美学只关注纯粹的审美和艺术现象(事实上这些纯而又纯的东西在后现代消费社会已变得少之又少)的做法更切实和具体,带有明显的社会学研究色彩。

最后,消费美学是一种身心灵美学。从最宽泛的意义上来讲,迄今为止,中西方美学史上一共有两种美学范式。一种是作为主流的意识美学,它对审美活动的基本内涵作了最经典的本质规定。就国内的情况来看,不仅刘悦笛所提出的、跟消费美学有直接关系的"生活美学"属于意识美学,而且作为中国美学主流的实践美学也是意识美学,以致杨春时对"审美"作为一种意识活动能够被理解为"实践"深表怀疑,尽管杨春时本人的超越美学属于不折不扣的意识美学。另一种是新近出现的身体美学,以舒斯特曼的理论为代表,它彻底颠覆了传统美学的基本原则,在学界引起

---

① 〔英〕约翰·斯道雷:《文化理论与通俗文化导论》,杨竹山等译,南京大学出版社,2006,第58页。

巨大反响。从理论上来说,对审美活动的这两种理解都与审美活动作为一种感性活动的基本规定有所偏差,因此有部分研究者呼吁建立一种能够兼容身体和意识的美学知识范式。这一点在消费美学中得到了很好的体现。消费是身体和心灵的辩证法,消费美学更是消费和审美的辩证法。消费美学因此走出了第三条道路,它是一种身心灵美学。当然,身体和心灵各自在消费和审美的具体实践中扮演了什么样的角色,它们能否得到有机的协调和健康的关照,这些问题是需要进行进一步研究的。

总之,消费美学不同于传统的美学,它是一种作为文化批评的社会学美学,它以"消费—审美"为基本阐释框架来深度透析生活世界的各种文化和社会问题,体现了一种"大美学"甚至"反美学"的理论取向。

二 何为与何求

综上,消费美学具有一定的创新性和前瞻性,它的学术意义和实践价值主要表现在以下四个方面。

第一,理论和学术价值。诺斯罗普·弗莱(Northrop Frye)早就说过:"对现代思想的综合,是我们时代的点金石。"[①] 历史地看,几乎所有现代思想的形成都是对既定理论话语按照一定内在逻辑的综合。在历经理论知识大爆炸、进入伊格尔顿(Terry Eagleton)所说的"后理论时代"之后,这样的知识综合是新的理论创生的最重要法门。消费美学就是这样一种尝试。作为美学的一种新的知识范式,消费美学从内部有效整合了消费社会和日常生活审美化两种理论话语,并与身体美学、环境美学、生活美学、生存美学等各种后美学交涉深广,这将对这些知识体系带来一定的交互影响。此外,消费美学作为理论美学与文化研究尤其是作为应用美学的文艺学、艺术学等学科之间的关系也非常值得关注和研究,它将极大地拓宽后

---

① 〔加〕诺斯罗普·弗莱,载朱立元主编《当代西方文艺理论》,华东师范大学出版社,2002,第174页。

者的研究领域和视野,将其推到一个全新的理论聚光灯之下。

从学术意义上来说,消费美学也是"日常生活审美化"大讨论的一种系统的理论总结。周宪认为:"日常生活审美化本质上乃是通过商品消费来产生感性体验的愉悦。"① 鲁枢元也总结指出,陶东风、金元浦等所讨论的日常生活审美化"基本上仍然属于审美活动的实用化、市场化问题"。② 显而易见,日常生活审美化最核心的议题是审美活动的消费化、商业化、市场化转向问题,消费美学的基本构想抓住了这个核心议题,并建构出了一个系统的批评模式,这是其一。其二,刘悦笛从"日常生活的审美化"和"艺术的日常生活化"这一对命题出发建构出的"生活美学"的知识体系在内在逻辑上是困难重重的,而且其理论旨趣与当代语境也是有隔阂的,正如批评者所指责的那样:"即使没有审美泛化这种历史情况出现,我们也可以从本体论上建构出一个'生活美学'。"③ 对于"日常生活审美化"问题的理论总结恰恰不能从正面切入,而是要绕道前行、迂回进入。这也说明,"生活美学"与"消费美学"的一个最重要的不同在于是否对日常生活作了具有特定内涵的具体理解,后者才真正是对"日常生活审美化"大讨论的系统总结。

第二,有效应对传统美学对大众文化问题的阐释焦虑。当前的生活世界是一个空前美学化、商业化、图像符号过度增殖、传统艺术范式彻底崩溃的世界,这样的世界突如其来,已经越来越难以容许强调审美活动的非功利性、静观性和超越性的传统精英主义美学的阐释空间。这里不仅有杨春时的"超越美学",更多呈现为舒斯特曼的"身体美学"和波德里亚的"超美学"。传统美学在此除了做简单的价值判断外,基本上已很难有所作为,法兰克福学派的审美主义批判就是典型。美学的"失语症"已成为当

---

① 周宪:《文化表征与文化研究》,北京大学出版社,2007,第287页。
② 鲁枢元:《评所谓"新的美学原则"的崛起——日常生活审美化价值取向析疑》,《文艺争鸣》2004年第3期,第10页。
③ 汪江松:《生活美学是这样可能的——评刘悦笛的〈生活美学〉》,《贵州社会科学》2009年第2期,第32页。

今学界的一个普遍性的理论焦虑。在这样的背景下，根据前述，消费美学作为一种社会学美学可以深度介入当代社会生活，细致地考察商业、消费、休闲娱乐与审美和艺术之间的具体结构和作用方式，不仅可以作出基于特定立场的价值判断，而且可以根据实际情形作出具体的事实判断，充分发挥理论阐释的有效性。

第三，对当前社会和学术热点问题的理论回应。当代社会生活的急剧变化，尤其是消费社会作为"崭新的断代纪元"的出现，在社会和学术两个层面都造成了一些新问题，而这些问题很多都与消费美学之间有深刻的交涉和渊源。聊举数例：比如"体验经济"问题，"体验"就是"经验"，在一定程度上也就是杜威、舒斯特曼等所说的"艺术"，"经济"问题这里实质上是指一种消费方式，所以所谓"体验经济"不过是我们所说的"审美消费"的另一种表达；再比如视觉文化或图像文化问题，当代世界的图像符号从根本上来说就是消费产品的形象再现，这当然是一个消费美学问题；再比如居伊·德波所谓的"景观社会"，景观即产品形象的过剩堆积，它与商业与美学的双重过剩显然有直接的关系。至于消费美学与文化产业、现代性、全球化、生态环境等问题之间的关系更是值得深入阐述。总之，消费美学作为一个系统的美学范式，有力回应了当前社会和学术上的很多热点问题，它不仅是抽象的理论思辨，还将有效干预当代社会生活。

第四，反向建构的应用价值。之所以说消费美学的建构价值是"反向"的，是因为它是一种文化批评模式，从它的主要批评原则逆向地延伸出一些基本的原则，我们称之为"反向建构"。消费美学的反向建构价值在文化产业、商业公共空间等方面都有广阔的应用前景，比如商业公共空间的步行街、咖啡馆、实体书店等，如果想被更多的消费者喜爱，基于前述消费与审美之间的当代关系模式，在其文化建构过程中就必须考虑消费性元素和审美性元素的综合平衡。这一点波德里亚早已有所揭示："对于商业选择来说，从杂货店到高档时装店，两个必要的条件是商业活力和美学感觉。"①

　　通过以上论述，我们基本廓清了消费与审美的历史谱系及其在当代语境中的融合关系和内在因缘，并在此基础上初步勾勒了一个消费美学的概念框架。当然，消费美学系统的理论建构还需要进一步深入研究，包括其具体的研究方法以及更为深层的哲学基础等，但通过以上所述，一个广阔的问题域和理论带已轮廓分明，并初步彰显对于人们的日常生活和大众文化巨大的阐释效力以及独特的建构功能。

---

① 〔法〕让·波德里亚：《消费社会》，刘成富等译，南京大学出版社，2004，第2页。

第四章　审美资本主义批判

马克思指出,"资本只有一种本能,这就是增殖自身"[①]。为了实现其自身的增殖本能,资本自诞生之日起便开始充分利用、榨取一切生产要素,并由此创造了不同的资本主义形态和发展阶段,从劳动、原材料、工业、科学技术到商品、知识、身体,无一幸免;但这些要素由于自身不可克服的实在性、历史性和有限性都已经或正在达到某种临界状态,这就造成了资本主义空前的生存危机。在这样的历史关头,资本捕捉到了"人性中日益增长的对美的需求",而且审美经验的想象性与无限性恰好契合了资本自身的增殖逻辑,因此一种"资本和审美的'共谋'"开始形塑当代资本主义,众多的社会和文化理论家包括阿苏利、伯麦(Gernot Bohme)、彼得·墨菲(Peter Murphy)等共同将这一现象命名为"审美资本主义"(Aesthetic Capitalism)。

一　后二元论

德国著名政治经济学家桑巴特(Werner Sombart)指出,资本主义并非如韦伯所说的诞生于倡行勤俭节约、累积世俗财富的"新教伦理",相反,它源自"巴洛克时期受宫廷非法爱情所刺激而兴起并蔓延到整个社会的奢侈品消费",而所谓"奢侈"正是以感官愉悦为前提:"所有的个人奢侈都是从纯粹的感官快乐中发生的。任何眼、耳、鼻、舌、身愉悦的东西

[①] 〔德〕马克思、恩格斯:《马克思恩格斯文集》,人民出版社,2009,第269页。

都趋向于在日常用品中找到更加完美的形式。"① 资本主义与浪漫趣味、奢侈、形式完美天然关联,因此罗伯茨(David Roberts)指出,"资本主义与浪漫主义滋养于同一个来源"。②

事实上,所谓"审美资本主义"不过是对美学与当代资本主义密切关系的另一种称呼而已,类似的理论观念甚多,比如德波称之为"景观社会"(the society of the spectacle),即"整个社会生活显示为一种巨大的景观的堆积"③;波德里亚称之为"消费社会"(consumer society),在此,能指符号的拜物教重新组织了消费大众的欲望、情趣、美感经验和身体。正如墨菲所说,"现代资本主义建基于供给创造需求这个前提,这已经包含了一个审美的前提,即生产必须维持趣味性"④。生产过程一旦由美学原则来组织,普罗大众的私人领域和日常生活必然遭受审美化的泛滥,于是生活本身就变成了审美和资本的"二元"游戏。正如墨菲所说,现代资本主义是量子现象,它总是"是其所非而非其所是",处于一种诡异的"叠加态",或者说一种"后二元论"时代。⑤

从生成语境上来说,审美资本主义直接根源于文化产业和创意产业的兴起。文化产业和创意产业是以文化和创意为核心资源,以审美为主要价值取向,以满足人们精神需求为目标的产业。它们不仅创造了巨大的经济效益,也影响了人们的生活方式和文化观念。英国学者费瑟斯通在《日常生活审美化》一书中探讨了文化产业如何将艺术与商业结合,将审美与日常生活融合,从而实现日常生活的艺术化。文化产业的概念最早由英国政

---

① 〔德〕维尔纳·桑巴特:《奢侈与资本主义》,王燕平等译,上海译文出版社,2005,第88页。
② 〔澳〕彼得·墨菲、爱德华多·德·拉·富恩特:《审美资本主义是什么?》,徐欢译,《上海艺术评论》2016年第2期,第47页。
③ 〔法〕居伊·德波:《景观社会》,王昭风译,南京大学出版社,2007,第1页。
④ 〔澳〕彼得·墨菲、爱德华多·德·拉·富恩特:《审美资本主义是什么?》,徐欢译,《上海艺术评论》2016年第2期,第46页。
⑤ 〔澳〕彼得·墨菲、爱德华多·德·拉·富恩特:《审美资本主义是什么?》,徐欢译,《上海艺术评论》2016年第2期,第48页。

府在 1998 年提出，将包括广播、电影、音乐、出版、软件等在内的 13 个行业定义为文化产业。创意产业的概念则是在 1999 年由英国政府提出，将包括设计、建筑、时尚等在内的 14 个行业定义为创意产业。文化产业和创意产业之间有重叠和区别，一般认为文化产业更侧重于文化内容的生产和传播，创意产业更侧重于创意过程的运用和创新。

全球化和信息化进程是审美资本主义的另一种催生性力量。全球化和信息化使得世界各地的文化交流和流动更加频繁和便捷，也使得人们接触更多的审美选择。同时，全球化和信息化带来了文化同质化和多元化的矛盾，以及文化权力和身份认同的危机。正如墨菲所说，审美资本主义是一种全球性的现象，它涉及不同文明之间的竞争与合作，以及不同社会阶层之间的分化与整合[1]。全球化使得西方文化产品在世界范围内广泛传播，形成了所谓的"眼球经济"，信息化使得数字技术在文化创意产业中发挥了重要作用，促进了内容的创造、传播和消费。

总之，审美资本主义是文创产业、全球化和信息技术进化共谋的产物，其合力使得审美因素成为经济增长和社会竞争的重要驱动力，反过来资本逻辑则渗透审美领域，对人们的审美创造、传播和消费产生了深刻的影响。审美资本主义不仅改变了人们的生活方式和文化观念，也改变了人们对于艺术、美学和自由的理解。墨菲将审美资本定义为"一种能够在市场上交换并产生利润的价值形式，它源于人类对于形式、色彩、声音、图像、符号、风格等感性事物的创造和欣赏"。在当代社会中，审美资本已经成为一种重要的社会资源和政治权力，它可以用来吸引消费者、塑造品牌、提升形象、扩大影响力、增强认同等。

---

[1] 〔法〕奥利维耶·阿苏利：《审美资本主义：品味的工业化》，黄琰译，华东师范大学出版社，2013，第 2~3 页。

二 "冷酷仙境"

这其中最重要的是审美和资本的关系。从历史上说，审美和资本之间并不是一直对立或冲突的，而是有着复杂而多变的历史演变。在西方社会的古典时期，艺术和审美是与物质相统一，与实用相关联的；在启蒙时期，艺术和审美开始追求自律性、超越性和无功利性，与物质和经济相分离；在工业时期，艺术和审美又重新回归物质和经济中，成为商品和消费的对象；而在后工业时期，艺术和审美进入了一个新的阶段，即审美资本主义阶段，它们不仅是商品和消费的对象，也是生产和创新的源泉。在这个阶段中，审美和资本之间既有合作又有冲突，既有融合又有分化。一方面，审美为资本提供了新的动力、新的机遇、新的市场、新的竞争优势等；另一方面，资本也为审美提供了新的平台、新的技术、新的媒介、新的表达方式等。但审美也面临着被资本同质化、商业化、物化、异化等危险；而资本也面临着被审美批判、反抗、颠覆等挑战。正如波德里亚所说，审美和资本之间存在着一种"模拟"和"拟仿"的关系，即审美模拟了资本的逻辑，而资本拟仿了审美的形式。这种关系既是一种互相吸引，也是一种互相排斥，既是一种互相补充，也是一种互相消解。或者说，借用居伊·德波的概念，审美和资本之间构成了一种"景观社会"，即一种以图像为主导，以消费为目的，以欲望为动力的社会。这种社会既是一种审美的社会，也是一种资本的社会，既是一种创造的社会，也是一种异化的社会。这正是阿苏利所说的审美和资本共同形塑的"品味的工业化"，即一种将品味从贵族文化转变为大众文化，将品味从非生产性转变为生产性，将品味从自由性转变为规范性的过程。而对于阿苏利来说，这种过程既是一种审美的进步，也是一种审美的退步，既是一种品味的解放，也是一种品味的压抑。

如此看来，在当代社会，我们已不能简单地将审美和资本视为对立或分离的关系,而应该认识到它们之间的相互作用和相互影响,它们也联合起来对一些现象产生深层影响,乃至对于人类生活和文化带来重要改观。可以说,审美资本主义现象的底层运作受到一种消费和审美组成的双螺旋结构的支配,它使得该现象既呈现美学的表象,又勾连起资本和权力的力量,由这些结构性要素所缔造的资本主义社会现实,像极了作家村上春树所描述的"冷酷仙境":在这里,美丽与残忍并行不悖。

在此意义上,如果对审美资本主义进行价值分析就会发现,它是一种既有机会又有挑战的社会文化现象,它既需要我们用一种新的视角和方法进行研究和分析,也需要我们用一种新的态度和方式进行参与和创造。

不得不说,审美资本主义具有积极的一面,至少它促进了社会的创新和多样化,满足了人们的情感和审美需求,提高了人们的生活质量和幸福感,但是,这一现象也导致了社会的浮躁和功利,削弱了人们的批判和反思能力,威胁了人们的自由和尊严。因此,我们需要对审美资本主义现象进行批判性的分析和评价,以揭示其背后的矛盾和问题,寻求其改进和超越的可能性。

以商业步行街为例。商业步行街是典型的审美资本主义现象的表现形式,它是一种将商业空间和公共空间相结合,将消费活动和休闲活动相结合,将经济功能和审美功能相结合的城市景观。商业步行街通过装饰、灯光、音乐、广告等手段,营造出一种富有吸引力、刺激性、多样性和趣味性的环境,从而吸引消费者、增加销量、提升品牌、塑造形象等。商业步行街不仅是一种经济空间,也是一种文化空间,它反映了一种特定的生活方式、价值观念、审美观念等。商业步行街在一定程度上可以被看作社会进步和文化创新的体现,它为人们提供了一个方便、舒适、愉悦、多元的消费场所,也为城市提供了一个活跃、开放、包容、有魅力的公共场所。

然而,商业步行街作为一种审美资本主义现象,也存在许多值得批判和反思的问题。首先,商业步行街往往过分强调表面效果和短期效益,忽视了深层次的内容和长远的发展。商业步行街往往追求一种华而不实、雷声大雨点小、千篇一律、流于俗套的审美风格，缺乏真正的创意和个性。商业步行街往往只关注眼前的利润和竞争，忽视了对历史文化、自然环境等方面的尊重和保护。其次，商业步行街往往过分强调消费主义和享乐主义，削弱了人们的理性和道德。商业步行街往往通过各种诱惑和操纵，刺激人们的欲望和情绪，使人们沉迷于物质和感官的满足，忽视了精神和理想的追求。商业步行街往往通过各种标准和规范，塑造人们的品位和身份，使人们服从于一种商品化和同质化的审美秩序，失去了自主和批判的能力。最后，商业步行街往往过分弱化公共性和民主性，加剧了社会的不平等和分化。商业步行街往往只服务于一部分有消费能力和消费欲望的人群，排斥或边缘化了其他社会成员，尤其是弱势群体。商业步行街往往只反映了一部分有影响力的利益集团的意志和利益，忽视或压制了其他的社会声音和诉求，尤其是公共利益。

三 亲缘与互补

审美资本主义意味着审美因素在经济活动中发挥了重要的作用，而经济逻辑则对审美活动产生了深刻的影响。这种现象对传统美学理论提出了新的挑战和启示，也为传统美学理论提供了新的视角和资源。

首先，审美资本主义打破了传统美学理论中审美与功利、艺术与生活、自律与他律等方面的二元对立，展现了审美与经济、艺术与社会、自由与规范等方面的复杂互动。传统美学理论往往强调审美活动和艺术创作的自律性、超越性和无功利性，认为审美和艺术是一种脱离现实世界的超然独立的精神活动，是一种对物质和道德的强制的解放和反抗。然而，审美资本主义现象表明，审美活动和艺术创作并不是孤立于社会历史和经济文化的纯粹精神活动，而是与社会历史和经济文化紧密相连、相互影响、相互渗透的实践活动。审美活动和艺术创作既受到经济逻辑和社会规范的制约和影响，又能对经济逻辑和社会规范进行批判和改造。审美活动和艺术创作既有其自律性和超越性，也有其他律性和嵌入性。因此，审美资本主义现象要求我们重新思考传统美学理论中的一些基本概念和范畴，如审美、艺术、品位、时尚、文化产业等，以及它们之间的关系，以更好地把握当代社会中的审美现象和艺术实践。

其次，审美资本主义揭示了传统美学理论所忽视或边缘化的一些重要问题和维度，如审美与权力、审美与政治、审美与道德、审美与公共性等。传统美学理论往往把审美活动和艺术创作看作一种个人或小团体的私人或内部的精神活动，忽视了它们在社会公共领域中所发挥的作用和所承担的责任。然而，审美资本主义现象表明，审美活动和艺术创作并不是无关紧要或无害无益的精神活动，而是具有较大的社会影响和政治意义的公共活动。审美活动和艺术创作既是权力的工具和载体，也是对权力的对抗和反抗。审美活动和艺术创作既是政治的表达和参与，也是政治的批判和变革。审美活动和艺术创作既是道德的体现和教化，也是道德的挑战和颠覆。审美活动和艺术创作既是公共性的建构和维护，也是公共性的分解和破坏。因此，审美资本主义现象使我们重新关注到传统美学理论中被忽视或边缘化的一些重要问题和维度，从而更好地理解当代社会中的审美现象和艺术实践所涉及的社会影响和政治意义。

再次，审美资本主义提供了传统美学理论中所缺乏或未经重视的一些新的视角和资源，如审美与创新、审美与多样性、审美与情感、审美与幸福等。传统美学理论往往把审美活动和艺术创作看作一种遵循固定规则和标准的精神活动，忽视了它们在社会变革和文化创新中所发挥的作用和所展现的潜力。然而，审美资本主义现象表明，审美活动和艺术创作并不是一种僵化或保守的精神活动，而是一种富有创造力和变革力的实践活动。审美活动和艺术创作既能够反映社会变革和文化创新的趋势和需求，也能够推动社会变革和文化创新的进程。审美活动和艺术创作既能够呈现社会多样性和文化多元性的现状和价值，也能够促进社会多样性和文化多元性的发展和交流。审美活动和艺术创作既能够满足人们的情感需求和审美欲望，也能够提高人们的生活质量和幸福感。

最后，必须承认，在理论逻辑上，审美资本主义理论与消费美学存在诸多的相通之处，而且由于观察起点和致思路径的不同，它也为消费美学带来了一些重要的启示和学理支撑。如前文所说，审美资本主义的诞生意味着美学的历史进入一个崭新的时代，传统美学的很多理论预设，包括审美的非功利性原则、距离说、超越论等在此都已经失去了阐释效力，它动摇了传统美学的核心命题，这一点与本书所说的消费美学具有内在一致性。而且，审美资本主义理论深入资本主义艺术和文化现象的生产、制作、运营、流通、消费、接受、认知乃至布尔迪厄所谓的"惯习"等各个环节和要素，这对于消费美学研究具有重要的启示价值。同时，审美资本主义作为马克思主义政治经济学的新近发展，对于资本主义社会文化现象中肯的批判分析，也非常值得消费美学借鉴吸收。

总之，在审美资本主义现象中，我们可以发现传统美学理论存在一些局限或不足，也可以发现传统美学理论存在一些优势或潜力。因此，我们需要对传统美学理论进行批判性的分析和评价，以揭示其背后的问题和困境，也需要对传统美学理论进行创新性的借鉴或发掘，以利用其内在的资源或潜力，而这些正是建构消费美学不可或缺的理论语境。

第五章　艺术不会终结

消费美学根植于消费社会和审美泛化的双重语境，在这样的语境下，传统的审美和艺术观念受到了挑战，哪怕其本身已然挑战了传统。黑格尔的艺术终结论就为其中一例。本章将试图在消费美学的理论观照之下证明艺术不仅没有走向终结，反而经由审美资本主义的强力驱动，重新回到普通人的生活世界。

黑格尔的艺术终结论认为，艺术经过象征型、古典型、浪漫型的辩证发展之后就完成了理念对自身的观照和认识，此后，精神必然进一步脱离物质，进入宗教的"主观性相"，并最终突入哲学的概念形式中，在此意义上艺术"终结"了，哲学将取代艺术成为"绝对真理"。对于艺术终结论学者们有不同的理解，一个较为普遍的观点是，黑格尔以后的现代主义和后现代主义艺术实践迥异于传统艺术，因此，黑格尔误打误撞，艺术确已终结。

对于这种观点，笔者不敢苟同，因为它还没有将艺术终结论推到足够远的地方，即后现代消费社会，因而只看到终结没有看到回归。在这里，我们还需要继续追问：艺术是不是确已终结，是什么艺术的终结，终结之后又会怎样。实际上，黑格尔的艺术终结论在非常有限的意义上才是合理的，在后现代消费社会，艺术不但没有终结，反而以其古老的形式和创作原则复活了，相反，哲学走向了不归路。在此，我们要考察一下黑格尔体系为何要终结，之后探讨哲学终结之后艺术复活的价值意蕴。

一　重审黑格尔

西方哲学史已经向我们表明，哲学终结论早在后现代消费社会出现以前，在现代主义发轫时，就已经开始了其漫漫行程。而且，现代主义和后现代主义对哲学传统的批判大多以黑格尔体系为靶心，这大概是因为后者正是在不折不扣的意义上全面承接了这一衣钵。

具体来说，黑格尔的哲学体系由彼此相关的三大原则来支撑：理性主义、主体至上论和人类中心主义。显然，这三个原则也是前现代哲学的普遍预设。就理性主义来说，黑格尔只是将它推向了极致。如果说近代理性主义的传统肇始于笛卡尔的"我思"，黑格尔就进一步将"我思"中的"我"剔除，剩下了纯粹的"思"，即"理念"。理性被明白无误地推向了本体论的至尊地位。这种极端的理性主义原则不可避免地导致人们在认识论问题上陷入二元对立的思维模式。二元论的根源正在于："当他们把理性当作工具去建立认识论时，必然假定认识就是主体以理性的不同形式（感知、直观、推理、反思等）去把握与其不同并处于外在的客体。"[①] 主体对客体的认识是以二分原则为前提的，而该原则的最大特点在于不均衡论，即设置一方对另一方的优先权。因此，二元论思维模式一方面造就了主体性神话；另一方面，作为认识、划分现象世界的普遍力量，包含了人类中心主义的逻辑预设。当然，人类中心主义与理性主义也是密不可分的："理性主义的核心是为现象世界逻辑地预设本体世界。然而，这一本体世界不可能是'天赋'的，而只可能是'人赋'的，因此，这逻辑的预设实际上就意味着对人类自身的一种力量保证：认为人无所不能，认为一切问题都可以由人解决。结果，必然导致一种'类'意识的觉醒，本质力量的觉醒。"[②]

[①] 刘放桐等：《新编现代西方哲学》，人民出版社，2006，第7页。
[②] 潘知常：《美学的边缘》，上海人民出版社，1988，第30页。

黑格尔及其体系充分显示了理性主义的雄心壮志，但是该体系由于将近代哲学负面的价值原则同样演绎得纤毫毕现，因而必然走向它自己设定的辩证法宿命。正如后现代主义对黑格尔的揶揄：企图以有限的、相对的话语来设定无限、永恒和绝对，只有两种可能，要么黑格尔疯了，要么黑格尔本人就是上帝。①

对黑格尔和传统哲学的批判具有重要的承前启后的作用，它在颠覆传统的同时，为一个新秩序的构建奠定了基础，这就是消费社会的到来。

事实证明，消费社会正是以对传统的价值体系的破除为起点的。正如波德里亚所说，消费社会与传统社会之间有很深的断裂，消费实践"正在摧毁人类的基础，即古希腊以来欧洲思想在神话之源与逻各斯世界之间所维系的平衡"。② 这就是说，在传统社会与消费社会之间，存在一个彻底的、断代性的剧变，彻底告别传统的消费社会，是一个异质性的后现代社会。实际上，消费社会的价值原则与黑格尔及其传统在很大程度上是相互抵牾的，具有传统哲学显著特点的黑格尔体系连同哲学传统本身确已走向了终结。

二　消费社会与艺术复活

那么，在哲学终结以后，艺术处于什么样的境况呢？是已经先行终结还是被异质性的社会语境激活？如果是后者，它的存在样态又是怎样的？

我们认为，黑格尔的艺术终结论只是在非常有限的意义上才是合理的，具体含义是，具有特定阶层和群体趣味的艺术确已走向了终结，而作为连续的历史，艺术并未终结，反而复活了，即复归到古老的"艺术"传统。在后现代消费社会这个特殊的断代纪元，在哲学终结的另一面，迎来

---

① 王治河：《扑朔迷离的游戏——后现代哲学思潮研究》，社会科学文献出版社，1993，第39~42页。

② 〔法〕让·波德里亚：《消费社会》，南京大学出版社，2004，第2页。

了艺术的复活。当代的语境恰好造就了黑格尔"艺术终结论"的反例。

我们知道,在古希腊以及更早的文明中,"艺术"的本义还包含了技艺、手艺,它原本是指劳动阶层的手工艺品、"手艺活",后来的理论家站在特定的阶级立场上,将艺术分为"艺术"和"美的艺术"两部分,这一二分法则的传统序列就包括了鲍姆加通、席勒、康德等。甚至浪漫主义者施莱格尔在艺术史上第一次质疑"美的艺术"这个概念,也是在该传统之内所进行的批评。黑格尔则径直将艺术定义为"绝对理念的表现",干脆绕过了艺术的生产性、创作性的一面,而这一面恰恰被认为是阶级实践的重要一环。

艺术的二元分化传统不可避免地使美的艺术具有高雅性、高度技巧性、审美静观性等特点,同时造成了艺术的原始意义的遗忘。但是,到了后现代消费社会,我们将要看到,美的艺术的这些传统特质被强大的技术理性和消费逻辑——颠覆和消解,艺术在形式意义上又返归自身。具体来说,当代的艺术形式在多个层面激活或复归了古老的传统。

第一是创作论。当代艺术一改知识分子、文人雅士个体创作的传统,回归了具有艺术原初意味的集体创作。一首流行歌曲的创作团队包括词作者、曲作者、编曲、伴舞、演唱者等,一部电影则更多,而且,当代艺术作为商品形式,与其说是"创作",不如说是"制作",这里不过是用程序开发、计算机操作、包装设计等取代了传统的艺术制作。当代艺术生产以工厂、工作室的形式取代了古老的"作坊",创作方式则带有古老的集体协作的特点。

第二是作品论。由于消费社会的特有逻辑及由此促成的审美过剩时代,当代艺术品比如时装、影像制品等出现了包装艺术的过度渲染,即在(商品)艺术的外在形式上出现了美学的杂陈、剩余,使其过度审美化了。对(消费)艺术品来说,使用价值的一面完全让位于广告设计和品牌形象的奇思妙想。正如罗兰·巴特和波德里亚所揭示的那样:消费时代的商品、艺术品能指符号已与所指相脱离,能指向自身折叠,充实其厚度,成为价值意义的重心。这样一来,艺术品的能指美学过剩在形式意义上完全回到了被黑格尔最先扬弃了的"象征型"艺术:形象大于精神、形式超出了内容。可见,在形式层面上当代消费艺术已经实现了超越内容的复辟——它本身就是内容和意义。

第三是接受论。在接受论即审美接受的层面上,带有审美社会学倾向的理论家相信传统艺术的审美距离是暗含特殊阶级趣味的距离,而当代语境中的消费大众则与古代劳动人民一样,以极其朴素的方式消解了这一审美距离。正如布尔迪厄所理解的那样,"中产阶级与工人阶级趣味的主要差异是'距离'和'参与'的差异。中产阶级的距离是一个双重概念,因为它一方面指读者与艺术作品之间的距离,另一方面指作品与日常生活琐事之间的距离。相反,工人阶级的趣味倾向于参与,也就是说,读者参与艺术作品的体验,而艺术作品参与日常生活文化"。[①] 具体来说,中产阶级的美学要求艺术评判标准具有普遍性,其审美的实现要求与现实的日常生活隔离开来,这是一种"受尊敬的距离";而大众趣味则把审美消费整合到日常生活世界,从而拒绝予以艺术对象任何的"尊敬","文本像其他一切商品一样被加以'使用',而且和任何商品一样,如果没有用,就会被抛弃"。[②] 这一原则与古代的艺术是相通的。由于生产力水平的限制和特殊的精神、实践需要,古代艺术都有使用价值的功能诉求和直接的感官刺激性,它实质上正与"审美距离"保持了天然的距离。实际上,消费主义的介入使审美被打上了大众性、日常性、当下性和身体性的烙印,这正与古老的传统保持了一致性。在面对(消费)艺术品的时候,并非只有大众的审美是投入式的。费瑟斯通指出,"距离消解有益于对那些被置于常规的审美对象之外的物体与体验进行观察。这种审美方式表明了主体与客体的直接融合,通过表达欲望投入到直接的体验之中。的确,它确有解除情感

[①] 〔美〕约翰·费斯克:《理解大众文化》,王晓珏、宋伟杰译,中央编译出版社,2006,第114页。
[②] 〔美〕约翰·费斯克:《理解大众文化》,王晓珏、宋伟杰译,中央编译出版社,2006,第114页。

| 作为文化批评的消费美学 |

控制的发展能力，它把审美主体本身裸露在客体能够表现出来的一切可能的直观感面前"。① 这不仅适合于消费大众，中产阶级也概莫能外。在消费的狂欢中，中产阶级的身份标识"可能也只能被消解成'空洞的混乱'"，最终连华兹华斯这样的桂冠诗人也只能"通过祭起古典的'缪斯'"，来解决"对全身心投入的恐惧、界限的丧失及自我的迷失等问题"。② 可见，审美距离说作为一个阐释原则确实需要商榷。

笔者以上在特定的社会语境中，以特定的理论立场分析了黑格尔艺术终结论的悖反性。这里需要强调的是，艺术的复活并未回归艺术传统本身，而是回归更为古老的传统——艺术历史的更深处，它代表了更为古老的文化和生活方式，而且，审美和消费也是"本根同生"。在此意义上，消费美学典型地体现为一种拉什意义上的"后回归"，带有后现代主义特点的消费美学恰恰肇始于人类古老的文化生活。

---

① 〔英〕费瑟斯通：《消费主义与后现代文化》，刘精明译，译林出版社，2006，第104页。
② 〔英〕费瑟斯通：《消费主义与后现代文化》，刘精明译，译林出版社，2006，第104页。

下编　阐释实践

卷一　商业文化

消费美学作为一种文化批评的新范式以普通人的日常生活和大众文化为主要研究对象，这些领域集中体现了威廉斯意义上的"文化"内涵——一种小写的复数的文化，因此可以被作为消费美学的阐释试验场。正如我们日常所见，普罗大众日常实践中的"文化"的感性形态大多有主体行为上的消费与审美、主体经验上的满足感与美感以及物质层面上的消费品与大众文艺，在学理上对这些线索的立体考察将有助于我们揭示其本质，并可以从主体接受的向度发挥消费美学的反向建构作用。

从类型学的角度来看，在（大众）文化的庞大家族谱系中，商业文化和传媒文化是具有高度概括性的两个范畴，其下又可以细分出更小的文化子范畴。接下来，本书将以这两个范畴下的具体文化现象为例，具体展开消费美学的研究。

第一章 生成语境

如果要从普罗大众日常生活的角度选取一种最具代表性的商业文化，那非作为大宗消费品集散地的商业步行街莫属。从历时性的角度来看，步行街作为城市商业文化的地标，有着非常深厚的历史文化渊源，对于其历史脉络的梳理，也有助于我们在共时的维度上深入探究当代商业步行街的切片标本。

一 诞生因缘

商业步行街是导源于"集市"或"市场"这一古老摹本的现代化翻版，它早期的成型形态之一就是本雅明笔下的"巴黎拱廊街"［根据本雅明的理论，这一半封闭式商业步行街最早可以追溯到傅立叶（Charles Fourier）的"法郎吉"（Farangi），它本是一个空想社会主义者通过集体生产活动和社会重组来寻求统一性的乌托邦思想家的救赎性方案设计[1]］。具体来说，现代意义上的商业步行街（pedestrian street）是指，自工业革命以来，出现于都市商业繁华地段，为满足市民消费、休闲、文化、娱乐等日常生活需要而兴建的、与交通车道隔离开来的大型徒步购物街道（区）。商业步行街是现代化的成果展示中心，是"大众文化的活的博物馆"。在消费社会和审美过剩时代的双重语境中，商业步行街是最典型的物质文化形态，它是过剩经济和过剩美学的综合再现形式，也是消费审美文化的最

---

[1] 汪民安等主编《城市文化读本》，北京大学出版社，2008，第236页。

切近表达。

现代商业步行街根据不同的标准可以分为不同的类型，比如，以交通为标准，可以分为全商业步行街（完全禁止车辆）、公交步行街（允许公交车辆进入）和半步行街（只允许本街道内转运的交通工具进入）；以空间形态为标准可以分为室外商业步行街（街道上方没有顶棚遮掩的露天式步行街，街道上多有专卖店、连锁店及数家超级市场等）、拱廊式步行街（街道上方被玻璃、胶合板等建筑材料遮掩，但不完全封闭）、室内商业步行街（完全位于巨型建筑的内部，与外界接触较少，方便控制室内气候、温度，营造购物氛围，以美国、加拿大等国的超级购物中心为典型代表）。当然，步行街的分类还有很多种，这里不作赘述。

非常有意思的是，在最初的意义上，商业步行街并不具有直接的商业目的，恰恰相反，它的本意是在现代化都市空间中对现代化进行仪式性的驱逐和对人性化进行召回。实际上，现代商业步行街正是现代性困境的产物。

现代性困境，主要源自西方现代化进程中不可调和的内在矛盾，它主要表现为自然生态和文化生态两大系统所遭遇的严重破坏。在前者，自工业革命以来，人们在普遍受惠于科学技术所带来的物质生活极大丰富的同时，一把令人不安的"达摩克利斯之剑"悄悄地悬在人类的头顶之上：环境恶化和生态危机成为困扰人类生存的巨大难题。南极上空的臭氧空洞，全球气候变暖，物种灭绝，流行病毒，大气、水体污染等影响到地球上的每一个人。这种危机已经渗透人的灵魂：在哲学上，海德格尔说现代人是"无家可归"的，高更追问"我们是谁？我们从哪里来？我们到哪里去？"萨特将人类的生存处境概括为"荒诞"，福柯干脆说"人死了"。以科学技术为核心的工业革命让现代人真切地体会到"一半是海水，一半是火焰"的尴尬，这正因应了古老的东方智慧："其成也毁，其毁也成。"

对于商业步行街的现代化生成来说，它直接源于都市中心的人和车对生存空间的争夺。

汽车，这个被罗兰·巴特称为"宏伟的哥特式教堂的精确等值体"①，是人类希望以对空间和时间的克服来达到自由之境的最理想的现代化兑现形式。但是，以汽车为载体的这种克服事实上不仅没有将人类带入宗教般的梦想生活，反而给人类和自然带来了伤害，尾气和噪声污染、燃料耗费、车祸频仍以及额外的消费负担等越来越引发人们的忧虑和逆反。本来，在机动车出现以前，城市的设计原则是以人为中心，"在以步行为主要交通方式的时代，城市、街道和广场都是按照人的尺度来规划和设计的，城市规模保持在步行可到达的范围内。古代的西方城市都建立了完善的步行街交通系统，这种交通系统由城市对外交通节点（如港口）引出通往住宅、神庙以及商店的路径，为步行者提供了方便的出行选择，为古代城市的户外公共活动提供了良好的物质基础，使得城市成为人们向往的生活空间"。② 这种以人为本的城市规划理念是现代化前期原生人本主义的自然流露，正是这种设计原则使得西方人养成了一种特有的"街道情怀"。但是，随着车辆的与日俱增，古老的城市街道交通所维系的数千年的平衡局面被渐渐打破了，汽车的负面影响和人们的抗议也与日俱增。终于，1926年德国的埃森市政府决定，对市内林贝克大街实施全封闭，禁止机动车辆驶入，以使之变成只允许步行的全生活区域。但是，四年之后，该大街被建为林荫大道，商业性元素被大量引进，并获得了巨大的成功，至此，德国"林贝克大街"就戏剧性地成了现代商业步行街的雏形。

可见，步行街在原初意义上具有人文关怀的价值取向，这也是它的立意初衷，但是，它在驱逐汽车后不久，又招徕了商业，使"步行街"变成了"商业步行街"，这种做法实质上是以现代化反现代化：正如前文所指出的，汹涌的商业化在另一种形式上吞噬了步行街。这样，步行街所引进的人文主义在某种意义上被驱逐，最终背弃了它最初的承诺和理想。

---

① 汪民安等主编《城市文化读本》，北京大学出版社，2008，第208页。
② 丁绍莲：《欧美商业步行街发展演变轨迹及启示》，《城市问题》2007年第3期，第86页。

二 境况与深描

由于商业上的巨大成功,德国林贝克大街不久就成为欧洲的商业范本,在各地被普遍推广。尤其到了1960年代中后期,在西方各国各种规模、各种类型的商业步行街遍地开花、持续增多,至今,商业步行街已成为现代化大都市日益显要的结构要素,也是各国地方政府着意打造城市形象的首善之区。在这一进程中,有两个问题需要特别指出。

第一,商业步行街滥觞于前消费社会,但在消费社会中得到了迄今最大限度的发展。在西方大规模出现商业步行街的1960年代中后期,正是所谓西方消费社会或后现代社会的入口。这一时期,西方告别了生产主义的历史模式,进入以消费为经济基础性维度的崭新断代纪元,而商业步行街作为都市消费空间,正是这一时代的典型标志:如果说生产主义时代的标志物是工厂、烟囱、重型机械,那么消费社会的典型标志就是大型购物中心、超级市场或(室外)商业步行街。这一点,在国内同样表现明显。国内各大城市的主要步行街始建于20世纪80年代后期,在90年代中期达到最高潮,这个时期恰如西方的六七十年代,是国内告别短缺经济走向过剩经济的转型期,这一时期商业步行街的大规模兴建与所谓"买方市场"的形成以及国家经济增长对内需的空前倚重等是分不开的,可以说后者物态化的反应就是商业步行街在全国各地的普遍兴盛。据不完全统计,截止到2020年,"我国成一定规模的步行街或商业街约有2100条,全国3万平方米以上的大型购物中心也已超过5000家"[①]。这恐怕又是一项世界之最了。

总之,商业步行街在进入消费社会或过剩经济时代才最大规模出现,从某种意义上说,这可以理解为消费社会对公众生活主题的强调。商业步行街与消费社会的到来密不可分,而与消费社会一同到来的"日常生活的

---

① 《全国成一定规模步行街或商业街约2100条》,百度百家号,2021年10月27日,https://m.gmw.cn/baijia/2021-10/27/1302654112.html。

审美化"也都被引入步行街上,并在这里得到最集中的彰显,从这个意义上说,商业步行街才成为消费—审美文化的最切近的表达形式。

第二,1960年代以后,以欧洲和北美为地域中心,商业步行街的发展在曲折中前进,并形成了不同的模式。欧洲是商业步行街的发源地,也是当今世界商业步行街的主要代表,在世界十大商业步行街中,欧洲就占了六条。最初,欧洲主要采取德国林贝克步行街的发展模式,对整条道路进行车辆管制,但随着步行街的商业功能被逐步发掘,其规模就从单一街道扩展至整个区域,形成了"商业步行街区"这一大型综合模式。战后,这片古老大地的旧城区在战争的废墟上开始大规模重建商业中心,这时期,随着美国大型郊区购物中心(室内商业步行街)模式的传入以及对历史文化遗产保护的呼声不断高涨,欧洲主要国家在不断吸取失败教训的基础上,逐步采取了将大型购物中心建设与城市肌理和文脉相结合的发展战略,从追求规模的水平、横向发展模式,转移到追求高技术含量和文化含量的竖向、精品化发展模式,并使大型购物中心与传统的室外商业步行街相结合,形成了复合型、多元化的大型商业街区。总之,欧洲步行街的发展重视步行街与区域经济和城市文化背景的联系,这不仅为它储备了充足的客户资源,而且保证了它的文化特色,较好地避免了模式化。但是,北美的情形与此却不尽相同。1950年代,为了遏制郊区化进程、实现城市中心的复兴,美国政府在市区大举兴建商业中心,但很快证明,这是一个失败的尝试,到1970年代,美国基本上已经是一个郊区化的国家。随后,在欧洲商业步行街模式的影响下,美国对以车辆为尺度建立起来的市区商业中心采取了简单封车的办法,使它具备了商业以外的休闲、交通、居住、开放空间等多重功能,到20世纪80年代这迎来了一次短暂的高峰。但是,对于环境功能的过分强调,反而在另一层面上忽略了经济和社会功能,市区的衰退、中产阶级的流失及消费模式的固化等使商业中心的发展不得不又一次陷入低谷。这种情况迫使美国的商业步行街再次转型,这一次,美国不再追随欧洲模式,而是立足已经变化了的国内形势,重新回到了以

"开放"为主的策略,不仅对室外商业步行街提供多样化的停车服务和购物服务,提高土地的复合利用率,而且室内商业步行街的规划设计也力求室内外空间渗透、新鲜空气流通、绿化和光线引入甚至室外水源引入,以改善室内环境,这些措施与对人文主义、文脉主义、绿色运动等社会反应和新技术的重视并举,终于使美国在此方面获得了一定的成功。

我国的商业步行街最早可以追溯至唐代。与当时已经相当发达的经济水平相适应,唐代出现了很多大型的综合街道。但是,我国当代商业步行街起步较晚,从1980年代后期开始至今,在短短几十年内,商业步行街虽然在规模、水平和效益上都逐步获得了一定程度的提高,但是,上述在西方语境中出现的问题依然没有引起足够的重视或被妥善解决,比如没有有效地将商业步行街建设与城市大系统结合起来,没有充分考虑城市自身特定的肌理和文脉等,这些都给城市生态和文化遗产带来严重破坏。此外,一些负面的因素也在商业步行街问题上暴露无遗:"由于很多地方都是一哄而上,导致各城市商业街同质化经营倾向十分明显,经营发展面临严重问题。一是空置率高、经济效益不佳。据调查,目前全国城市商业街特别是地、县级城市的部分新建商业街显性空置率达到15%,隐性空置率将超过20%。二是大型化趋势愈演愈烈,严重浪费资源。三是内部管理混乱。"[1] 这些问题在国内很多地方都表现得很突出,以致人们将步行街谑称为"不行街"。从这些方面来看,国内的商业步行街与西方相比,还是存在一定的差距,需要不断改进和提高。

对于很多地处经济核心区位、历史悠久、发展较快、初具世界水平的商业步行街比如上海南京路、北京王府井、南京新街口等而言,其消费审美文化得到了比较充分的表达,消费性元素与审美性元素在此已经达到比较理想的均衡分布状态,但更多的商业步行街结构性要素不健全,突出表现为消费性元素比审美性元素更凸显,原因就在于限于投资和设计理念,这里"审美化"尚处于浅表状态,未能得到充分展开,换言之,它们还没

---

[1] 武兰英:《发展商业步行街的思考》,《内蒙古统计》2004年第4期,第14页。

有地域性地进入所谓的"消费社会"。

中国是一个多元并存的社会,正如研究者所说:"在西方发展过程中以历时形态依次出现的前现代、现代和后现代文化现象,在当代中国是以共时态的形式被同时积压在一个平面上的。"① 在这样一个多元并存的语境里,我们很有必要将具有不同水平和规模的商业步行街区别开来,而不能在消费美学的视域下一概而论。

---

① 杨魁、董雅丽:《消费文化——从现代到后现代》,中国社会科学出版社,2003,第35页。

第二章 "物体系"

一 本雅明"拱廊街计划"

我们从本雅明的"拱廊街计划"说起。这项宏伟的计划被后人根据编号分类，整理成了笔记资料，目录如下。

A 拱廊街，时新服饰商店，店员

B 时尚

C 古老的巴黎，地下墓穴，破坏，巴黎的衰落

D 沉闷，周而复始

E 奥斯曼化，街垒战

F 钢铁建筑

G 各种展示，广告，格兰维尔

H 收藏家

I 居室，痕迹

J 波德莱尔

K 梦幻城市和梦幻住宅，未来之梦，人类虚无主义

L 梦幻住宅，展览馆，室内喷泉

M 游手好闲者

N 知识论，进步论

O 卖淫，赌博

P 巴黎的街道

Q 回转全景

R 镜子

S 绘画，青春艺术风格，创新

T 各种照明

U 圣西门

V 密谋，手工业行会

W 傅立叶

X 马克思

Y 照相术

Z 玩偶，机器人①

从上述目录来看，这项计划委实立意恢宏、气魄庞大，主要内容包括客体（拱廊街、时新服饰商店、古老的巴黎、地下墓穴、钢铁建筑、广告、居室、痕迹、梦幻住宅、展览馆、室内喷泉、巴黎的街道、镜子、绘画、各种照明、玩偶、机器人等）、主体或人物（店员、收藏家、波德莱尔、游手好闲者、圣西门、傅立叶、马克思等）、现象或事件（破坏、巴黎的衰落、沉闷、周而复始、奥斯曼化、街垒战、卖淫、赌博、手工业行会、照相术等）、思想观念（未来之梦、人类虚无主义、知识论、进步论、青春艺术风格等）四个组成部分。就像闲荡者在拱廊街上随意浏览、驻足，捕捉毫无连贯性的现代性碎片一样，本雅明计划的这些部分之间也没有一个清晰的逻辑线路将其连接起来。这或许就是该计划风格特征的一部分。总之，"拱廊街计划"虽然是一项未完成的工程，但我们依然能够窥见它的宏伟的轮廓和深邃的意蕴，当然，其中亦不乏杂乱、重叠，以及精神引发的诸多困难等。所有这些使"拱廊街计划"一方面足以与巴尔扎克

---

① 赵元蔚等：《拱廊街的碎片》，《艺术·生活》2007年第1期，第30页。

笔下的"巴黎生活场景"相媲美，其中后者的百科全书式的描绘，被恩格斯誉为"提供了一部法国'社会'特别是巴黎'上流社会'的卓越的现实主义历史"[①]；另一方面，这对于本雅明这样一个巴黎的异乡人来说，确实是一个"不可能完成的任务"。

本雅明的研究为笔者提供了一些思路，但消费审美文化研究有着自己特定的逻辑进路，对商业步行街的消费审美文化研究，将遵循由著而微、由物及人、由客体到主体的原则：在已经论述商业步行街的生成语境的基础上，我们将首先探讨商业步行街的规划原则，然后探讨"物的体系"即各种建筑、景观、公共设施、卖场、商品等，最后探讨街道上的主体及分类、活动、身体经验以及内在的反思批判等多个层面。当然，诚如上述，这些层面并不是截然分开的，而是相互联系、相互渗透的，在论述中笔者也将注意其交叉影响。

二　空间诗学

波德里亚在《消费社会》一书中指出："对于商业选择来说，从杂货店到高档时装店，两个必要的条件是商业活力和美学感觉。"[②] 在消费社会和审美过剩时代的双重语境中，毫无疑问，波德里亚所说的这两点，已经成为大型购物中心、超级市场以及室外商业街的至上法则，而且，"商业活力"和"美学感觉"往往是不分离的，二者紧密结合，共同营造了一种"消费的美学幻境"。其中，消费脱离了它的纯粹的物质性和生理性，将重心转移到形象外观上来，而审美则变成了一种当下性的、身体性的日常体验，前者就是审美的消费化，后者即消费的审美化。商业步行街作为日常生活消费的圣地，主要通过工具理性和价值理性的两种诉求来实现消费的审美化和审美的消费化。所谓工具理性即数学计算的原则，表现在商业目

---

① 〔德〕马克思、恩格斯：《马克思恩格斯选集》，人民出版社，1972，第462页。
② 〔法〕让·波德里亚：《消费社会》，刘成富等译，南京大学出版社，2008，第2页。

的上就是追求利润的最大化；所谓价值理性就是对人文关怀的价值诉求。在消费社会和审美过剩时代的双重语境中，商业步行街对工具理性的自觉追求，必须通过对价值理性的不自觉追求来完成，它的客观结果不仅将商业步行街这一"沥青海洋中的行人天堂"打造成后现代美学的标志性建筑，而且对消费者的消费习惯和审美经验都带来震颤和改观。具体来说，商业步行街的直接的工具理性目的主要通过使消费空间利润最大化的数学法则来实现，而它的间接价值理性诉求通过对这一消费空间的美学营造来实现，这又分成两个层面来实施：一是对消费空间的美学筹划，二是对消费品的再审美化。商业步行街在消费和审美两个向度上的价值追求是不可分割的，二者是目的与手段的统一，内容与形式的统一，它们不仅合力塑造了这一消费空间的物质文化形态，而且对于消费主体具有很大的影响，在此，具有实用目的的购物活动被改造为渗透着审美原则的消费活动，这一活动又构成了消费大众重要的日常休闲资源，从而商业步行街作为消费与审美的复合空间，也就变成了旅游目的地，成为一道独特的现代性"景观"（Landscape）。

　　据此，本节的研究将分为紧密相关的三个部分：一是，探讨商业步行街这一消费空间如何通过审美化和艺术化的营造，变成了一个消费审美空间，或者被构建为一种空间诗学；二是，探究在此美学空间中作为物的消费品如何进一步被美学化处理，如何将商品变成（消费）艺术品，它集中体现了前文所说的"商品美学"；三是，在此空间中其结构物是如何被消费的以及消费行为的实质内容是什么。

　　商业步行街作为现代"商业王国的中央机构"见证了商业追求利益最大化的一贯德行。商业步行街以货币单位或平方英尺为计量单位，使每一寸空间都获得最大化的收益。在其本质性上，商业步行街遵循了复制与差异相统一、模仿与创新相统一的原则，但从另外一个层面上来讲，这同时是消费原则与审美效应的统一。

　　复杂的生物体结构都是基于某种基因类型的生理学来建构，商业步行街空间的设计开发亦是如此。玛格丽特·克劳福德指出，即便是21世纪初世界上最大的购物中心——加拿大西埃德蒙顿购物中心（West Edmonton Mall，简称 WEM）[①] 这样规模巨大、繁复万象、似乎令人无法解读的万花筒式室内商业步行街，依然是标准化复制的产物："WEM用景观、活动和意象的无休止扩展展示其独特性；尽管其组合包罗万象，我们还是可以轻易地辨别出来，它无非是一个地区性购物中心的基因类型的超大版本。事实上，WEM不过是一个通过在广泛的网络中用标准化单位而征服了世界的自我调节的产品开发推广系统的最新产物。"[②] 这就是说，即使是巨大如WEM这样的超级购物中心也是基于某种"基因类型"建构起来的，前者不过是后者的一种超级版本的应用形式。这种对于步行街建构具有本源属性的"基因类型"来自现代知识的综合运用和相关专家的共同努力："购物中心在美国普及了不到20年，这应归功于把房地产、融资和营销的标准技术整合成预见性公式……专业顾问开发出人口统计和市场调研技术，完善了环境和建筑设计分析，建立了经济米制和数学选址模型。购物中心建筑设计师维克多·格鲁恩（Victor Gruen）提出的建设购物中心的理想矩阵组合了房地产经纪人、金融与营销分析师、经济学家、产品开发专家、建筑设计师、工程师、交通规划者、景观设计师、内装修设计师的专业知识，其中每个人都运用了其领域最新的学术成果和商务方法。格鲁恩高度体系化的目标是把臆测降至最低，通过精确预测计划建设的购物中心潜在的每一平方英尺、每一美元的产出来确保商务中心开发商的获利能力。"[③]

毋庸讳言，在现代科学知识的强光照耀下，商业步行街是连每一寸土地的产出都以某种货币单位被严格预设了的。当然，必须根据各地的情况

[①] 加拿大西埃德蒙顿购物中心自1981年建成以来一直是世界上规模最大的购物中心，直到该纪录2004年被中国北京金源时代购物中心所取代。此后数年，世界各地不断有新的超大规模购物中心落成。此处引用数据来自玛格丽特·克劳福德的研究，该研究完成时西埃德蒙顿购物中心依然是当时世界上最大的购物中心，并一度被吉尼斯世界纪录收录。——引者注
[②] 汪民安等主编《城市文化读本》，北京大学出版社，2008，第234页。
[③] 汪民安等主编《城市文化读本》，北京大学出版社，2008，第237页。

尤其消费者及其习惯来确定不同的"组合","对于消费者,这种精深调研的可见结果就是'组合'","各种可预见的组合被精心调整,以迎合某个特定购物地区的种族构成、收入水平和不断变化的品位"。购物中心要根据具体情况不断调整组合,"这一体系的运作非常类似于电视节目的设置,每个频道都上演稍加变动的相同元素的组合。表面的多样化掩饰了根本的同质性"。[①] 这就是说,繁复万象的商业步行街在其本质性上具有内在的一致性,它体现了重复与差异、模仿与创新的统一。

当然,世界各地的商业步行街的空间设计原则可能与此稍有差异,但是,作为成功的范例,这些极具"科学性"的研究成果,肯定会在全球化的语境中得到大规模的普及。这样一种"寸土寸金"式的空间理性诉求,值得每一个旨在获利的步行街开发商和投资者借鉴。

但是,毫无疑问,开发商和投资者若是仅仅盯住这些令人垂涎的商业利益,只是遵循这些冰冷的空间理性规则,商业步行街便只能是古老的"集市"版本的现代化放大,这样既不符合文明的进程,亦无法与现代都市被宠坏了的消费习惯相一致,事实上,正如我们所看到的,商业步行街空间的组织不仅遵循了"工具理性"的原则,而且在某种程度上不得不遵循某种价值理性的原则,即使这一充满利益盘算的消费空间披上了一件绚丽夺目的美学外衣,将消费空间美学化,从而将购物活动改造成有休闲色彩的消费审美活动。

实际上,商业步行街在最开始盘算商业利益的时候,已经不得不将美学的元素融入其中了。步行街空间的工具理性在某一个层面上,同时是消费原则与审美效应的统一。

商业步行街的空间理性原则,不可否认在主观意图上是对商业利益的一种绝对保证,它必须达到预期的获利目标;但是,在客观意义上,它同时是对人的审美经验的一种承诺:它的操作模式暗合了寓多样于统一、寓变化于不变的美学法则,正是这种法则使它看起来不曾相识,又似曾相

[①] 汪民安等主编《城市文化读本》,北京大学出版社,2008,第238页。

识,如此陌生,又非常熟悉,这就是为什么对于一个消费者来说每一条陌生的商业大街都是我们似曾遇见的一位"熟悉的陌生人"。在这里,不变的是说不清道不明的东西,变化的亦是如此。因为我们无从说出,只是一种难以名状的感觉,这种感觉稍稍打破了我们的一贯经验,又没有过多异乎寻常。实际上,眼前的这条商业步行街不过是"稍加变动的相同元素的组合",这种组合就起到了一种"陌生化"的美学效果,令人觉得惊异,虽然这种惊异最后很可能变为一种消费冲动。

当然,商业步行街的这种设计原则反过来说,也是检验的标准。在此意义上,每一条商业步行街的设计,既要考虑其差异性、多变性的一面,也要考虑同一性、不变性的一面,失却前者将毫无特色,造成模式化和同质化,勾不起消费者的消费冲动,失却后者,将使它变得过分怪异,同样是一种败笔。这就是说,既要突出特色,又不能太离谱,在不变中求变,在变中求不变。具体到地方性上,就是要把本地特色,主要是当地的城市肌理和文脉特色凸显出来。

诚如前述,商业步行街对价值理性的追求主要体现在将消费空间打造成充满美学和艺术意味的审美空间,将"空间经济学"转变为一种"空间诗学",但这如何能够做到呢?具体来说,主要通过以下三种途径来实现。

首先,商业步行街的建造集"崇高"与"优美"于一体,前者通过规模、产品、服务、功能等的"巨大"或"繁多"表现出来,后者表现为对美学形式规则的大规模运用以及借助新技术手段对细微环节的美学处理。这种美学诉求,用我们口头的语言来说,就是"富丽堂皇""豪华壮丽"等。

走进一条商业步行街,尤其是当你刚从拥挤不堪的公路上下来或风尘仆仆从外地慕名而来,就如同闯进一个物的星系,一个被钢铁、玻璃、塑胶和混凝土所包围并被流动的人群所点缀的荧光闪闪的梦幻星空:招牌、广告、霓虹灯、雕塑、摩天大楼、街心花园、景观、促销表演、咖啡馆、餐馆、酒吧、电影院、银行、商场、专卖店、货架、商品、售货员……没头没脑地扑面而来，没完没了的声音、画面和碰触，断断片片的特写、曝光和模型，眼前的一切还来不及追索，便已身不由己地听任脚步和无边的人流涌入另一番景象。

这是一个能同时打开我们所有感官，并使我们的感觉"超负荷"的空间，是一个意义只在瞬间生成的空间，这一刻一旦你抓不住什么，就永远追不回来，连续不断的影像从眼前飞逝而过，它已经超越了我们感觉经验所能把握的固有阈限，呈现为一种巨大无边、浩若灿烂星空的物的矩阵，我们就在这矩阵里，但是我们又不知道自己身处哪里，就像一个人不能标示自己在宇宙的确切位置："购物中心的一个重要特征，即它们体积庞大。当然它们大小非常不同，但很少会小得让人一览无余，而更常见的是大得足以让你迷失方向。而且，许多大型购物中心的功能日益多样化，囊括各种消遣、休闲和娱乐设施——从电影院到游泳池和系列餐馆①。"总之，这是一个令人迷失之地，这种迷失首先在于它的巨大无边，无法直接用感官把握。

根据《吉尼斯世界纪录》，21世纪初世界上最大的购物中心——加拿大西埃德蒙顿购物中心"占地达520万平方英尺，超过100个足球场的总和，几乎是排名第二、占地300万平方英尺的洛杉矶德尔阿莫购物中心的两倍。它保持的世界纪录还包括世界上最大的室内游乐场、世界上最大的室内水上公园和世界上最大的停车场。除了800多家商店、11个百货商场和100家饭店外，这里还有一个标准尺寸溜冰场、一家有360个房间的酒店、一个湖泊、一座非教派教堂、20个电影院、13家夜总会"。② 看不尽的建筑、装饰、商品和人群，逛不到头的街道、商店和景观，WEM似乎在力求表现一种"数学的崇高"，它以数量无尽的堆积和组合来表达自我：任凭你的购买力如何强大，我总不会被抽空，相反，我始终处于一种充盈状态，一种期待你抽空并任凭你抽空的敞开状态。"看起来你带走了一堆

---

① 罗钢等主编《消费文化读本》，中国社会科学出版社，2003，第151页。
② 汪民安等主编《城市文化读本》，北京大学出版社，2008，第234页。

| 作为文化批评的消费美学 |

摇摇欲坠的盒装牡蛎、肉、梨子或芦笋,其实你只是购买了其中的一小部分。你只是买走了所有中的部分罢了。"①

追求巨大、繁多甚至无限,造成一种感官无法直接把握的"崇高感",绝不只是 21 世纪初 WEM 这个世界上最大的室内商业步行街如此,而是商业步行街建造的一个普遍法则。我们在室外步行街上所看到的威严耸立的银行、大厦、写字楼、酒店及鳞次栉比的零售店、专卖店、连锁店,以及在超级市场上看到的无边无沿、类型各异、排列整齐的商品等,都在昭示一种向巨大和无限挣扎的努力。

然而,任何商业步行街对巨大和繁多的追求都不是随意的,事实上它们大而不泛、多而不乱,其建造过程严格遵循了积淀数千年的美学形式法则,正如韦尔施所说:"商业区正在被设计的优雅、别致、生机勃勃……没有一块砖头,没有一柄门把手……逃过了这场审美化的蔓延。"② 比如,为我们所熟悉的、遍布世界各地步行街并占据其显要位置的沃尔玛、家乐福等零售超市,麦当劳、肯德基、德克士、必胜客等餐饮连锁店,各类服装、首饰专卖店等,都在追求一种"统一化"的标准,如产品和服务的类别、程序,地板、壁纸的材料、色调,服务人员包括清洁工的着装、表情及语言等,这些规范统一标准都在表达着一种普遍的审美化形式诉求。而且,商业步行街的设计不忘将美学和艺术的手法嫁接到新技术手段上来,从而使之发挥得更加淋漓尽致。新技术手段对于美学的应用已经达到惊世骇俗的程度:"通过智能向微结构的深入,最小的组织也能予以改变。从今日的技术观点来看,现实是最柔顺的、最轻巧的东西。材料的更强的力度,亦得益于柔软的、审美的程序。"③ 商业步行街的建造借助新技术手段,从最细微的地方开始,已经遵循了技术—艺术的设计原则,从材料加工到角落处理甚至垃圾桶的设计都被这一原则所渗透。这样商业步行街的

---

① 〔法〕让·波德里亚:《消费社会》,刘成富等译,南京大学出版社,2008,第 3 页。
② 〔德〕韦尔施:《重构美学》,陆扬等译,上海译文出版社,2005,第 137 页。
③ 〔德〕韦尔施:《重构美学》,陆扬等译,上海译文出版社,2005,第 7 页。

整体就变得豪华奢靡、富丽堂皇，立意恢宏而又结构严谨，气派宏伟而又不失细节性追求。

其次，商业步行街空间环境的营构利用"蒙太奇"手法，将各种各样的建筑、雕塑、图像、商品等具有艺术性的材料拼接在一起，形成一种"虚拟化"甚至"超现实"的美学空间。

在本雅明细腻而富有诗意的笔触中，我们见证了一个19世纪末的巴黎拱廊街上来自世界各地的物的聚集的盛况，本雅明敏锐地指出，巴黎拱廊街是"一座城市，甚至是一个微型世界"①。一个多世纪以后的今天，在后现代消费社会这一崭新的断代纪元，这个"微型世界"以更丰富的物质材料和更加精湛、纯熟的手法被表现出来。

> 人工湖上飘荡着哥伦布的圣玛利亚号的复制品，进口珊瑚和塑料海草制造的如梦如幻的海景中游弋着货真价实的潜水艇，栖息着活生生的企鹅和电控橡胶鲨鱼；崭新的维多利亚式铁桥下的玻璃钢支柱，在模拟崩塌中摇摇欲坠；在皮草世界和肯尼鞋业前，马戏团的海豚欢快地跃出水面；人工海浪，真正的西伯利亚虎、中国清朝的花瓶、机械爵士乐队在一个接一个用天窗采光的开放广场中并排分列。柱子和墙的镜像进一步分割了场景，把购物中心粉碎成最终无法解读的万花筒。困惑弥漫在每一层面上；过去和将来与现在混乱地堆积在一起；真与假、远与近的界限随着购物中心的梦幻机器对历史、自然和技术的无情加工而消失了。②

商业步行街似乎显示了一种巨大的万有引力，它将不同地域、不同历史、不同风格、不同类型、不同属性的各种各样的"物"聚集在一起，并

---

① 〔德〕瓦尔特·本雅明：《巴黎，19世纪的首都》，刘北成译，上海人民出版社，2006，第4页。
② 汪民安等主编《城市文化读本》，北京大学出版社，2008，第234页。

使"这种不合情理、似乎随意的形象组合服务于一个明确的目标：支持购物中心把整个世界含纳其中的雄心"。①

商业步行街几乎成了现代性物质成果的汇报演出："各种文化因商品的汇集而汇集，每一个国家和民族的'异域'特征转移到商品身上，呈现多样性和壮观的场面……各种技术的综合把世界做了一次展览……它就像由各个地区的人和各个地区的商品拼成的马赛克，普雷德（Pred）称之为'一次对现代性的豪华展出'。"②的确，商业步行街就是现代性的"活的博物馆"，它将现代文明的物质成果一览无余地展现出来，并在参观活动的入场券上标明价格，对所有人开放，成为现代都市空间难得的视觉盛宴，在此意义上，它所提供的价值远胜于消费本身。正因为如此，它的美学、艺术属性被一览无余地表述出来："城市商业街区……设计与17世纪法国花园宏大的几何形式相呼应，并仿效18世纪英国花园，对各个不同地区和时期的文化和建筑进行碎片式地运用。如果说花园是对隐居和休憩的召唤，那么商业街区则是对消费的引诱……曾是关于大自然壮观的远景，如今它是关于商品的壮观，资本主义经济的第二'大自然'。"③这句话稍加引申我们就会发现，歌德所说的艺术是人类的"第二大自然"的观念已经出现了新的版本：艺术如今已经不能再构成人类的"第二大自然"，而是必须被并入消费的王国，换言之，"第二大自然"是消费性元素与审美性元素合力塑造的结果，其典型表现形态就是商业步行街。

商业步行街的艺术虚构性就来自它对各种物质材料的蒙太奇式的调用，这种手法使这些材料脱离了具体的存在语境，被压缩到同一个时空维度之中，在此，这一微缩世界就变成了一个没有摹本的虚拟空间，在其艺术效果上，它甚至可以达到迪士尼世界中"美国大街"一样的水平，成为一个"超现实"世界。根据波德里亚所言，"迪士尼乐园的'美国大街'

---

① 汪民安等主编《城市文化读本》，北京大学出版社，2008，第235页。
② 〔英〕迈克·克朗：《文化地理学》，杨淑华等译，南京大学出版社，2005，第114页。
③ 〔英〕迈克·克朗：《文化地理学》，杨淑华等译，南京大学出版社，2005，第118页。

旨在使人们联想到任何一条美国街道,但实际上这条大街并不来自美国的任何一个地方,它将美国的各种形象调用于此。的确,它所创造出的效果使它的原型——真实的街道看上去极为逊色,极不真实"。[1] 这种没有摹本复制的集合,使得迪士尼乐园的"美国大街"超越了任何一条现实中的美国大街。

最后,利用技术手段来营造最舒适的人工生态环境,从而在消费语境中创造失重、眩晕、忘我的审美体验。在大型购物中心或市外商业步行街的大型超级市场内部,空间环境是被"科学地"设置了的,在这里,"只要有个十三公里长的空气湿度调节罩,永恒的春天便长驻于此"。[2]

借助空气调节装置、先进的空气流通设计及灯光效果等手段,封闭式的商业步行街切断了所有可以被感知的与购物中心周边环境的联系,从而"创造了一个本质上没有天气、交通等城市负面效应的梦幻城市"。在此,"户外刺骨的寒冷与户内恒定的75华氏度之间的对比被栽植着兰花、杜鹃、木兰和棕榈的'永春园'的核心景观戏剧化了。内外部世界之间的夸张差异成为购物中心的基本标题:一个天堂般的内部隐藏于令人生厌的外部之下的倒置空间"。[3] "时间、空间和气候都受到了控制——即便不能说出它们全然被消灭在一个封闭的,没有窗户,只有灯光、镜子和空调的世界里。此外,任何关于人在什么地方、在什么国家甚至是国际上究竟身处何处的感觉都失去了。"[4]

总之,商业步行街的价值理性诉求就是通过营造这种具有浓郁审美和艺术意味的空间环境来吸引消费者,使他们能够逗留更多的时间以便为购买创造机会,正是在这里,不可否认的是,这种主观的商业目的在客观意义上也为消费者带来了有益的审美体验,换言之,从空间经济学向空间诗学的转变实现了消费与审美的双赢。

---

[1] 〔英〕迈克·克朗:《文化地理学》,杨淑华等译,南京大学出版社,2005,第19页。
[2] 〔法〕让·波德里亚:《消费社会》,刘成富等译,南京大学出版社,2008,第7页。
[3] 汪民安等主编《城市文化读本》,北京大学出版社,2008,第247~248页。
[4] 罗钢等主编《消费文化读本》,中国社会科学出版社,2003,第151页。

三 物的展演

诚如前述,商业步行街的消费美学研究在物质性层面上又可以分为紧密相关的两个部分:一是在外部空间上探讨这一消费空间的商业目的及为达到此目的对消费空间的审美化营造;二是在商品层面上探讨它如何被进一步审美化。后者在某种程度上可以被理解为对前者的延续和深入;如果说前者主要针对的是投资商和开发商对美学空间营造的话,那么后者主要论述被开发商、制造商和广告商已经审美化处理过的商品如何被营销商进一步"锦上添花",即被再审美化。这两个层面的递进关系就是指商业步行街空间的营造可以直接转化为商业利润。正如研究者所说,"商场的设计和布置处处体现出'豪华',从而使商品蒙上了一层高贵和优雅的气派或氛围,这种氛围使摆放其中的商品(包括日用商品)摆脱了'廉价低档'的形象,从而提升了社会和文化档次"。[1]对消费环境的美学营造提升了商品形象,从而使商品更易于售出。

营销商对于商品的美学化处理除了延续前述的空间效应之外,在其他方面更是大做文章,从而最终使这一消费空间的美学化得以完善和完成。

首先,商品摆放的艺术化处理。在商业步行街,商品的摆放严格遵照类型学的目录和索引,这一专门的手法也是"零售工程学"的重要组成部分,这无疑是一项遵循几何学原则的严谨的理性工程,但是,它的理性又以感性欲望为轴心,因此,它在形式上就必须借助物品自身所具备的感性素材来施行,从而造成一种美学的效应:"如果说,物类和物类之间存在着人为的等级制、存在组织上的秩序机制的话,那么,在物的内部,这些复数形式的物品的布置服从美学法则和可见性法则。同种类型的物品整齐地码放着,它们试图堆砌成一个庞大的体积,一个醒目的形式,一个夸张

---

[1] 王宁:《消费社会学》,社会科学文献出版社,2001,第161页。

的图案，这些物品单个不会产生视觉效果，然而一旦集体组织起来，它们就从沉默中、从一个隐晦的角落脱颖而出。这个复数的醒目的体积将以单个物品作为材料，利用它的色彩、形状、硬度，利用它的自然材料和固有的搭配能力，来雕塑它自身的美学。"① 一个完美的商品摆放形式，甚至会变成一个游戏，或者一种幽默感："在这个构图中……使顾客产生了兴趣，他会走进它、端详它、抚摸它，他可能动手挑选其中一个，他想看看它们是不是会崩溃：那些像搭积木一样搭成的食品盒子，它们高高耸立，摇摇欲坠。给它们轻轻施加一点力量，它们会不会轰然倒塌？"②

而如果被置于符号语言学的话语系统中，商品的摆放或陈列则具有了另一层美学语义："商品的陈列展览如同做诗，它的每一个词都有自己的意义，但是，以某种方式组合成一首诗以后，词与词之间就获得了大于每个词本身的意义，即诗歌本身的意义。一个词是一个符号，对应于一个特定的含义，但一首诗则是一个更高层次的符号，比单个商品具有更多的文化意义。商品与商品的排列组合之间的关系，正如词与诗之间的关系一样。"③

当然，不是说商品的美学只在对商品的摆放和陈列上才能看出，一些软性商品比如服装，尤其牛仔裤，何以被折叠成各种形状，如像兔子耳朵、像鹿角、像花瓣甚至什么都不像，总之，它像餐巾一样被折叠、被赋予美学形式和象征意义。

此外，商品的摆放美学还将商品与形象化的非商品直接摆放在一起，这种营销原则被称为"相邻吸引效应"："购物中心已通过一系列依赖于成为'非直接商品化'的战略而取得了商业上的成功，这一战略刻意把不可用于销售的物品、行为和形象摆放到购物中心的商品化世界中。基本营销原则是'相邻吸引效应'，在这种效应下，当'最不相似的物品放在一处

---

① 金惠敏主编《文化研究：理论与实践》，河南大学出版社，2003，第340页。
② 金惠敏主编《文化研究：理论与实践》，河南大学出版社，2003，第340页。
③ 王宁：《消费社会学》，社会科学文献出版社，2001，第159页。

时，它们会相互增色'……这种效应是一种物品使用价值的暂时悬置，它因脱离其背景而出人意料，并因此具有某种激发性。所以把一个普通的罐子放在以摩洛哥内室风格装饰的橱窗中，它就会被转化成具有异国情调的、神秘的和令人向往的罐子。这种联想的逻辑虽然用非商品化价值增强商品的吸引力，但也增加了逆向的过程，使前非商品化的实体，变成了市场的一部分。"①

其次，追求便捷、简单、方便易行也是消费大众的审美原则，而这也被商业步行街普遍用作营销策略，它的表现至少有以下三点。

（一）竖立在购物者和销售人员之间的柜台的被拆除甚至销售人员的被取消，使购物者可以直接与商品接触。与传统的市场形成鲜明的对比，商业步行街的商店尤其是服装专卖店和零售超市普遍撤掉了具有"谢绝入内"象征意义的售货柜台，这就使购物者可以直接进入店内，很多商店甚至直接取消了售货员，在此，顾客可以直接近距离查看、抚摸、玩赏商品，商品的质地、色泽、质量和详细说明都暴露于顾客面前，提高了顾客的信息接受量和选择判断的客观性。

（二）讨价还价被价格签取代。讨价还价这一购物模式长久地占据传

---

① 汪民安等主编《城市文化读本》，北京大学出版社，2008，第 242 页。这一摆放原则可以从一般的便利店的商品摆放看出，一般的摆放原则如下：（1）牛奶、面包、蔬菜、水果、粮油制品等日配品，是现代社会人们生活中的必需品，顾客的购买频率较高，销售额和销售量较大，而且是顾客进行价格比较的重点商品，是价格策略的主要商品，因此要配置在商店卖场的前端。（2）在收银台通道附近陈列休闲类商品，如书刊、胶卷、电池、香烟、口香糖等，这些商品属于随意性较强的商品，往往不在顾客的采购计划中，这样的陈列，可以使顾客在等候收银时随手购买，从而增加商店的销售额。（3）端头货架是卖场中顾客接触频率最高的地方，顾客无论进出都要经过端头货架，特别是其中一头又正对着入口，因此这里配置的商品要能够刺激顾客、留住顾客。如特价商品、促销商品、新产品、换季商品、高利润商品等。（4）通道货架的商品陈列，要重视商品系列的互补性，实行配套陈列，特别是不同货架通道的转换，如食品区通道与百货区通道的转换，要注意商品的延续性。例如，调味品与粮油制品、儿童用品/文具与儿童食品、厨房用品与速食品等。（5）便利店卖场的最后端的商品陈列，负有诱导顾客走向卖场最里面的责任。一般来讲，用保鲜柜来陈列新鲜食品最为合适，而且采用倾斜陈列的方式，使顾客的视线能够尽可能多地接触商品。（详见《超市经营管理实训手册》，2023 年 8 月 22 日，http://www.fzde.com/309/2009721_3681.html）

统购物形式的重要日程,现在,在商业步行街,讨价还价被一张小小的价格签所取代。虽然有些理论家认为,讨价还价可以培养一种所谓的民主风气,但是从购物的效率和店主的成本(包括时间成本和雇用销售人员的佣金)考量,这种模式未必是受欢迎的。

(三)轻巧省力的购物手推车对消费者自带的购物小篮子的取代。手推车不仅轻巧省力,而且"购物手推车能够带来实用购物之外的其他乐趣。手推车可以消除消费者购物时的单调和紧张情绪。购物者在选商品之后(选商品时他必须付出一些精神上的损耗,其脑力和体力在盘算和权衡中受到损失)通过推车的方式来调节和缓解一下暂时的紧张感,推车富有一种轻松的手感,购物者可以将注意力转移过来,他通过掌握手推车的方向和速度,一种驾驶技术,一种支配和控制的技艺,一种操纵艺术,来获得某种戏剧式的满足"。① 当然,不可否认的是,手推车的吞吐量远大于购物小篮子。

最后,商业步行街对商品美学的追求还表现在对它的可视化效果的处理上,使它的形象能够在最大范围内传播。当然,商品的可视化早在它进入商业步行街之前就以广告、传媒等形式开始了,这是不在场的可视化。在商业步行街,在场的可视化是通过各种视觉技术或手法来实现的,比如,在商品摆放环节,将商品放在显眼、醒目的位置,或把重要的、畅销的商品进行特殊摆放,都可以达到吸引眼球的目的。商品的可视化还可以通过电子技术、摄影技术等的烘托来实现。这里需要特别指出可视化材料玻璃的运用。这一运用法则不仅突出了商品的可视形象,而且具有一些特殊的美学意义:"玻璃橱窗赋予了商品以神奇的魅力,它是现代商品的性感装置。商品裸露于人们的目光下,却又形成一个坚硬而又冰冷的阻隔。它既是引诱,又是拒绝。只有进入玻璃宫殿的内部,才能完成与商品的交易和亲密接触。而游手好闲者游荡于玻璃橱窗的透明空间里,目光掠过商品的表

---

① 金惠敏主编《文化研究:理论与实践》,河南大学出版社,2003,第344页。

面，只是象征性的占有给予他们巨大的窥视满足。"① 玻璃对商品的可视化处理在商业步行街是一个隐喻：它以其美妙的展示唤起人们的占有欲望，但是，它又被实在性或象征性地悬置起来，始终保持着那一小段距离，总之，除非通过购买行为，否则它总是"可望而不可即"的。

以上内容主要论述了商业步行街的商品如何进一步被设计和筹划来更具有美学和艺术的意蕴。当然，这里主要针对商品的一种形式即"产品"，实际上，现代商品的另一种重要形式"服务"也是不容忽略的。虽然以上某些论述依然具有解释效力，但是，"服务"商品确实具有它的特殊性，主要是人的直接接入。"服务"是将某种劳动形式直接作为商品来出售。有些物质商品及产品实际上本身已经包含了服务，比如餐饮业，它的费用里面已经包含了服务的部分。但是，在后现代消费社会，服务的主要表现形式是以"美"为核心的一系列商品形式：美容、美体、美发、美甲、美饰等。毫无疑问，这些服务是美的商品，它们追求美、表现美、塑造美，不仅以美为形式，而且以美为内容。这些服务产品的美学筹划更是立体性、全方位的，商店在招收服务人员时，已经将身高、体重、相貌、性格、语言等人的外观美学事无巨细地写在招聘广告中，另外，服务过程事先都经过了严格培训，从语言、着装、动作、化妆一直到服务本身都被美学原则所渗透。总之，商业步行街的现代服务商品，更加注重对美学规则的借鉴和运用。

---

① 张旭东：《本雅明拱廊街研究计划与都市文化理论系列讲座》，豆瓣，2023 年 8 月 22 日，https：//www.douban.com/group/topic/1746837/?_i=6100367jtOying。

第三章　主体经验

一　狂欢与迷狂

根据上述，商业步行街对价值理性的不自觉追求自觉地服务于它的工具理性原则，在客观意义上，它所营造的这一美学化的消费空间不仅对于物质性的客体存在具有渗透作用，而且已经深入主体性的存在结构之中，成为主体重要的结构性要素。其主要表现就是将主体具有直接实用目的的购物活动改造成渗透着审美逻辑的消费活动，进而使"逛街"这一日常活动演化为一种重要的休闲资源，同时，严格意义上的"购物者"被改造成具有闲逛、观赏、游玩等特点的"休闲逛街者"，或者说，被改造成不具有严肃实用目的的消费审美者。

我们必须强调，"购物"和"消费"是两个具有严格区别的概念。"购物"的英文表达是"shopping"，即到某个地方（一般是商店）花钱买东西，因此，与它相近的英文单词是"purchasing"，即"购买""支付"。可见，"购物"的一般语义是具有实用目的的购置、买入等，它基本上没有观赏、闲逛、游览等引申含义。但是，"消费"（consume）一词与此大为不同。根据上述，"消费"的本义是"使用""耗费""耗尽"等，在原初意义上，它还有"靡费""破坏"等贬义义项。但是，随着后现代消费社会的到来，"消费"一词的含义发生了巨大的改变，它不仅去除了最初的贬义意涵和与"生产"相对的中性意涵，而且直接取代了生产的基础性地位，成为经济关系的基础性维度，在此，它的含义进一步融入了非物质性、非直接生理性等语义要素，"消费"被改造成一个表述后现代性的"热词"。在后现代性条件下，消费一词的语义重心已经转移到外观、符号等层面，换言之，消费的内涵"外溢"，成为一种表层化活动①。具体来说，消费的内容或对象包含以下几点。

（一）物的形象外观，包括造型、色彩、包装、图案等。它传达了物的格调、档次、形式感等。

（二）物的象征符号语义，即物所表达的社会地位、身份和品位等。这种物的语言作为显示差异的表征，在后现代消费社会理论家尤其波德里亚那里被反复强调。

（三）物的存在环境，即物的空间符号。比如，在豪华酒店进餐，不但食品是消费对象，而且酒店的氛围、气派等也是消费的内容。

（四）附加在物上的仪式程序，比如作为服务程序的日本茶道，它的服务仪式连同茶品本身一起被消费了。②

总之，正如波德里亚所说，作为消费的传统内涵的物质性层面如今已经变为消费的前提，消费的真正对象是它的外观层面及象征含义。在此意义上，消费的生理肉身性被置换为一种美学精神，这就是消费的审美化的一个重要方面。

据此，在商业步行街这样一个美学空间，纯粹意义上的购物活动不得不让位于夹杂着审美意义的消费活动了。事实上，商业步行街重要的功能之一，就是将具有直接目的的购物，改造成具有间接意义的消费，让消费者驻足、浏览、玩赏，当然，最终目的依然是使之"购物"即支付、购买。"持续加强商品与顾客之间的联系，持续创造超出所需的购买选择。通过延长'只是看一看'这一购买的想象性前奏的时间，顾客通过熟悉某

---

① 李金正：《论消费与审美的间离与复归》，《文艺理论研究》2009年第4期，第187~191页。
② 王宁：《消费社会学》，社会科学文献出版社，2001，第203页。

一商品真实的和想象的品质而在意识中获得这些商品，购物中心鼓励其'认知获得'。在意识中'试用'产品，传达给购物者的不仅是他们想要什么和可以买什么，而且是他们没有什么和因此需要什么。"[1]

这一点，可以在商业步行街与廉价小商店的对比中明显看出。"在廉价小店，我们是抱着实用的目的去购买，事先有明确的目的，购买时价格又是主要的考虑因素之一。因而理性占了上风，冲动性购买较少发生。而在（大型）商场，'逛'和'买'是混合在一起的，我们时常没有太明确的购买目标。众多的商品常常以一种不自觉的方式诱惑我们。感性的因素，而不是理性的因素，常常支配我们的购买行为，从而冲动性购买就更容易发生。"[2]

总之，正如蒂姆·爱德华兹（Tim Edwards）所总结的："二战之后二三十年间，购物从拿着一张必需品的清单进入一家商店或集市与摊贩讨价还价，变成一种无限制的、无缝隙的、无意识的（如果不是特别私密的或喜好窥阴的）、个人化和风格化的消费活动。"[3]

"购物"被改造成了"消费"，购物者被改造成了"消费者"，"消费"成为一种带有审美属性的活动，那么这对于"消费者"的消费活动来说，会带来哪种影响呢？或者更进一步，对"消费者"的观念或意识会带来怎样的变化？我们认为，至少存在以下三点的影响或变化。

首先，购物活动变成了一个带有节日性的狂欢活动；其次，购物者的商品拜物教被转换成"能指拜物教"或"审美拜物教"，从对被异化意识支配的物的"神秘面纱"的膜拜，转变成对物的带有审美迷狂性质的外观形式的膜拜；最后，休闲逛街者的体验成为现代性体验的重要形式。

先看第一点：商业步行街成为消费和审美的狂欢之地。

"狂欢"即疯狂地、忘乎所以地玩乐，它的意义主要是对现实生活的

---

[1] 汪民安等主编《城市文化读本》，北京大学出版社，2008，第241页。
[2] 王宁：《消费社会学》，社会科学文献出版社，2001，第162页。
[3] 罗钢等主编《消费文化读本》，中国社会科学出版社，2003，第149页。

秩序化的一种暂时性遗忘或破坏。"狂欢"一词最早来自古希腊祭神之后的狂欢活动，后来被演变为一个节日，即狂欢节，它是盛行于古希腊、罗马并延续至中世纪和文艺复兴时期的民间节庆、仪式和庆典活动，这一狂欢活动后来被纳入基督教节日，至今每年都在佛罗伦萨、威尼斯、巴黎、里昂和科隆等基督教国家的城市举行。俄国理论家巴赫金（Mikhail Bakhtin）在考察各种民间节庆、狂欢活动的基础上，提出了"狂欢化"理论。这一理论基于民间狂欢活动的特点指出作为"第二世界"的艺术存在与此相似的特点，它主要表现为四个"狂欢式的世界感受"。一是"决定着普通的即非狂欢生活的规矩和秩序的那些法令、禁令和限制，在狂欢节的一段时间里被取消了。首先取消的就是等级制，以及与它有关的各种形态的畏惧、恭敬、仰慕、礼貌等，亦即人们不平等的社会地位等（包括年龄差距）造成的一切现象。人们之间的任何距离，都不再存在；起作用的倒是狂欢式的一种特殊的范畴，即人们之间随便而又亲昵的接触"。二是"插科打诨——这是狂欢式的世界感受中的又一个特殊范畴，它同亲昵接触者的范畴是有机的联系着的"。三是"同亲昵相联系的，还有狂欢式的世界感受中第三个范畴——俯就"。四是"于（与）此相关的是狂欢式的第四个范畴——粗鄙，即狂欢式的冒渎不敬，一整套降低格调、转向平实的作（做）法，与世上和人体生殖能力相关的不洁秽语，对神圣文字和箴言的模仿讥讽等"。① 概而言之，就是等级制度的取消、"插科打诨"、"俯就"及"粗鄙"四个范畴，它们实质上就是狂欢活动的一般特征。在狂欢节上，有一个主要的仪式反复出现，就是笑谑地给狂欢国王加冕和随后脱冕，它以不同的形式出现在狂欢式的所有庆典中。巴赫金指出，"国王加冕和脱冕仪式的基础，是狂欢式的世界感受的核心所在，这个核心便是交替与变更的精神，死亡与新生的精神"。② 巴赫金尤其强调了作为狂欢活动

---

① 〔俄〕巴赫金：《巴赫金全集》，白春仁、顾亚玲译，河北教育出版社，1998，第 161~162 页。
② 〔俄〕巴赫金：《巴赫金全集》，白春仁、顾亚玲译，河北教育出版社，1998，第 165 页。

地点的广场的重要性,他指出,狂欢节发生的"中心场地只能是广场,因为狂欢节就其意义来说是全民性的、无所不包的,所有的人都需加入亲昵的交际。广场是全民性的象征……在狂欢化的文学中,广场作为情节发展的场所,具有了两重性、两面性,因为透过现实的广场,可以看到一个进行随便亲昵的交际和全民性加冕脱冕的狂欢广场"。① 这一点与同样作为一种广场形式的商业步行街有很大的相似性。

商业步行街就是现代都市生活的狂欢之地,这里的狂欢不仅是指它是酒吧、舞厅、游戏中心等大量汇聚的场所,也不仅是指每到法定的节日,比如圣诞节、情人节、国庆节以及各地的传统节日,这里都要大张旗鼓、红红火火地操办,从而为商家赚取可观的利润,这里的商品交易会、各种互动式的促销表演,都是狂欢的例证。在此,人的社会地位、身份暂时被悬置,语言表达随意自然,身体的能量得到释放,参与其中的人们忘记了日常自我,变得真实而无拘。比如,发生在商业步行街的商品交易会,就是一个很好的说明。斯塔利布拉斯和怀特在其《离经叛道的政治学与诗学》一书中就对此作了形象的描述和阐释:"首先,交易会是一个开放的市场空间,这样一个地方性市场展示着来自国际国内其他市场中的商品,发生着一起又一起商品的交易。其次,交易会是寻求快意和满足的场所,它们是地方性的、充满节日氛围的、人群聚集的、与真实世界没有联系的场所。所以交易会不仅是当地传统的护卫者,它们也是不同文化交汇并引起民间传统转化的场所,它们还是巴赫金所说的混杂化(Hybriddization)场所:生人与熟人、乡下人与城里人、专业演员与资产阶级观众都汇聚到一起来了。作为文化多元主义的主要力量,交易会就不只是官方话语系统之外的其他什么东西了,它通过世界范围内不同的人与文化客体的引入,分化瓦解着地方性的习惯与传统。这些交易会展示着来自世界各个地方异彩纷呈、光怪陆离的商品,同时伴随着刺激人们欲望的一股洪流:离奇怪异的标志符号,纷彩并陈的货物,不同装束、仪态与语言的人群,奇形怪

---

① 〔俄〕巴赫金:《巴赫金全集》,白春仁、顾亚玲译,河北教育出版社,1998,第169页。

状的景象与表演等。"① 商品交易会实际上就是商业步行街的缩影或者隐喻：它同样充满来自世界各地的光怪陆离的商品以及身份复杂的人群，从某种意义上说，商品交易会就是商业步行街。正如费瑟斯通所说，斯塔利布拉斯和怀特所说的商品交易会，"实际上就是十九世纪后期没有顶棚的百货商店、世界博览会之雏形"。② 毫无疑问，在这样一个混杂、躁乱、没有严格约束的场所，即使是一个有着良好修养的中产阶级也会不由自主地加入大众的狂欢。尤其是现代商业步行街窥探到了消费者的这一心理，往往有意无意地为他们创造机会，很多商业步行街也是娱乐广场或青年男女聚会的绝佳去处。

需要特别指出的是，商业步行街的审美活动本身就具有某种意义上的狂欢性质。显而易见，在这里，审美不可能再保持其传统意义上的虚静、远观和距离，而是被感性欲望所渗透的、身体性的、当下性的、日常生活化的审美。与其说商业步行街还存在所谓的审美活动，不如说是闲逛、游览、大饱眼福，这里被激起的不是超越到一个澄明无蔽的形而上境界或"源初存在境遇"，而是潜存在感性身体深处的底层无意识，一种占有并破坏的欲望。主体的理性机制被物的外在形式（从其存在空间到它的属性自身）巧妙地绕过或穿越，主体不再保持冷静和节制，不再被物的外观接引到超验境界，相反，他被诱惑、被召唤、被一种刻意的美学形式所收买，然后又收买这一美学；在此，他与物之间没有距离，他在意识中或在真实的感觉体验中反复体验、品味和把玩，他尝试拥有，并将尝试转化为现实。这里根本没有纯粹的审美，只有消费中的审美，审美在此被消费所深深嵌入和制约。相对于传统来说，审美显然已经走到了它的对立面，从一种感性弃绝的、精神升华的活动，变成一种身体性的欲望游戏。

再看第二点：商业步行街的迷狂经验与审美拜物教。

---

① 陆扬：《费瑟斯通论日常生活审美化》，《文艺研究》2009 年第 11 期，第 253~260 页。
② 〔英〕迈克·费瑟斯通：《消费文化与后现代主义》，刘精明译，译林出版社，2006，第 115~116 页。

第三章 主体经验

如前所述，商业步行街是消费审美文化的最切近的表达形式，在这里，消费和审美已经牢牢绑定、纠缠错节，不仅使彼此传统的固有疆界被损毁，发生了各自的内爆，而且二者真正达到了内在性的互摄、耦合的境地，消费和审美两种活动你中有我、我中有你，物我不分，无法从中画出一条明确的界线。在商业步行街的各种各样的活动主体中，有一种是为我们所司空见惯的，那就是购物狂，即不顾自己的支付能力拼命地购物的人，而所购之物对本人来说很大程度上没有实际意义。此外，还有一种也许是每个人都可能有但程度不等的精神疾患，那就是恋物癖，主要是对某种物品特别迷恋，比如墨镜、鞋子等。我们认为，这两种畸形消费形式与审美具有千丝万缕的联系：它们实质上是一种审美的迷狂。

购物狂和恋物癖表面上看与马克思所说的商品拜物教非常相关。马克思指出，在资本主义生产条件下，劳动产品本质上是人的一种异化形式，它所反映的是人与人之间的异化关系，但是，这一关系被物与物的关系形式所遮蔽，从而使物蒙上了一层薄薄的神秘的面纱，物的世界成为一个"披着雾纱的宗教世界"，使人对它产生神秘感和崇拜感，这就是所谓的"商品拜物教"。但是，如同前文所述，马克思的商品拜物教实质上所拜的并非物，而是对"无形的、非物质的、超感觉的东西的崇拜"，物的"外套"即外在特征被抽空了，单纯留下一种物的抽象形式，因此，"商品拜物教意味着对整个拜物教历史的颠覆"："拜物的物神，从一开始就与穿戴在身上的物品……有关。"真正意义上的"拜物教"就是对物品的外在形式及其所表征象征意义的膜拜。这一本质含义，在我们这里被追回：商品拜物教在后现代消费社会中已经变成了能指拜物教或审美拜物教，它的对象就是物本身所具有的外在形式及象征意义。而这一能指拜物教的最重要表现形式就是这里所说的购物狂或恋物癖，在这些人眼中物的神圣意义正是源自物被赋予的外在特征。

根据前述，在消费社会和审美过剩时代的双重语境中，消费和审美表现为一种互摄、耦合的态势，这一点具体表现在消费行为上，就是产生一种消费的迷狂，我们认为，这种迷狂实质上并不是消费本身所固有的，而是在现实语境中消费被审美化的结果，正是审美逻辑介入消费实践当中，消费才会带有迷狂的特征，换言之，消费迷狂本质上是审美迷狂，它是消费审美化的一个例证。消费如今已经去除了其物质性、生理性的传统特质，转移到被审美化了的物的外观形式上来，它的对象不再是物的实用价值而是载体的外观、形象价值，在此，物实际上就变成了艺术品，对物的消费因此在很大程度上就是一种审美活动，正是消费中被渗透了审美的逻辑，才使得消费带有迷狂的属性，变成了消费迷狂。在此，被审美化了的消费活动就变成了一种带有宗教体验性质的非理性冲动，它是以审美为内核、以消费为外在表现形式的宗教冲动。在此意义上，审美主义所极力推崇的以审美代救赎、以美育代宗教、以美神代上帝的美学神学已经失去了价值依归：消费主义劫持了审美主义的上帝，上帝的信徒也就理所当然变成了世俗的消费迷狂主义者，也就是这里所说的购物狂或恋物癖患者。

这就是购物狂或恋物癖的致病机理，它是一种与传统的心理学、社会学或遗传学不太一致的新的阐释模式，这种阐释模式就是消费审美文化研究的理论内核之一。

而商业步行街正是购物狂或恋物癖的天然集训地。根据上述，商业步行街对于人的巨大功能在于将购物改造成消费，将购物者改造成消费者，它主要是通过一系列审美化的手段来实施的，这包括外在空间的审美化以及对于物的再审美化，即通过摆放、提供便捷化服务及进行可视化处理等多种手段使物被暴露、被筹划，从而与消费者更加频繁、更加亲密接触，勾起消费的冲动和购买欲望。这些过程实际上对于消费者来说就是一种审美教育，一种权力规训，它改变了消费者的既有观念和消费态度，使部分消费者在天性脆弱、工作或生活压力过大等条件的综合作用下发生购物的迷狂。

我们以其中的一个审美化营销策略为例。商业步行街价值理性诉求的一个重要方面，就是它的建构包含了对巨大、繁多、豪华的强调，实际上，它的这种努力目的是使消费者产生一种像信徒们在仰望巨大的、高高的尖顶教堂时所产生的对上帝的敬畏感和自身的渺小感一样的"宗教情怀",即当消费者置身于一望无际、没有完整形式感的物的大裂谷或广袤平原中时,会产生一种谦卑感、渺小感,这种感觉意在使消费者忘掉卑微的自己而投向标示着无限和永恒的上帝。可见,这种法则不过是将宗教原则移用于消费目的的典型范例。在此意义上,商业步行街就是消费迷狂主义者的人间的"上帝之城"。

但是,在商业步行街这一人间的"上帝之城",一个严肃的、禁欲主义的、超验的上帝是不被欢迎的,因为这里不以上帝为精神冲动的对象,而是追求世俗的、当下的、大众的、身体化的感官愉悦,而这种感官愉悦,正如前文所言,暗合了已经被日常生活化了的审美逻辑,超负荷的审美感官和断裂的能指锁链使审美经验不再能超越到形而上的高度,而是转而向身体层面折叠。在商业步行街,美学的极度泛化带来了审美经验的通货膨胀,美感被迅速贬值,丧失了超越性维度。

消费迷狂主义一方面为商业步行街带来了忠实的消费群体,另一方面带来了不可避免的社会问题。消费必须以一定的支付能力为前提,因此,对于那些没有太大支付能力的购物狂或恋物癖患者来说,只能通过内在的压抑或外在的对于道德、法律禁令的打破来解决问题,这就出现了种种偷窃行为。毫无疑问,偷窃问题是世界上任何一个商业步行街都面临的严峻问题。另外,商业步行街所引进的越来越先进的巡查制度、监视设备以及严密的保安配备等,都与盗窃问题的反面刺激是分不开的。

二 现代性体验

商业步行街是现代性物质文化的自然博物馆,这一博物馆的收藏品来自商业的万有引力,这些被蒙太奇手法所拼接、编辑的物的体系,组成了一个具有实在性的虚构文本,然而,由于物的本真含义被篡改,这一文本的能指锁链呈现为断裂、破碎、无深度的景象。商业步行街是一个没有深度的物的海洋,是现代性的碎片、偶然的堆积,它是现代大都市精神生活的一个隐喻:这样一个微缩的世界模型可以最好地揭示都市空间现代性精神体验的内在意蕴。

对于现代性都市空间的精神体验,波德莱尔、西美尔、克拉考尔(Siegfried Kracauer)、本雅明、詹姆逊等都做过深刻的阐述。在波德莱尔那里,现代大都市就是一道美学的风景,这里深蕴着美,但是,这种美并不是传统视野中纯粹的绝对、永恒,或对无限的超越,而是本身包孕偶然、过渡和瞬间,在他看来,"美永远是、必然是一种双重的构成……构成美的一种成分是永恒的、不变的,其多少极难加以确定;另一种成分是相对的、暂时的,可以说它是时代、风尚、道德、情欲,或是其中一种,或是兼容并蓄。它像是神秘有趣的、引人的、开胃的表皮,没有它,第一种成分将是不能消化和不能品评的,将不能为人性所接受和吸收。我不相信人们能发现什么美的标本是不包含这两种成分的"。[①] 美以永恒性为内核,又以瞬间性和偶然性为存在形式。波德莱尔认为,这种美本身表征了现代性,因为现代性"就是过渡、短暂、偶然,就是艺术的一半,另一半是永恒和不变"。[②] 现代性的这种特点使我们没有权利蔑视当下的瞬间,没有权利蔑视现代生活世俗性的一面,它的风尚、情欲、道德节操,这个城市里妖艳、神秘而复杂的女人,冷漠、骄傲和挑衅的浪荡子,隆重的典礼和盛大的节日,它们拥挤在一起,共同编织了现代都市街头的风光。这个风光被巨大的电能充斥着,它像一个巨大的万花筒,丰富多彩、瞬息万变,而它就是现代性的永恒所在。

波德莱尔对都市现代性研究的贡献,不仅在于他揭示了现代性的辩证法,更在于他所运用的研究方法。波德莱尔指出,"在平凡的生活当中,

---

① 〔法〕波德莱尔:《1846年的沙龙:波德莱尔美学论文选》,郭宏安译,广西师范大学出版社,2002,第416页。
② 〔法〕波德莱尔:《1846年的沙龙:波德莱尔美学论文选》,郭宏安译,广西师范大学出版社,2002,第424页。

在客观事物的日常蜕变当中,存在着一种迅速的运动,要求艺术家有同等的制作速度"。他认为,这种捕捉和制作"现在之过度、偶然之新奇"的艺术家就是"现代生活的画家",它需要一种特殊的综合性技艺,"观察者、哲学家、游手好闲者——随你怎么叫他;但是……你肯定不会把用于描绘永恒物,或至少更为长久事物的画家身上的形容词用在他身上",因为"他是已经消逝的瞬间及其所包含的一切永恒迹象的画家"。① 波德莱尔的研究方法对于本雅明的"辩证意象"无疑具有重要的启示意义。

如果说波德莱尔还只是对都市生活的泛泛论述,西美尔则敏锐地将目光移诸现代都市生活的旋转轴心:商品和金钱世界。西美尔在对柏林贸易展览会的现象学描绘中指出,"迥然相异的工业产品十分亲近地聚集到一起,这种方式使感官都瘫痪了——在一种确凿无疑的催眠状态中,只有一个信息得以进入人的意识:人只是来这里取悦自身的"。② 在这样一个被商品充斥的人群里,人面对的是巨大剂量的感官刺激,各种印象、声音、图示,各式各样的人和物,使人的感觉欲望和好奇心被大量激发出来,但是,人的自我保护本能又很快将这种刺激钝化,使人开始变得麻木不仁、冷漠僵化,这就是大都市的精神生活状态。对这种精神状态起形塑作用的还有频繁的具有中性化、匀质化特点的金钱交易活动。总之,西美尔和波德莱尔显示了巨大的差异,前者对都市生活持悲观、冷漠的态度,后者则相反。但是,他们对于都市生活状态的发现和揭示又有很大的相似性,即都关注碎片化、偶然性、感官刺激等。

这些相同点,在本雅明那里得到了进一步的发挥和运用。本雅明比波德莱尔更进一步,将"形象的辩证法"发挥到极致,也比西美尔更进一步,将都市生活的重心移诸现代世界的缩影:巴黎拱廊街。这一点尤其看出了本雅明眼光的敏锐、深刻和独到,拱廊街(商业步行街)是都市现代

---

① 〔英〕戴维·弗里斯比:《现代性的碎片》,卢晖临等译,商务印书馆,2003,第23页。
② 〔德〕齐奥尔格·西美尔:《时尚的哲学》,费勇等译,文化艺术出版社,2001,第138页。

性碎片的最广阔的积聚之地,这里是都市生活的缩影。

本雅明对拱廊街的关注依然是服务于他的弥赛亚主义的马克思主义话语建构,而这一话语建构又是以反对话语理性原则即语言表述为方法论旨归,本雅明绕道"堕落的语言",通过形象来直接表述。在本雅明看来,拱廊街这一世俗生活的画卷充斥着最多的、最具有象征意义的形象,这里琳琅满目的商品、匿名的人群、飞逝的图像、浪荡者的即兴艺术、交臂而过的陌生人等现代性的"碎片"之中包孕的正是整体和永恒,这些历史的废墟中的"单子"的另一半正昭示着原初的统一性,它们穿越传统历史总体性的"星座"直抵本真性的、本原的"传统",正是在这里闪耀出了真正的弥赛亚之光。本雅明把能够在瞬间、偶然、断片性之中见出永恒的"辩证意象"作为拱廊街计划的重要理论视点。本雅明在方法论旨趣方面与他的生前好友西格弗里德·克拉考尔非常相似,后者也指出:"城市体验是由碎片式记号组成的迷宫。关于这种体验,表面事物现象学试图寻找一个洞悉其隐秘'原则之所在'的切入点;并且,有这一体验的前提条件是:一种打破习惯视角的惊愕,把对象从其约定俗成的背景所给予的虚假的不证自明性中解放出来。"[①] 这种在碎片中洞悉"原则之所在"的观点,与本雅明的"辩证意象"不谋而合,他们对于大都市精神生活的揭示是同样的深刻。

在巴黎拱廊街,本雅明最为关注的是曾经现身于波德莱尔笔下的"游手好闲者""浪荡游民""休闲逛街者""匿名的人群"等,他们将以自己的形象进入资本主义的历史。这些形象分别被赋予不同的色彩。"对于本雅明来说,这些游手好闲者也是一些逍遥法外者,他们既抗议劳动分工也不愿勤劳苦干,于是,任何一个工场(厂)都不是他们的合适场所。街道成了他们的去处,市场成为他们最后一个场所,而人群'不仅是不法之徒的最新藏身处,而且是社会弃民的最新麻醉剂'。闲逛者就是被遗弃在人群中的人,在这一点上,他与商品的处境相同。这种处境使他沉浸于幸福

[①] 〔英〕戴维·弗里斯比:《现代性的碎片》,卢晖临等译,商务印书馆,2003,第179页。

之中，一如商品陶醉于周围潮水般涌动的顾客。波德莱尔笔下的浪荡子表面上漫无目标，这反而使他关注偶然事情和毫无联系的物体之间的'交流'，把精神和物质共鸣联系起来，把平凡之事变成不平凡之事。本雅明认为，这个群体的主体是职业密谋家、文人和流氓无产者。在19世纪资本主义高度发达的物质文明面前，这个人群处在社会的下层和边缘，他们是社会的弃儿，除了流浪与密谋，别无选择。"①

当然，本雅明笔下的人物与他的那个时代和他本人的写作目的直接相关，这些人的形象、感受及动向或许只具有特定的历史意义，在某些方面，却可以穿越时空，直接抵达完全现代化的商业步行街。比如，本雅明写道："如果人们能够在延伸了的意义上使用自然景观这个说法的话，那么，人群实际上就是自然景观。一条街道、一场大火、一起车祸将不同阶级的人聚集到了一起。他们是具体聚集到一起的人群，但在其社会性上，他们却是抽象的，他们的个人旨趣被抽离掉了。商店顾客便是他们的模式。这些人各怀个人旨趣地在市场上围绕他们'共同的东西'聚集在了一起。在很多情况下，这样的聚集只是一种数字的存在，在这种数字存在的背后隐藏着这个怪物的真正内涵：由于个人旨趣的巧合而聚集在一起的人群。"② 这种对于人群大众的深刻揭示，也完全适合当代的逛街购物者。他们也一样是那么冷漠、刻板、毫无表情，被人群的群体性所抽象化、匀质化，变成"平均的人"，如同"自然景观"，但是同时他们充满了好奇，他们密切关注周围的事态，他们被各种各样的感觉刺激所包围，对突如其来又倏然远逝的眼前的一切做出迅捷快速的反应，他们在人群中寻求刺激，捕捉"惊颤"的体验，这种体验对于他们麻木的神经来说弥足重要。

商业步行街作为后现代碎片化世界图示最切近的表达形式，也为詹姆逊的理论提供了佐证。詹姆逊认为，后现代文化是一种多元的、碎片式的

---

① 鞠惠冰：《拱廊街与闲荡者：都市精神状态的展示》，《粤海风》2007年第6期，第21~25页。
② 〔德〕本雅明：《发达资本主义时代的抒情诗人》，王才勇译，江苏人民出版社，2005，第61页。

作为文化批评的消费美学

文化,这一文化文本的能指符号呈现崩溃的状态,它也不再有意指深度:"这种意符之间的关系一旦分解了,表意的锁链一旦折断了,呈现在我们眼前的就只能是一堆支离破碎、形式独特而互不相关的意符;这种情形一旦出现,所谓精神分裂的感觉便由此而生。"① 这就是说,能指锁链的断裂,意味着主体不再能经验到完整的意义结构的整体,而只能经验到孤绝、破碎感,这种感觉是一种精神分裂的体验。这在商业步行街这一断片能指符号的集结地,能获得最切近的表达。詹姆逊继续指出:"表意的锁链断裂之后,精神分裂可以说是以一种不折不扣的纯物性意符经验出现。换言之,精神分裂感所呈现的形式乃是眼前一连串不相关的、纯粹的时刻在时间整体中的组合。我们在毫无准备之下面临时间性的突然瓦解,当下便把眼前的一刻从一切活动和意念中解放出来;时间(现在)并没有被置于应有的焦距之外,没法转换成空间的实践……时间(现在)被孤立起来以后,主体被眼前的一分一刻所笼罩,只觉浸淫于一片笔墨难以形容的逼真感中。主体面临一种势不可挡、千真万确的具体的感官世界,其感官所及之物性,生动而有效地发挥了物质的威力……其感性之强度、烈度,其动人之处,其神秘处,后现代的文化试图以否定式的话语予以论证——焦虑难安、虚幻不实的感觉……然而,我们事实上也能够用肯定的语言予以指述——诸如'the high'(那种高度强烈的情感),'the intoxicating'(那叫人身心麻醉的快感),'the hallucinognic intensity'(那叫人疑幻疑真的激情);总之,都是欣狂喜悦(euphoria)的诸般表现。"② 这就是碎片式的情感经验,由于瞬间性将时间孤立出来,主体意识还没有来得及投诸实践,便被卷入了一种分裂的但又强烈的感官体验,一种在刹那间爆发出来的混杂的百感交集的复杂体验。用这种体验来观照本雅明在拱廊街计划中多次提到的波德莱尔那首著名的十四行诗最合适不过。

---

① 〔美〕詹明信:《晚期资本主义的文化逻辑》,张旭东等译,生活·读书·新知三联书店,2003,第471页。
② 〔美〕詹明信:《晚期资本主义的文化逻辑》,张旭东等译,生活·读书·新知三联书店,2003,第472~474页。

大街在我的周围震耳欲聋的喧嚷。
走过一位穿重孝、显出严峻的哀愁、
瘦长苗条的妇女,用一只美丽的手
摇摇地撩起她那饰着花边的裙裳;

轻捷而高贵,露出宛如雕像的小腿。
从她那像孕育着风暴的铅色天空
一样的眼中,我犹如癫狂者浑身颤动,
畅饮销魂的欢乐和那迷人的优美。

电光一闪……随后是黑夜!——用你的一瞥
突然使我如获重生的、消逝的丽人,
难道除了在来世,就不能再见到你?

去了!远了!太迟了!也许永远不可能!
因为,今后的我们,彼此都行踪不明,
尽管你已经知道我曾经对你钟情!

汹涌的人群,短暂的邂逅,以及这美丽的一瞬间所传达的凄绝和哀婉,仿佛抓不住的、拂面而过的一阵清风,但是又分明地看得见。这种难言的体验,就在刹那间发生,却不会在刹那间消逝。或者说,迎面而来、交臂而过的美丽女子,仪容整洁,总是流露出她难以掩饰的哀伤,有时她甚至会以一身孝装来表达。她的清瘦、哀婉、忧伤,一瞬间就会使对面的人身体痉挛,直抵最深刻的内心,产生一种不可抑制的"惊颤"。因为这一惊颤的瞬间永远不能再见,再也不能被体验到,这一瞬间就在惊颤中走向了永恒。

这就是本雅明巴黎拱廊街的最深刻、最经典的体验,这种体验在现代大都市，在都市生活的核心，随时都会发生。它不过是一个隐喻，它所暗示的是在瞬间、碎片、偶然中每一个逛街的人都可能会经历的深深触及灵魂的惊颤体验：深刻、强烈、驳杂，而又转瞬即逝。它倏然而来，倏然而往，就在应接不暇的感觉的超负荷经验中，将人带入了一个没有深度意识却又充满亢奋、刺激和快感的后美学的王国。

三　建构的向度

在消费美学的视域中，步行街文化在根本性上就是一种消费审美文化。这一本质性的理解不仅有助于我们认清作为商业文化范本的步行街文化，而且蕴含了一个韦伯意义上的"理想型"（Ideal Type，亦译"理想类型"）：一个成熟的步行街文化必须是消费属性和审美属性的双重再现，否则步行街就会沦为无人问津的"不行街"或"问题街"。

在消费美学看来，理想形态的商业步行街在消费和审美两个向度的价值追求上必须表现为不可分割的统一性：它是商业活力与美学感觉的统一，购物中心与旅游景点的统一，消费市场与艺术长廊的统一。只有实现了这种统一的商业步行街才是真正意义上的商业步行街，换言之，这种统一本质上是理想的商业步行街文化建构的至上法则。

为了更确切地说明这一文化建构法则，我们借用韦伯的合理性理论作进一步阐释。韦伯认为，现代社会的进程是与两种形式的合理化分不开的，其一是形式的合理性，其二是价值的合理性，前者也称作工具理性，后者也称作价值理性。我们在此也认为，消费审美文化模型主要通过工具理性和价值理性两种诉求来建构步行街文化。工具理性就是数学计算的原则，表现在商业上就是追求利润的最大化；价值理性就是人文关怀的价值诉求。在消费社会和审美过剩时代的双重语境中，商业步行街对工具理性的自觉追求，必须通过对价值理性的不自觉追求来完成，也就是说，它必须充分调用各种美学和艺术手段，将商业步行街这一"沥青海洋中的行人天堂"打造成后现代美学的标志性建筑,才能达到其预期目的。对商业步行街来说,其直接的工具理性诉求,要通过对消费空间利润最大化的数学法则来实现,而它的间接的价值理性诉求,则通过对消费空间的美学营造来实现。后者又可分为两个层面来实施:一是对外部空间(消费品以外的消费空间)的美学筹划,二是对(消费)艺术品的再审美化。相应地,以下的研究将分为紧密相关的三个部分:一是探讨如何在商业步行街获得最大的经济效益;二是探讨这一消费空间如何被审美化处理,变成了一个消费—审美空间;三是探究在此美学空间中的(消费)艺术品如何被进一步审美化处理,从而完成对步行街空间的全面彻底的美学营造。

第一,经济利益最大化的工具理性诉求。它是指以货币单位或平方英尺为计量单位,使每一寸空间都获得最大化收益。商业步行街根本上要遵循复制与差异相统一、模仿与创新相统一的原则,就像复杂的生物体结构都是基于某种基因类型的生理学建构一样,商业步行街空间的设计开发亦如是。玛格丽特·克劳福德指出,即使是21世纪初世界上最大的购物中心——加拿大西埃德蒙顿购物中心(WEM)这样一个规模巨大、繁复万象、似乎是一个令人无法解读的万花筒式的室内商业步行街,依然是标准化复制的产物:"WEM 用景观、活动和意象的无休止扩展展示其独特性;但是尽管其组合包罗万象,我们还是可以轻易地辨别出来,它无非一个地区性购物中心的基因类型的超大版本。事实上,WEM 不过是一个通过在广泛的网络中用标准化单位征服了世界的自我调节的产品开发推广系统的最新产物。"[1] 可见,WEM 这样的超级购物中心也是根据某种"基因类型"建构起来的,它不过是后者的一种超级版本的具体应用。这种对于步行街建构来说具有本源属性的"基因类型"来自现代知识的综合运用和相关专家的共同努力。当然,世界各地的商业步行街由于其特定的地缘特点,可能与此有所差异,但是作为成功的范例,这种追求"寸土寸金"的研究成果,应该在全球化的语境下得到大规模的推广应用,成为商业步行街追求

---

[1] 汪民安等主编《城市文化读本》,北京大学出版社,2008,第234页。

经济效益最大化的普遍法则。

第二，审美化空间的价值理性诉求，其中第一个层面指的是外部空间的审美化，它可以通过以下四种途径来实施。

（一）商业步行街的建造要集"崇高"与"优美"于一体。前者可以通过规模、产品、服务、功能等的"巨大"或"繁多"表现出来，后者表现为对美学形式规则的大规模运用以及借助新技术手段对细微环节的美学处理。

商业步行街要追求看不尽的建筑、装饰、商品和人群，逛不完的街道、商店和景观，力求表现出一种"数学的崇高"：在这里，任凭你的购买力如何强大，我总不会被抽空，相反，我始终处于一种充盈状态，一种期待你抽空并任凭你抽空的敞开状态，"看起来你带走了一堆摇摇欲坠的盒装牡蛎、肉、梨子或芦笋，其实你只是购买了其中的一小部分。你只是买走了所有中的部分罢了"。[①] 然而，任何商业步行街对巨大和繁多的追求都不能肆意而为，事实上它们必须大而不泛、多而不乱，这就是说，其建造过程要严格遵循积淀了数千年的美学形式法则，以生成一个精密细致的审美化图景。为了达到这样的效果，商业步行街的设计需要将美学和艺术的手法嫁接到新技术手段上来，使之发挥得更加淋漓尽致。如今，新技术手段对于美学的应用已经达到惊世骇俗的程度："通过智能向微结构的深入，最小的组织也能予以改变。从今日的技术观点来看，现实是最柔顺的、最轻巧的东西。材料的更强的力度，亦得益于柔软的、审美的程序。"[②] 商业步行街的建造借助新技术手段，从最细微的地方开始就要遵循技术—艺术原则，从材料加工到角落处理甚至垃圾桶的设计都要被这一原则所渗透。只有这样，商业步行街的整体形象才变得豪华奢靡、富丽堂皇，它显得立意恢宏而又结构严谨，气派宏伟而又不失细节性追求。

（二）对消费空间的秩序化组织。正如前文所述，商业步行街的美学

---

① 〔法〕让·波德里亚：《消费社会》，刘成富等译，南京大学出版社，2008，第3页。
② 〔德〕韦尔施：《重构美学》，陆扬等译，上海译文出版社，2005，第7页。

诉求如果只是停留在对消费性和审美性文化元素的无原则的堆积和混放上，不形成一定的空间秩序，就根本不可能焕发任何的审美光晕，也不可能给消费者带来任何审美体验。当然，对于消费空间的有序化组织可以分为两个部分，一部分是外部空间，另一部分是（消费）艺术品本身，这里主要是指前者。外部空间的有序化不仅包括利用美学形式法则切分、归置、组织空间，而且，包括借鉴古典园林的空间组织艺术，营造"留白"和"虚空"，以达到虚实相生、有无相成的艺术境界。事实证明，在繁华喧嚣的商业大街中着意留出一块"文化飞地"，会让消费者陡觉眼前一亮，愿意在此驻足、逗留，这是一种非常有效的美学营销策略。

（三）利用"蒙太奇"手法，将各种各样的建筑、雕塑、图像、商品等具有艺术性的材料拼接在一起，形成一种"虚拟化"甚至"超现实"的美学图景。商业步行街的这种审美化营构通过对各种物质材料蒙太奇式的调用，使之脱离具体的存在语境被压缩到同一个时空维度之中，在此，这一微缩世界就变成一个没有摹本的"超现实"美学空间。

（四）利用技术手段来营造最舒适的人工生态环境，从而在消费语境中创造失重、眩晕、忘我的审美体验。在大型购物中心或市外商业步行街的大型超级市场内部，空间环境要被"科学"设置，比如，增设"一个例外的空气调节系统……永恒的春天便常驻于此"。[①] 在这样一个庞大的美学空间里，消费者将真正获得一种"暖风熏得游人醉，直把杭州作汴州"的眩晕体验。

审美化空间的价值理性诉求第二个层面是对（消费）艺术品以及服务的审美化处理。这可以考虑从以下几个途径来实施。

（一）对商品摆放的艺术化处理。在商业步行街，商品的摆放要遵循严格的类型学目录和索引，这一专门的手法也是"零售工程学"或"视觉陈列"的重要组成部分。这种摆放原则是一种空间陈列艺术，确切地说，是一项严肃的理性工程，当然，这里的理性原则又要以感性欲望为轴心，

[①] 〔法〕让·波德里亚：《消费社会》，刘成富等译，南京大学出版社，2008，第7页。

因此，它在形式上必须借助物品自身所具备的审美素质来施行，从而达到一种强烈的美感效应。

（二）商品服务的人性化诉求。人性化诉求，就是为消费者带来更多的切己性经验，让消费者不必劳心费神、瞻前顾后。具体来说，就是要处处做到便捷、自由、简单、方便易行，而这也正是大众化审美原则的要求。实际上，这一点在设计师和经营者那里已早有引用，比如，拆除横立在购物者和销售人员之间的柜台，甚至直接取消售货员，还包括设置更多座椅和景观，提供无偿的饮水、打电话、休憩服务以及营造良好的治安环境等。总之只要是能让消费者获得便捷、轻松体验的做法，都可以适量地吸纳进来。

（三）可视化效果处理使商品形象在最大范围内进行传播。当然，商品的可视化远在它进入商业步行街之前就以广告、传媒等形式开始了。这是不在场的可视化。在商业步行街，可视化的在场是通过各种视觉技术或手法来实现的，比如，在商品摆放环节，将商品放在显眼、醒目的位置，或对重要的、畅销的商品进行特殊摆放等，都可以达到吸引眼球的目的。商品的可视化还可以通过电子技术、摄影技术、透明塑胶、玻璃等的应用或烘托来实现。

笔者以上在消费美学的基本框架下，从对步行街文化的本质认知出发，初步提出了步行街文化建构的理想形态以及具体的设计方案。当然，这里所提出的步行街模型只是一种基于特定观察和理解视角的理想形态，它的有效性还有待实践的检验。

第四章　双视镜中的广告观想

一　重审广告创意

广告创意是指通过富有创造性的技巧和方法凸显产品特性或品牌内涵，以此促进产品或服务信息进行有效传播的一种创新型思维。广告创意就是借助一定的技术手法使产品特性或服务内涵被展现出来，然后传递给消费者，它始终围绕传播产品和服务信息，目标是与受众建立有效的沟通，因此，创意的本质就是一种沟通策略，准确地说是通过特殊的技巧手段使产品或服务变得具有艺术性和诱惑性，能够吸引眼球，使广告内容与对象之间达成修辞学上所谓的"同一性"，即美国修辞学家乔伊特（Garth S. Jowett）等所说的"锚"：在语义信息与受众"已相信的东西"之间寻求一致。[1] 这样看来，广告创意是广告业务中最核心的组成部分，离开广告创意就没有真正的广告业，甚至可以说，广告业实际上都是为广告创意服务的。

为了更充分地理解广告创意的本质内涵，我们先从它不是什么说起，然后深入探究它究竟是什么[2]。

第一，广告创意不是客户市场策略的文字化或图示化表达。客户的市

---

[1] Garth S. Jowett & Victoria O'Donnell, *Propaganda and persuasion* (Newbury Park CA: Sage Publications, 1992), pp. 22-23.
[2] 本部分关于广告创意正反两个方面的理解参考了国内著名广告学者丁俊杰先生等的观点，详见丁俊杰、康瑾《现代广告通论》，中国传媒大学出版社，2013，第248~251页。

场策略是广告创意的重要依据，广告创意很大程度上就是市场策略的延伸或再现，但是这个过程不可能仅仅将抽象的策略观念进行文字化或图示化表达，因为这样的表达就没有广告存在的余地，广告的核心功能是将抽象的理念或方法具象化，它首先体现为某种艺术性，这是眼球经济时代产品与受众进行有效沟通的必由之路。在此意义上，艺术性就是广告的灵魂，也是其魅力所在。

这里必须要指出的是，既然广告是市场策略的艺术化、形象化表达，那么它就必然兼具这两种属性，也就是说，广告不是市场策略的直接操作说明式的符号表达，反过来，它是市场策略和艺术手法的统一、商业与美学的统一。

第二，好的广告创意不是重在制作技术，而是重在创造性。技术的最大特点是可进行非地方性、无差别的模仿复制，现代科学实验室和福特式的大批量制造业是技术特征的最好诠释，同等条件下的可验证性成为科学性的标志。这些特点使得技术和艺术被完全区分开来，后者的首要特点是创造性和不可复制性，正如著名的画家齐白石说的"似我者死"，对于广告作品来说，完全相似就是完全没有存在的必要，就是一种失败的广告创意。哲学家康德在《判断力批判》中说过，"天才从不遵循规则，天才创造规则"，真正的天才艺术家不会遵循前人留下来的规则，而是要打破规则、超越规则，要创造一种供其他人去模仿的规则。比如毕加索的立体主义之所以在艺术史上永不磨灭，是因为对西方的透视艺术来说，要想看到一个作品所表现的事物，就只能看到正面或一定的侧面，而立体主义打破了这种观看的法则，它将其他看不到的方面全部呈现在二维平面上，各个侧面拼接在一起，力图重现一种三维的立体感。这种做法给2000多年来的西方受众带来一场观看的革命，它使得"不可见的部分"依稀可见，这就创造了一种新的规则，并因此迎来一大批追随者，形成立体主义画派。但这并不是说所有的艺术家都必须是创造规则的天才，整个立体主义画派的天才人物屈指可数。广告作品也是一样的，并不是所有的广告作品都鼓励绝对创新，也不是每个广告作品都要设立一种规则，这是1950年代李奥·贝纳（Leo Burnett）、奥格威（David MacKenzie Ogilvy）、伯恩巴克（William Bernbach）这些创意大家和巨擘们做的事情，绝大部分广告创意是需要去模仿的，但这种模仿不是纯粹的复制，而是一种创造性的模仿，必须要包含创造性的成分，而这种创造性就体现了创意者的审美和艺术判断。齐白石在说"似我者死"这句话之前还有一句话，叫"学我者生"，两句话结合在一起意思就是，你可以模仿学习我的作品，但你一旦进入创作阶段，就不能跟我完全相似，否则就毫无意义。广告创意作品在绝大多数的情形下都不是绝对的创新，但也都需要呈现创意者自身的一些价值判断。

在广告界也有类似立体主义的做法，比如法国某广告公司为雪铁龙汽车做了一个报纸媒体的平面广告，该广告所在报纸版面左侧被设计成一张被雪铁龙汽车撞弯变皱了的报纸，报纸标题为"法国高油价时代来临！"其右侧的雪铁龙汽车通过撞弯这份报纸表达了对报纸所载高油价现象的不以为然，其广告词用黑色标题赫然写道："雪铁龙汽车，无惧高油价！"这是一份很有创意的广告作品，借鉴了立体主义画派的做法，在报纸上嵌套另一张报纸，并力图使其呈现褶皱的三维效果，非常具有视觉冲击力，这叫"学我者生"。然而，国内某杂志为北京现代汽车所做的广告几乎照搬了这一创意，对于了解内情的读者来说就是"似我者死"（当然也有可能为同一家广告公司在不同语种下的作品，因此不存在版权争议）。美国哥伦比亚厨具商做的一份报纸广告是通过字体设计和视觉差将正版报纸设计成一个立体的厨房，并摆满了各种厨具，这同样是对立体主义的借鉴和模仿。这说明，作为艺术的广告，无论是在理念还是在方法上，都把纯艺术当作了重要的模仿对象。

广告创意必须是一种创造性的模仿，而不能纯粹复制，这让我们想起了著名的法兰克福学派理论家瓦尔特·本雅明，他认为在1930年代西方社会已经出现了艺术品的大批量复制现象，他将该现象命名为机械复制，并非常敏锐地指出，脱离当时当地在场经验的机械复制使得艺术品失去了独一无二的"光晕",并使原始作品固有的"膜拜价值"降格为"展示价值",从而破坏了作品本身的艺术内涵。广告作品未必都具有膜拜价值,但一定有展示价值,因为其第一要务就是向受众展示产品和服务,无疑,这正是商业艺术本该具有的基本内涵。

第三,"广告不是创意者之子"。这当然是一种修辞,广告作品之于创意者正如子女之于父母,子女未来会长成什么样,会成为怎样的人,父母可以施加影响,但从根本上是无法决定的。莎士比亚在创作著名的悲剧《哈姆雷特》之后就无奈地说,"一千个读者就有一千个哈姆雷特",对于作品在不同的读者那里会被怎样理解,作者是无法决定的。这个观念在广告领域也完全适用,因为从起点到终点广告创意的本意可能已经变得面目全非,只不过广告创意一般情况下是由多人包括创意者、文案、美工、创意总监等集体完成的,不像文艺作品那样由单个作者完成,而且广告创意要经历媒介渠道的投放和完全市场化的检验,后者更加凸显"读者"(准确说是"消费者")的重要性,一个广告的价值就在于消费者的即时回馈,而不像文艺作品那样,即使历经一段时间后再被人们接受,也不能贬损它的价值。可以说广告作品完全是受众/消费者导向的,它的创作者(制作公司)是匿名的,绝大部分广告也是这样做的,在此意义上,法国符号学家罗兰·巴特的那句名言"作者死了",或者福柯所说的"杀死作者"也非常适用于广告作品,因为只有忘却作品的创作者,才能将作品原原本本地交给读者,让读者不受干扰地解读它所蕴含的广告讯息。

从更深的理论层次来说,巴特和福柯其实都在思考一个相同的问题,即作品的存在方式是什么。该问题在理论逻辑上终结了对于作品认知的实在论和本质主义传统。对于广告作品也是一样,"作者死了"意味着我们不再追问广告作品的本质是什么,而是追问它如何存在。正如海德格尔所言,如果没有读者对于文本意义的唤醒,摆在桌子上的《浮士德》与台灯之间就没有实质的区别。不难发现,对于广告作品存在方式的追问,实际上真正实现了广告作品与消费者认同之间的锚定,这无疑是具有积极理论意义的：广告作品只有向读者敞开，它才真正获得了生命。

美学和文艺学的思想可以很好地解释广告创意和广告作品，这也说明，现代广告必然包含审美和艺术的成分，从接收端或者接收美学的角度看，广告作品要想获得成功，就必须满足消费者的审美趣味，换言之，好的广告创意和广告作品需要在受众那里实现鉴赏者和消费者的统一，审美意识和消费欲望的统一，广告作品正是如前所述"审美资本主义"的典范，难怪著名传播学者米切尔·舒德森（Michael Schudson）发出慨叹："广告是资本主义对自己说'我爱你'的方式[①]。"

以上是我们对于广告创意不是什么的解读，在这种分析的基础上，我们再从正面理解广告创意究竟是什么。

广告创意是什么？第一，它是一种"创异"，即创造差异，这是广告艺术性的必然要求。创造差异并不意味着毫无根据地凭空创造，重点在于差异，也就是说，"创异"不是一个从零到一的过程，而是从一到无穷大的过程，创意必须有一定的基础，它是对旧要素在某种程度上的改进或者很多旧要素的新组合，从而建构出新的意义，并把它凝结在广告作品中。可见，广告创意是一种关系的艺术，它是对经典要素的再发掘和再整合，是一种创造性的模仿，呈现给受众的是一个"熟悉的陌生人"。当然这并不是说挑战受众认知和阅读习惯的所谓"实验广告"子虚乌有或者毫无价值，而是说迎合消费者趣味和需求才是广告的本质。这里有一个问题必须要澄清，即广告作品究竟是不是真正的艺术。

西方马克思主义代表人物阿多诺说过，艺术的本质特征是否定性的，它是对现实世界的否定性认识，是完全的"异在"，因为艺术是对"非存在之物"的把握，因此它是对现实世界的疏离和否定，是对完满的感性外观的扬弃。这里的艺术就是上述"真正的艺术"，也就是"纯艺术"。阿多诺的这句话至少包含如下两层意思。

第一层意思，纯艺术是一种完全的异在，它以对现实的否定为存在的

[①] 〔美〕米切尔·舒德森：《广告，艰难的说服》，陈安全译，华夏出版社，2003。

前提。艺术来源于生活、高于生活，这句话整体上是不错的，但这句话并不是针对纯艺术而言的，按照阿多诺的理解，纯艺术本质上是一种纯形式，它是对现实生活的超越和扬弃，因为以阿多诺为代表的法兰克福学派都是典型的批判现实主义者，他们认为艺术不应该模仿资本主义的现实，相反它应该肩负起否定和超越的使命，借以实现对现实秩序的颠覆和解构。在阿多诺的理论语境下，以先锋艺术为代表的纯艺术有点类似于萨特对于人的理解，即"是其所非，非其所是"，以不妥协的否定性为基本使命，它创造了一种完全的"异在"，或者福柯所谓的"异托邦"（Heterotopia）。阿多诺之所以这样做，是因为他看到了西方社会的现实生活中已经出现了无处不在的"同一性"的统治，其主要表现就是大批量生产的文化工业，文化工业就是完全渗透现实世界的肯定文化，它在生产过程中实现了流水线无差异的机械复制，在消费实践中造就了没有超越和否定意志的"单向度的人"，在整个社会环境中形成了一种同一性和肯定性的文化氛围，而以完全的差异性和异在性为内核的纯艺术正是它的对立面。换言之，在西方马克思主义那里，纯艺术实际上被赋予了启蒙、解放和救赎的使命。

从这个角度来看，广告作品不能被理解为纯艺术，相反，完全以消费者认同为导向的广告，应该被归属为文化工业，它以肯定性和迎合主义为主要特点。

第二层意思，艺术不等于美，纯艺术在西方资本主义社会必然是丑的。艺术的并不一定是美的，这在西方艺术史上已成为共识，但是，纯艺术一定是丑的，这也是西方左翼学者的一种颇富创造性的洞见。原因在于，作为批判现实主义者，艺术与现实是一种二元对立的关系，资本主义现实社会表面上的繁荣和浮华，绝不是艺术该有的样子，相反，艺术应该着眼于阴暗、丑陋和边缘，从而发挥出解放和救赎的作用。这当然也是西方现代主义艺术被广泛接受的事实：从印象派到后期印象派，从立体主义到超现实主义，从野兽派到表现主义、观念艺术再到波普艺术、垃圾艺术甚至涂鸦艺术，几乎所有被塑造的意象都是以表现人的痛苦、迷惘、丑陋为内涵，所有古典主义时期的和谐、有机的完满形式感都被颠覆和解构，"审丑"成为新的美学趣味的标榜。法兰克福学派看到了这种艺术潮流，并将其升华到革命和解放的高度，这确实是一种深刻的洞察。

但据此而言，广告创意和广告艺术肯定不在此列，现代广告以表现中产阶级完美惬意的生活方式为主要命题，这是一种主流价值观的再生产，它无法承载审丑的内容，即使出现这样的场景，也是为了凸显某种产品或服务的神奇功效，从而将平庸的生活转变成一种罗兰·巴特所谓的"神话"（myth）。广告本质上就是一种呈现美、描述美和传递美的神话，它既是对现实世界的拥抱，也是对中产阶级主流价值观的肯定和仪式化的传播。这再次说明，以传递产品和服务信息为目的的广告不能等同于艺术，它是带有商业内涵的大众艺术，或者说是法兰克福学派意义上带有同一性和肯定性印记的"文化工业"。

从这个意义上说，广告创意也是一种"创益"活动，其根本目的在于创造收益。如果说"创异"体现了广告创意的艺术性的一面，那么"创益"则体现了其商业性的一面，因此广告创意正是本书所谓"消费美学"的典范。而且，消费美学中消费和审美元素之间的关系并不是一种平行关系，而是一种交叉辩证的关系，虽然广告兼具商业和艺术二重属性，但真正的艺术必然是反商业化的，真正的广告也必然是反艺术的，二者只是在特定的层次上进行有限的渗透融合，其背后是资本的增殖所发起的强制撮合。这就是独立的文艺工作者比较反对商业化，而大多数商业文化产品很难融入艺术性的表达只能被归类为大众文化的原因。一部纯艺术小说可能大部分篇幅都在处理无关故事情节的景物或环境描写，随处可见的"闲笔"、"留白"或"开放式结局"对于艺术作品是必要的，而对于商业文本可能是一场灾难，其最直接的表现就是无人问津、收益惨淡。广告作品同样如此，那些艺术含量高的看不懂的广告（准确说叫"窄告"）从来都不是给普通消费者看的，就像独立电影无法走进大众视野一样。换言之，

| 作为文化批评的消费美学 |

高度艺术化的广告是以失去一部分消费市场为代价的，它不是广告的一般形态，而是一种极端化的呈现。

举个例子，一本杂志的广告页上出现了一支口红广告，该广告背景幽暗，图案右侧意味着身材姣好的女模特正在用口红化妆，奇怪的是，女模特没有嘴，也没有头，取而代之的是一个硕大的白炽灯安装在脖子上，画面左侧正对女模特的是三个坐在床沿上身材壮硕的男性青年，同样奇怪的是这些男性的头颅不是正常人类，而是某种鳞翅目动物，类似于科幻电影中没有翅膀的天蛾人。该广告无疑传递了某些令人困惑的信息，若没有广告词提示，很难知道它是在推销某品牌的口红产品。女模特的头颅用灯泡取代可能表达了用了该口红可以达到光芒四射的效果，这显然是一种夸张和隐喻的艺术手法。画面中的男性青年头部被处理为天蛾的形状，可能表达了"飞蛾扑火"的意涵，而动物化的男性形象则又传递了男性看到光彩照人的女性后不禁石化、物化的效果，犹如看到美杜莎一样，在此意义上，该广告又包含了一定的女性主义思想。无疑，这是一个很好的艺术作品，它具有多重层次的内涵，但它给人的印象可能是一个画面怪异、信息模糊的口红广告。所以，有"广告教皇"之称的大卫·奥格威在其传世名著《一个广告人的自白》中说过这样一句话："广告不是艺术，做广告是为了销售产品，否则就不是做广告。"

总之，从正面的角度来看，广告创意既是"创异"，也是"创益"，既含有艺术性，也含有商业性，从广告创意、制作、媒介投放再到受众的信息接收和消费实践，都体现了艺术和商业的二重性，广告业本身正是消费美学的一个典型体现。

但问题是，对于一个广告作品来说，消费和审美的元素固然都不可或缺，但这二者之间有没有明确的边界？换言之，我们可以将二者从作品中区分出来，然后进行提纯和单独分析吗？在回答这些问题之前，我们先看一下美国著名波普艺术家安迪·沃霍尔（Andy Warhol）的创作实践。

1962年，决定从事波普艺术创作的沃霍尔创作了一幅著名的作品，这就是《32罐金宝汤罐头》(*32 Campbell's Soup Cans*)。该作品整体上由同一幅作品复制而来，作品内容不是古典主义绘画中的天使或宫廷人物，也不是印象派笔下的静物素描，而是一种美国人日常生活中随处可见的名为金宝汤（Campbell's Soup）的罐头，更为奇怪的是，沃霍尔的整个作品不过是这种罐头产品的复制，区别仅在于口味不同。这幅作品一经问世便引起了巨大的轰动，人们对于它究竟是艺术还是广告，是文艺作品还是大众文化众说纷纭。其实，这正是沃霍尔想要表达的效果：艺术与生活之间没有界限，所谓"波普艺术"（Pop Art），就是一种流行的、大众的、能够被普通人理解的艺术。这显然是对精英主义艺术观的一种反拨和解构，也是对法兰克福学派另一位理论家本雅明的致敬，后者正是"机械复制理论的提出者"，在法兰克福学派众多的理论家中只有本雅明试图拥抱大众文化，因为观察到机械复制虽然使艺术品失去了光晕和膜拜价值，但其不可阻遏的广泛传播，也带来了一种"超级民主"，它至少创造了普通大众接触精英艺术的机会。沃霍尔在该作品中完全贯彻了本雅明的思想，他的32幅"画中画"几乎一模一样，除了口味名称的变化外，几乎完全复制，而且沃霍尔声称其制作过程采用了当时比较流行的丝网套印技术，这种技术除了在力度、光线、色彩等方面具有些微变化外，完全可以实现大批量的"机械复制"，这样的做法也完全对应了他的名言"我想成为一台机器"。在沃霍尔看来，文艺创作必须要体现时代精神，而波普艺术正是对其所在的时代最完美的"机械复制"；至于这些作品究竟呈现了什么、有何价值和意义，那是批评家要做的事情。

当然，该作品之所以能够在1960年代的美国诞生，也离不开当时特定的社会文化语境。二战后美国迎来了前所未有的高度发展和经济繁荣，消费主义价值观和消费文化席卷了人们所有的日常生活，所以一位著名的美国记者麦科考克代尔（Sara McCorquodale）这样描述该作品在当时的影响："这部作品似乎在讲述一个新美国的精神，一个彻底拥抱新十年消费文化的国家。在那一年32 *Campbell's Soup Cans* 非常流行，以至于曼哈顿的社交名流都穿着印有汤罐头的裙子参加上流社会活动。"① 按照这样的手法，沃霍尔还"机械复制"了《玛丽莲·梦露》等一大批作品，实现了艺术表达和时代精神的完美组合。

沃霍尔的作品究竟是艺术还是广告，在消费社会和审美泛化的语境下审美和消费这两种元素之间有没有明确的界限，答案应该是很清楚的，曾经在稀缺时代界限分明的商业和艺术、消费和审美，已经发生了波德里亚所谓意义上的"内爆"，这正是消费美学的一个重要原则。

二 广告的旅行与变异

本部分将在更广阔的国际传播的场域下考量普通大众的消费与审美问题。毫无疑问，消费美学带有显著的地方和民族属性，也就是说存在跨文化屏障的问题，尤其是在文化属性差异较大的东西方文化圈。在此，笔者引入曹顺庆先生提出的"变异学"（theory of variation）理论对该现象进行考察分析。

"变异学"提出迄今已十年有余，随着该理论的英文专著在美国出版，其影响力早已遍及海内外。但是，作为一种极富延展性和前瞻性的理论话语，该学说在研究者的阐释实践中大多被施用于比较狭隘的文学艺术领域，远没有充分释放出其应有的理论潜能。事实上，在"文学终结"、"文学性"空前蔓延②和大众文化严重审美化、图像化的当前语境下，所谓"文学"和"文化"之间的界限，已经变得非常模糊，正如陆扬所说："就文学和文化研究的边界来看，没有疑问……应该是开放的、呈交叉状的。"③ 在此意义上，源于文学研究领域的变异学理论，至少可以沿着贯穿彼此的审美和艺术这根轴线，更进一步向文化研究领域推进其阐释和批评

---

① 《艺术与流行丨3分钟读懂波普艺术》，简书，2017年2月24日，https://www.jianshu.com/p16c29fo715487。
② 余虹：《文学的终结与文学性的蔓延》，载《文艺研究》2002年第6期，第15~24页。
③ 陆扬主编《文化研究概论》，复旦大学出版社，2007，第2页。

实践。在这里，我们将尝试以跨界旅行的国际广告文化为例，探究其在中国的"在地化"行程中可能存在的"文化变异"现象。

(一) 跨界旅行

所谓"旅行"(travel)，根据萨义德(Edward W. Said)的界定，是指"观念和理论从一个人向另一个人、从一种情境向另一种情境、从此时向彼时的穿行"，在此过程中，"文化和智性生活……获得养分，而且由此得以维系。"[①] 可见，"旅行"是观念和理论的跨时空迁移，而且这种迁移具有积极意义，因为它很可能赋予"旅行者"以新的生命活力，从而延续或延伸其存在价值。萨义德比较强调理论话语由此及彼的跨界迁移，因此他也称之为"理论旅行"(traveling theory，亦译"旅行理论")。根据这种界定，"旅行"必须要具备以下几个条件：首先，特定的起点或发轫环境(initial circumstances)；其次，必要的穿行距离(a distance transferred)，使得观念或文本穿越带有一定语境压力的时空通道；再次，异乎发轫点的接纳或抵制环境；最后，基于旅行过程和新的环境条件而再生产出来的某种改造物，[②] 这也就是产生"变异"的后果。

从某种发轫环境开始，经过漫长的跨界旅行，以至于产生新的再造物，这种理论观念完全适用于国际广告文化在中国的传播和接受过程。为了搭建一个理想的试验场，我们试图将这一过程导入美国中国学界，让其开始在理论逻辑上开始二次旅行，这样就有了一个从他者到本土再到他者的迂回行程。这一略显曲折的行程显然延长了"旅行"线路，借此将更为显著地放大可能带来的"变异"效果。

从历史来看，美国中国学界自晚清民国以降便开始关注中国的广告文化问题，特别是伴随着轰轰烈烈的"国货运动"(1905~1937年)而产生

[①] Edward W. Said, the World, the Text, and the Critic (Cambridge: Harvard University Press, 1983), p. 157.
[②] 参见朱晓敏《理论旅行还是旅行理论——Traveling theory 中文译名的思考》，载《中国科技术语》2011年第5期，第36页。

的"国货广告",吸引了葛凯(Karl Gerth)、高家龙(Sherman Cochran)、弗拉塞尔(David E. Fraser)、叶文心(Wen-shen Yeh)等一大批汉学家的瞩目。这些研究大多以(经济)民族主义为主线,其间贯穿大量的关于消费主义和女权主义问题的探讨。进入新时期以来,随着全球化进程的加剧,以王瑾(Jing Wang)、李红梅(Hongmei Li)、佩里·约翰逊(Perry Johnson)等为代表的新一代汉学家在继续探究中国本土广告之余,将研究议题进一步延伸到了国际广告层面,而且更多地关注中国本土情境,尤其是中国消费者的文化传统、价值观念和审美经验问题。这种转变不仅拓宽了中国广告文化的研究谱系,为国内学界提供了一个系统而完整的"他者镜像",而且为文化变异奠定了肥沃的阐释—批评土壤和坚实的案例支撑。

从学理上来看,国际广告文化从特定语境下(以欧、美、日、韩为主)被迁移出走,经过旅行,抵达中国本土,然后进入美国中国学界,这一迂回过程必然穿越漫长的时空距离和多重边界,前者有历史向当代的抵达,也有他者与本土的双向植入,后者则包含了语言、民族、国家、文化、文明等多重界面,这些界面同时意味着各自独立的分析单元。基于这样的线路规划和分析单元,国际广告文化在中国的旅行必然会产生异于其发轫语境的各种令人耳目一新的"再造物"。正是在这样的行程中,一个理想的文化变异的试验场被搭建起来。

(二)接受变异:从本体到变体

前文已经指出,"变异"和"变异学"是曹顺庆先生立足比较文学提出的一套理论学说,就其出发点而言,该学说主要针对于比较文学学科理论的一个重大缺憾。按照曹先生的说法,比较文学中的影响研究(法国派)和平行研究(美国派)看似彼此互补,但都存在着共同的缺憾,那就是过度关注同一性和亲缘性的问题,而"变异理论是就学科建构所提出的一种概念转换,它使比较文学从寻求同一性(homology)转移到异质性(heterogeneity)的研究理路上来。换言之,不仅同质性和亲和性

(affinity)，而且变异性和异质性，都应该成为比较文学关注的焦点"。① 在此意义上，所谓"变异学"便不再仅仅聚焦于对象的自我同一性，它"所着力关注的不是旅行在地的理论与理论原本的'同'，而是'异'。不是凸显它们之间的在理论观念'同源'基础上的同一性，而是在历史状态中的差异性。'异'的意识基础不是简单的对象性与事实性的'差别'，而是坚持从情景出发的历史立场"。② 不难看出，变异意味着"源文本"或本体的"旅行"及其在地化的"植入"过程和结果，因此对该过程及其产物即"变异体"的观照不仅要强调差别和异质性，而且要进入特定的历史情景，以达到历史与逻辑的统一。变异学理论寻求系统性、动态性、辩证性和历史具体性的理论旨趣不言而喻。它实质上是一个本体从出发点到归属点历经各种语境压力而不断产生出新的变体的活的过程。

至于变异究竟会在哪些层面上发生，曹先生在其《比较文学变异学》(*The Variation Theory of Comparative*) 一书中主要给出了四个层面，即跨国、跨语言、跨文化和跨文明层面。在其他的著述中，曹先生也将之分为语言、民族国家形象（形象学）、文学文本和文化四个方面或范畴③。对于广告文化研究来说，这些范畴已足够将其变异问题说清楚了。

根据美国中国学界的研究文献，国际广告文化在中国的"变异"主要是指跨国品牌及其形象在"旅行"到中国语境时所发生的变化和转换现象，即出现中国化、本土化或上文所说的"在地化"的变迁。国际广告文化的中国化变异从理论上来说应该在各个层面或者上述的各个范畴里都会发生，但广告文化作为特殊的现象可能会聚焦在某些特定的层次。而且，就美国中国学界的研究对象而言，其关注焦点大多集中于语言、形象、色彩、美感经验等等可感知因素方面，这些因素实质上也正是所谓"文学

---

① Shunqing Cao, *The Variation Theory of Comparative*, "Introduction" (Berlin : Springer-Verlag).
② 吴兴明：《"理论旅行"与"变异学"——对一个研究领域的立场或视角的考察》，载《江汉论坛》2006 年第 7 期，第 117 页。
③ 曹顺庆：《变异学：比较文学学科理论的重大突破》，载《中山大学学报》2008 年第 4 期，第 34~40 页。

性"的各种变体或关联物。具体来说包含以下几点。

首先,语言符号层面上的变异,主要指品牌名称和 Logo 翻译的中国化和本土化。"给'洋品牌'起个中国名,是西方广告常用的一招。宝洁公司将产品命名为'潘婷'——宛如中国邻家女孩的名字;'飘柔'用地道的中国词语点出产品特征。它们都是借助中国本土元素,形成对中国消费者的亲和力。还有巴伐利亚汽车公司的品牌 BMW 进入中国就变成了'宝马',德国 Mercedes Benz 汽车在中国则叫'奔驰',都占尽了中国的便宜。"① 当然,富有中国语言和文化特色的翻译比比皆是,另如我们耳熟能详的家乐福(Carrefour)、百事可乐(Pebsi-Cola)、宜家(IKEA)、香奈儿(Channel)等,这些翻译基于其符号源文本,巧妙运用中国语言文字,将邻里、祈福、快乐等中国文化中固有的祥瑞和美好因素表达得淋漓尽致,可谓语言符号"旅行"到异质性的文化语境,取材于当地特色,进而造成他国化变异的典型案例。

这其中最具有经典意义的当属"可口可乐"(Coca-Cola)。这一举世闻名的品牌早在 1927 年就已经"旅行"到中国,并最早在上海、天津等沿海大城市登陆。但该品牌当时的中文译名是听起来相当古怪的"蝌蝌啃蜡"(chew wax Ke Ke),加之其产品本身色泽棕黑,味苦,似中药,让人不禁想起中国成语"味同嚼蜡"。这些原因致使其销量一直低迷。无奈之下,公司不得不在英国《泰晤士报》刊登广告,用 350 英镑征募中文译名。这时,一位时况窘迫、后来成为著名美籍汉学家的中国留学生蒋彝应征将其译为"可口可乐",一举夺魁。根据美国研究者的理解,这个译名"既保持了 Coca-Cola 的发音,也迎合了中国消费者的心理:'美味'被强调,'可乐'的效果也被揭示出来……'可口可乐'也显示出了中国语言文化的另一层蕴意:中国人喜欢'好运',而且喜欢使用'喜庆'

---

① 汤志耕:《中国广告中的西方广告影响因素——从文化角度看》,浙江大学出版社,2009,第 178 页。

(auspicious)之类的词语"。① 这种转变将原译名中的贬义含义一扫而光，凸显了中国传统对美食和乐感文化的追求，无疑更能让中国消费者喜闻乐见。可口可乐的中国销售区围绕这一主题进行广告宣传，不久便扭亏为盈。由此看来，语言符号的本土化变异不仅意味着美感的"在地化"，还与经济效益直接挂钩。

其次，形象层面的中国化变异。提及这一点，美国中国学界自然不会忘记堪称其"国烟"的万宝路（Marlboro）香烟，以及它富有传奇色彩的成功广告营销案例。令人诧异的是，这个在人们眼中素以铁骨铮铮的西部牛仔作为形象代言的著名品牌，试图走过"红粉佳人"的广告路线，在商品包装和广告设计上都大量运用粉、紫、红、白等具有女性色彩和气质忧郁的美女形象，但这样的尝试一直不成功。后来，经著名广告策划人李奥·贝纳（Leo Burnett）之手，这些形象突然之间变成了野性粗犷、跃马扬鞭的西部牛仔，取得了超乎想象的市场成功。有人估计，仅万宝路品牌的商标价值就不低于300亿美元。但我们的重点还不是在这里，而是在中国。美国麻省理工学院比较媒体研究所的王瑾教授观察发现，在这一国际品牌的中国广告中，"取代万宝路彪悍的乡村牛仔的，是中国西部黝黑、狂野的乡村鼓手在热烈庆祝丰收。万宝路的标志——男子气概，用本土化方式淋漓尽致地表现出来"。② 虽然广告形象在表现威猛、彪悍、粗犷的男性气概上没有太大改变，但从美国西部牛仔到中国乡村鼓手，显然已经发生了中国化的形象"变异"。

我们再看另外的例子。日本著名的儿童饮料酷儿（Qoo），在其发源地日本的包装和广告形象是个男孩模样的蓝色小精灵，该形象设计"意在既吸引孩子也吸引他们的妈妈"，因为调查发现，日本的"年轻妈妈很怀念自己童年的时光，酷爱日本卡通画人物。而他们的孩子却不为甜美、可爱

---

① http://www.coca-colacompany.com/stories/celebrating-35-years-of-coca-cola-in-china.
② 〔美〕王瑾：《品牌新中国：广告、媒介与商业文化》，何朝阳、韦琳译，北京大学出版社，2001，第55页。

的人物所吸引,更喜欢比较世故、早熟的角色,比如樱桃小丸子和小新",因此,该公司不得不在孩子和妈妈两大细分市场之间寻求"巧妙的折中",最终的广告方案是:"一位成年人饮下第一口啤酒,满意地发出'酷儿'的声音,紧接声音出现的,是一个生动的卡通人物,看上去很早熟,虽为孩子面孔,却一点不孩子气。"该形象具有鲜明的个性特点,比如"'比桌子略高',出生在森林,憎恨欺凌弱小,只会说'酷儿','体重为三个菠萝之和'"等。然而,当该形象走出日本,变化可就难以把控了:"酷儿这个人物在引进新加坡时,被改成了中性人物,半男半女。酷儿早熟的特征在德国被去掉,因为德国团队坚持认为,孩子品牌应当'只有孩子气'。……在中国经受了与德国类似的被幼儿化的经历。"[1] 从带有成人特征的蓝色小精灵到半男半女的中性人物再到纯粹的孩子气,酷儿的国际"旅行",显然也经历了鲜明的"变异"过程。这种变异显然与民族文化心理紧密相关。在此,中国和德国都被认定为具有比较分明的成人和儿童之间的边界。

从以上例证不难看出,形象变异在国际广告中俯拾皆是,美国中国学界的研究者发现如下的案例非常少见,即"对所有市场保持同一的全球传播策略。地方市场只是简单以非常微小的变化来填补其全球策略。比如,贝纳通(Benetton)以其著名的服装和化妆品瞄准年轻富裕的时髦购物者,它的广告在不同市场仅有的修整就是将其源文本翻译成不同的语言,贝纳通分析认为,'我们需要传达一个唯一而强大的形象,它可以被世界的任何地方所分享'"。[2] 在全球市场保持其同一的形象,不发生任何变异,这种情形确实存在,但只是极少数大公司才(敢)有的广告策略,但即便如此,它在不同国家的文化语境里,会发生不同的"解码"或接受反应。因为在这里,文化将起到一种基础性的过滤作用。

---

[1] 〔美〕王瑾:《品牌新中国:广告、媒介与商业文化》,何朝阳、韦琳译,北京大学出版社,2001,第65~66页。
[2] Hongmei Li, *Advertising and Consumption in Post-Mao China: Between the Local and Global*, Dissertation for PhD (University of Southern California, 2006), pp. 263-264.

最后，文化以及文明层面上的变异。曹先生在《比较文学变异学》一书中对变异学的"跨文化"与"跨文明"做了明确的区分，即"跨文化变异研究限定于同质性的文化圈层，而跨文明变异研究在异质性的两种文明之间"①。这样的区分实际上是将文化认定为比文明更小一级的单位：文明本质上是异质性的（尽管它是否可通约尚无一是之论），而在其范围之内的文化则可能是同质性的。根据这样的区分，使用"东西方文明"这样的称谓或许更为确切。但文化也好，文明也罢，曹先生指出，在它们之间都存在一道隐形而严密的屏障，这就是"文化过滤（cultural filtering）"："文化过滤在跨国、跨语言、跨文化和跨文明过程中同时存在。"究其原因，曹先生认为在于"文化模式之间的差异。……不同的文化模式拥有不同的美学假设、价值假设及其不同的意义建构方式。……人们根据他们从历史中沉淀的以及作为一个群体无意识存在的文化模式之类型、思维方式和美学经验，来认知、判断和描述其他文化模式的传播信息，结果，源信息的扭曲和变异也就不可避免了"。②

可见，正是由于不同文化和文明模式的相互交往以及彼此之间"文化过滤"的存在，才有可能发生各个层面和各种类型的"变异"现象。

而对于这种文化过滤，美国中国学界的研究者是有自觉意识的。他们对中国文化或准确说中华文明进行了细致而透彻的考察分析，上述广告文化的平行比较即可为此佐证。而且，研究者还对中国文化做了系统的结构化拆分，其中被拆分的单元多达40项（如下图）。③ 这无疑是将无形的文化过滤显影化、具象化了，其结果是编织成了一张巨大的且可见的"文化滤网"（net of cultural filtering），尽管这张"他者之网"似乎跟我们的日常经验有所出入。

---

① Shunqing Cao, *The Variation Theory of Comparative* (Berlin : Springer-Verlag), p. 161.
② Ibid., p. 163.
③ Hong Cheng & Kara Chan, *Advertising and Chinese Society: Impacts and Issues* (Copenhagen Business School Press, 2009), p. 35.

作为"文化滤网"的中国文化结构元素

1. 谨守孝道	11. 团结	21. 真诚	31. 有耻恶感
2. 勤劳	12. 中庸	22. 洁身自好	32. 殷切
3. 宽容	13. 克制自我	23. 节俭	33. 安于现状
4. 和睦	14. 严守等级秩序	24. 持之以恒	34. 趋于保守
5. 谦卑	15. 正义感	25. 忍耐	35. 好面子
6. 忠于上级	16. 恩威并施	26. 善恶必报	36. 团体主义
7. 明礼	17. 不妄争讼	27. 文化优越感	37. 女人贞洁
8. 礼尚往来	18. 个性稳重	28. 适应能力强	38. 欲念多
9. 热心	19. 抗腐蚀	29. 谨慎	39. 敬惜传统
10. 有修养	20. 爱国主义	30. 值得信赖	40. 守财

正是在这张巨网的过滤之下，国际广告的中国化变异，才被加入了理据性的学理支撑。比如，"一向以快捷、廉价取胜的麦当劳来到中国后，竟然放弃了它们的'法宝'，打出了'欢聚麦当劳，共享家庭乐'的主题广告词。这句广告词表明，麦当劳在中国'慢'下来了，不再是上班族为赶时间而匆忙就餐的地方，而成为中国消费者亲朋团聚、享受天伦之乐的场所"。[①] 麦当劳显然考虑到了中国的集体主义文化及其推重的家庭和人伦关系，于是一改其以上班族为主体的快节奏形象，风卷残云般的"快餐"消费因此也变成了慢悠悠、乐融融的家庭聚餐。

然而，在中国化和本土化这一点上，麦当劳还是输给了它的死对头肯德基。王瑾在其著作中明确指出，后者远比前者的中国化更彻底，"麦当劳也许正在曼谷卖大米汉堡，在印度售羊肉汉堡，在荷兰售素食汉堡，在日本售红烧汉堡，在德国售法兰克福汉堡，在乌拉圭售水煮鸡蛋汉堡"，但这个"汉堡大王"在中国也只有汉堡，与中国美食的融合度非常之低，因此她猜想，"如果农村人哪天真喜欢上西方快餐了，我猜肯德基会比麦当劳经营得好，不光是因为与牛肉相比中国人更喜欢鸡肉，还因为肯德基

[①] 汤志耕：《中国广告中的西方广告影响因素——从文化角度看》，浙江大学出版社，2009，第78页。

菜单上的中式食品一定吸引农村人"。① 提及农村人，显然是因为他们才真正代表地道的中国味蕾。这就再次证明，接不接受或者何种程度上接受本土化的"变异"将直接影响到产品的销售市场和公司发展前景，这种经济学意义上的"变异"显得实际和真切多了。看来，"变"还是"不变"，这确实是个问题。

王瑾还提到了另一个更有意思的跨文化/文明"变异"。举世闻名的金伯利集团（Kimberly-Clark Group）旗下有一个专营女性卫生用品的品牌即高洁丝（Kotex），该品牌合并了中国的同类产品舒尔美，后来联合推出一款新型卫生巾，根据其产品中的蓝条，取中文名"瞬吸蓝"，王瑾对这个命名赞不绝口："该词的中文翻译非常有诗意，不仅把它的功能联系减至最低，而且非常成功地呈现了英语原词中缺少的丰富的视觉形象和隐喻含义。把功能还原为形象，是一种异乎寻常的营销策略，此为金伯利的妙招。"王瑾所谓的诗意和隐喻显然已经包含了文化的维度，也即中国人委婉、隐晦、曲折的表意心理，这种心理使得中国女性宁可在其视线中扭曲经血之红为可见之蓝，方才觉得赏心悦目，这当然也是前述语言变异的一个典范。但是，在其他文化或文明中未必如此。高洁丝曾在多个国家发起了以"红点"为核心的产品广告，其用意是明确的："运用红点象征月经"。然而，出人意料的事情发生了。

  所有红点广告，……引起欧洲和北美青年女性的强烈共鸣，但输入亚太市场，却大走麦城。红点推广在亚洲遭遇的问题，简言之，是因为对有些形象，文化与文化之间的阐述大相径庭。推广活动撤出越南，因为一位共产党的高官认为红点太容易让越南观众产生联想。中国年轻一些的消费者不怎么注意红点的视觉象征，但年长些的妇女不喜欢改形象，因为它让人与血产生强烈联想……在韩国，消费者抵制

---

① 〔美〕王瑾：《品牌新中国：广告、媒介与商业文化》，何朝阳、韦琳译，北京大学出版社，2001，第60页。

红点，推出一个白点推广活动，基于韩国妇女爱干净、纯洁、清新，这些特征都与白色而非红色相连。①

对于卫生巾的广告推广，欧美女性钟情于红色，中国偏爱蓝色，韩国则干脆换成了白色，从作为起源地的欧美到亚太地区，其间显然发生了巨大的变异，而这种变异的基础又明显源于不同的文化传统，即欧美文化人格的直截了当，中国的温婉含蓄，韩国的纯洁唯美。这是其一。其二，从色彩心理学的角度来看，蓝色和白色无疑具有更为紧密的亲和关系：它们都蕴含着安静、内敛的特质，而红色则与此相反，传达的是奔放、热烈和激情。这显然也意味着儒家文明与西方文明之间的分野；换言之，以上三种色彩之间，还存在着一种更为深层次的跨文明的变异。

毋庸讳言，当这些迥然有异的文化和文明模型共同作用于商业领域，也就带来了风格上截然不同的产品形象和广告创意。商品世界之所以如此丰富多彩、琳琅满目，语言、形象、文化、文明等多个层次的"变异"，于其间功不可没。这也充分说明，从广告作品的接受端来看，不同的民族、文化和地域具有不同的消费美学"惯习"（布尔迪厄），反过来，从理论上来说，消费美学也应成为旅行理论和变异学的一个必要的考量维度。

---

① 〔美〕王瑾：《品牌新中国：广告、媒介与商业文化》，何朝阳、韦琳译，北京大学出版社，2001，第 81~82 页。

卷二 传媒文化

　　传媒文化是一个涵盖甚广的范畴，如果从麦克卢汉（Marshall McLuhan）媒介演进史的角度出发，它至少包含口语文化、印刷文化和电子文化三种形态，其中口语文化在西方文明史中占据了绝大部分时段，可以追溯到东方的古巴比伦和古埃及文明，以及受其泽被的克里特-迈锡尼文明，后者被认为是西方文明的真正源头。这种媒介文化形态虽然在文字发明以后受到冲击，但在整体上一直延续到中世纪结束才渐趋式微。其后，随着德国金匠古登堡（Johannes Gutenberg）在1450年前后发明铅活字印刷术，整个欧洲文明以极快的速度发生了深刻裂变，究其原因，正如安德森（Benedict Anderson）所说，基于印刷术的技术可供性，狂热追求经济利润的出版商第一次将书籍、报刊等媒介实现商业化和大众化，由印刷术驱动的印刷工业率先引入了资本主义的生产逻辑，"印刷资本主义"（Printing Capitalism）就此诞生。从历史上看，印刷资本主义对欧洲甚至人类文明都带来了极为深远的影响，它不仅提高了欧洲人的识字率，为思想解放和启蒙运动铺平了道路，还在统一地方性语言的基础上不断结成民族主义的情感共同体，直接导致了现代民族-国家的诞生。[①] 进入电子媒介时代，印刷文化虽然表面上已经被光怪陆离的声光电的世界或者如波斯曼（Neil Postman）所说的"娱乐至死"（Amusing Ourselves to Death）的世界所挤压，生存空间不断萎缩，但它并没有也不可能消失。一方面，以书

---

① 〔美〕本尼迪克特·安德森：《想象的共同体：民族主义的起源与散布》，吴叡人译，上海世纪出版集团，2011，第38~47页。

籍、报刊等为代表的印刷文化借其高度理性化、秩序化的规则沉降为电子文化的深层结构；另一方面，印刷文化在资本和历史的双重驱动下，其本身也在不断适应读者的阅读习惯，并借助信息和数字技术不断革新，从而在互联网、移动终端等抢占有利位置。这就是现代印刷文化的呈现逻辑。

严格来说，以普通大众的娱乐休闲和感性生活为指向的电子文化尤其是网络文化更适宜于进行消费美学的研究分析，但电子文化的根源是印刷文化，而互联网时代的印刷文化本身也已经变为网络文化或数字文化的一个组成部分，因而它并不乏时代特征，具有"猴体解剖"的展示意义。在此意义上，本部分对于传媒文化的消费美学研究，拟以印刷文化为视点，尤其以笔者曾经多年近距离观察的编辑出版问题为切入口，通过对其主体、行为、理念、实践、接受等向度的深入考察，探寻消费美学研究的新路径和新方法。

第一章　编辑主体

在新兴数字技术不断冲击、自媒体和网络编辑异军突起、出版行业加速市场化和数字化的今天，传统意义上的编辑主体性理论很大程度上正在失去阐释的有效性，学术界对于编辑主体性的新问题、新现象几近集体失语。因此，重新建构一种契合当前语境的编辑主体性理论非常必要而迫切。这种重构不仅能够实时解决阐释的有效性或合法性问题，而且是对编辑活动和作为编辑主体对立面的读者主体的重新发现和认识，它将在整体水平上推动基础编辑学的理论进展。

在此，本书力求以多重的理论视角来检视和省察编辑的主体性问题，以期建构一种具有当代意义和普遍阐释效力的编辑主体性理论。本书所说的编辑主体性理论包括三个方面的矛盾统一，即工具理性和价值理性的统一、市场逻辑和审美逻辑的统一、个体主体和交互主体的统一。转译成一般编辑用语也就是，一个合格的编辑主体必须具备以下几个职业素养。

第一，既要掌握编辑专业知识，熟知编辑规范，具备一定的编辑技术操作能力，又不能完全被专业知识和技术逻辑所囿，沦为纯粹的技术的仆属。为此就必须注重和充分发掘编辑主体自身的精神和情感价值，具有主体性的自觉精神，这将不仅使编辑主体获得来自政策法规、行业规范等的充分的价值关怀，成为技术的主体、工具的主体，而且编辑主体将这种主体性精神自觉贯彻到具体的编辑实践中去，自然会赢得读者的青睐。

第二，编辑主体立足现实情境，无须刻意规避编辑主体的功利性动机，但又不能被消费主义价值观虏获，沦为食利主义者。这就要求编辑主体必须具备一定非功利的审美主义精神和美学素养，因为美学的非功利性和超越精神能够有效克服过度功利主义，并且在泛美学化的当前语境中美学修养也是编辑主体必须具备的职业素养，因为它将转化为编辑产品在消费市场上的竞争优势，能够有效地促使编辑产品引起读者的关注，抢占读者市场。

第三，要充分保持编辑主体的个体性精神，这是编辑创造不可或缺的主体性前提，同时编辑工作是一个协同作业、交叉进行的过程，并非也不可能是单个编辑主体的个体行为，因此，编辑主体就必须在保持个体性特点的前提下与他者"共在"，即妥善地与其他编辑主体（现代编辑主体分为策划编辑、责任编辑、技术编辑等几个独立要素）、上下级、读者等沟通交往，具备一定的团队协作精神和人际交往能力。

编辑主体性理论的内涵非常丰富，它不仅是对既有编辑主体性特点的有机整合，也是对当前编辑主体性困境的一种系统的理论回应。

一　工具理性和价值理性

编辑主体首先是工具理性和价值理性的统一。工具理性和价值理性是马克斯·韦伯在解释和描述资本主义现代化进程时所提出的一对重要概念，它们分别代表两种形式的合理性，即形式的合理性和价值的合理性。后来，这对概念经由西方马克思主义者（主要是法兰克福学派）的进一步界定和阐发，成为人文社会科学实施价值批判的重要话语资源。

所谓"工具理性"即一切理性形式（包括知识、经验、技术、意识形态、社会伦理等）的工具化，它们因有特定目的的社会运作而变成了可以被不断复制的操作工具或思维模式，进而深刻影响着人的社会存在甚至自然存在。工具理性在此意义上已由启蒙和解放的工具变成了目的本身。根据法兰克福学派所说，这也是启蒙理性走向神话的重要标志。

在编辑活动中，工具理性是编辑主体的一个基础性维度，只不过这里的理性形式具体指的是专业知识、文本（纸质的、光盘的、电子的等）成品的形式规范、业务经验、社会阅历、技术操作能力、意识形态等的内在化、经验化，它构成了编辑业务素质的一个重要指标。编辑主体的工具理性之维确保着编辑人员能够因循一定的操作模式来展开具体的编辑工作，这种模式或见诸网络程序，或见诸成文规定，但最终都只有内存于编辑自身的主体性结构之中，成为他们能够自由支配的思维模式和操作工序，才能进行具体的业务运作，进而实现既定的编辑目标。编辑实践首先是一个理性操作的过程，其间，任何一种跳跃、松散、不合逻辑的编辑环节都会影响整体效果。行业规范不可逾越，国家意识形态和政策法规之外更是禁地。正是由于这种严谨性和规范性，国内有些学者干脆直接将编辑主体命名为"科技编辑"，比如《科技编辑大辞典》一书的主要内容就不是只针对科技领域内的编辑工作者，而是针对整个编辑群体。可见，编辑主体首先是一个理性主体，编辑理性是编辑主体的首要职业操守。但是，正像韦伯所说的，"一种行动类型为'理性化'的……并涉及专门概念和知识的应用……它们就意味着极其严格的操作的精确性和可计算性"。[①] 这种情形一旦极致化，工具理性就很容易将手段当成目的本身，进而形成工具崇拜和技术至上论，乃至出现有生命的"编辑机器人"：编辑主体变成了生硬、刻板、僵化的操作工具，编辑过程也只是编辑主体对文本客体的单向度的技术加工。毫无疑问，"编辑机器人"是对人的情感和精神价值的彻底抹杀，它使编辑活动这一人性化实践失去了人文气息，最终，其编辑成果自然也不会受到广大读者的青睐。

实际上，工具理性将手段当成目的，将技术操作演变为纯粹的技术逻辑，进而使主体沦为工具的奴隶，这正是西方马克思主义工具理性批判的要害之所在。马尔库塞就指出，由于严密的科层理性和技术崇拜的盛行，资本主义的普罗大众实际上已经被抽去了个体性精神和反思批判能力，完

---

① 〔英〕戴维·比瑟姆：《马克斯·韦伯与现代政治理论》，徐鸿宾等译，浙江人民出版社，1989，第67~68页。

全听受于"他者引导",最终,人沦为"单向度的人"。这是资本主义将知识和权力相结合实现对人的控制和压迫的典范。

但是,正如我们所观察到的那样,事实上并不存在绝对冷漠、僵化、单向度的"编辑机器人",只存在活生生的"这一个"编辑。之所以会这样,是因为在编辑的主体性构成之中除了工具理性的维度之外,还有一个不可磨灭的价值理性维度,正是后者赋予了编辑主体人文主义的情怀。

所谓"价值理性",指的是秉持纯正的动机和正确的手段来达到既定目的,而不管最终结果如何。它注重人的情感和精神价值,实质上是一种人文关怀的价值诉求。由于工具理性和技术逻辑是一个线性发展的过程,不具有自反精神,无法进行自我反思,价值理性作为其对立形式就出现了。价值理性的要义在于它是始终关注着人文精神的价值判断,它拒斥目的至上论,倡导反思内省,旨在破除工具崇拜和技术主义对人的戕害。

在编辑实践中,编辑主体的价值理性首先体现为对纯粹技术操作的质疑和反思。任何技术操作都预定了一个先在性目的,而编辑主体的纯粹工具理性为实现这一目的抽去了编辑实践过程中的人文价值因素,最终使编辑主体沦为工具的工具、技术的技术。这种唯技术主义的做法无疑是对编辑主体性和编辑人性的漠视,它必然会遭到严肃的人文主义者的批判。

由于价值理性作为编辑主体性构成的一个重要维度,对编辑技术理性的反思批判自发地生成于每一个编辑主体的具体实践过程中。但由于价值理性作为工具理性的对立面,只有在后者存在的前提下它才能切实存在,因此,编辑实践中的价值理性功能往往带有批判性的冲动。但从另一个方面来讲,正是这些不断的反思批判,才使得整个编辑行业朝向健康、良性的轨道发展。事实上,任何编辑规范都是工具理性向价值理性妥协的结果,比如,图书编辑行业规定万分之一的差错率,就是充分认识到人不是机器,允许一定范围内的误差。这当然是对编辑主体性的尊重,它充分体现了编辑行业的人性尺度。

其次,根据上述,如果编辑主体只是依从于工具理性信念,排除情感

| 第一章　编辑主体 |

和精神因素，将整个编辑工作理解为事实上的机械操作，那么，其编辑的最终成果就不会被读者真正接受（读者本能地拒绝一切严重异化的编辑成果），这同时意味着，编辑人员必须把价值理性所具备的人文关怀精神嵌入具体的编辑工作中，换言之，编辑主体除了在工作过程中追求自我关怀以外，还必须自觉体现出一种更高层次的人文关怀，即对读者的关怀。

人文精神始终是编辑主体性构成的一个本质性维度，其极端重要性的一个方面就体现在这里。编辑主体必须秉持深切的人文关怀精神，深入理解读者的阅读趣味，尽量满足他们的各种阅读需要，才能编辑出深受欢迎的编辑产品，才能真正找到读者市场。但是，从更高的意义上来讲，编辑主体的人文精神并不一定完全体现为对读者现行趣味的一味满足，相反，它可能表现为引导、创造甚至批判。原因很简单：立足真正的人文精神，未必流行的读者趣味就是正当的、值得推崇的。如果真正将编辑主体的人文精神贯彻到底的话，那么，浅阅读现象就是需要被深刻检讨的。正如文化研究的先驱人物之一、英国新左派批评家 F. R. 里维斯（F. R. Leavis）在创办著名的新左派理论刊物《细究》（*Scrutiny*）时所言，一个民族麻木的感受力，正是从败坏的阅读趣味开始的，没有敏锐的感受力的恢复，这个民族将始终处于愚昧和精神上的"无政府状态"。[①] 这就高度体现了编辑工作者的民族文化使命。

最后，编辑主体的价值理性还突出表现为编辑主体性的自觉，即编辑主体对其主体性身份的认同。编辑是什么？编辑人员在出版流程乃至整个民族文化中具有怎样的地位？很长时期以来，业界一直都认为编辑是"文仆"，编辑工作就是"为他人作嫁衣裳"，编辑从业者只是服务人员。这种理解显然没有充分意识到编辑主体性构成的价值理性之维。根据上述，编辑主体一方面摆脱了冷冰冰的唯技术主义的机械操作，另一方面要满足或引导读者甚至担负起巨大的民族文化使命，在这种意义上，编辑的主体性身份和价值就显而易见了。编辑主体并非某种机构或社会的附庸，更不是

---

① Terry Eagleton, *Literary Theory: An Introduction* (London: Blackwell, 1996), pp. 26-27.

庞大的民族文化机器中的无名配件。没有编辑从业者，整个历史文化将出现可怕的断层。可见，我们在此突出强调编辑主体性是非常重要的，因为它不仅直接关涉编辑自身的独立地位，也关涉文化传承和民族经验的连续性，而且，只有独立的编辑主体才能具有强大的创造能力，这一点保证了编辑创造能够不断满足广大读者日益增长的文化需求，而且这是整个行业存在和发展的生命线。有解放了的编辑主体，才有解放了的编辑生产力。也只有解放了的编辑生产力，才有解放了的编辑行业。

以上论述了编辑主体性的两个重要构成，它充分表明，编辑主体必须既要注重业务知识和技术进步，也要具有自觉意识和人文精神，在技术操作中实践人文理念，在现实关怀中操演技术逻辑。在此意义上，编辑工作就是手段和目的的统一、过程和结果的统一、科技和人文的统一。

二 市场逻辑和审美逻辑

所谓市场逻辑是指编辑主体将市场意识转化为自觉的精神驱动，旨在实现经济利益最大化的价值诉求；所谓审美逻辑则是编辑主体必须具备一种非功利性的超越精神。在此意义上，市场逻辑和审美逻辑的统一，也就是功利性和非功利性的统一、利益追求和审美创造的统一。

编辑主体具有自觉的市场意识、追求经济利益的最大化无可厚非，这也是编辑主体性的重要组成部分。市场逻辑内在于编辑的主体性结构之中就决定了编辑主体必然是一个经济学的存在。这是完全符合现实情形的。经济目的虽不是编辑主体的终极目的，但它是实现终极目的的终极途径，这一点毋庸置疑。

但是，不能将作为编辑主体性构成的市场逻辑过于强调，甚至把它作为编辑主体的唯一特点，因为这会有将编辑主体拖进当前盛行的消费主义陷阱的危险。所谓消费主义，是指将物质消费和利益追求当作唯一人生信条的一种偏执的生存信念。显而易见，编辑主体的市场逻辑如果没有被强有力的限制和约束，就很容易滑向消费主义的深渊，使编辑主体变得唯利是图，唯财是从，唯经济效益马首是瞻。但是，利令智昏、财迷心窍、功利心太强的编辑主体，必然不会编辑出真正深受读者欢迎的编辑成品。编辑工作是一个理性而严谨的过程，作为从业者的编辑主体当然不能纯粹受利益的驱使而迷惑心智。

此外，需要特别警惕的是，市场逻辑或消费主义还很容易与工具理性结合在一起，使编辑主体为实现经济利益最大化而不择手段。无疑，这将给整个编辑行业的生态带来严重破坏。

可见，作为编辑主体性构成的市场逻辑与消费主义仅一步之遥，这就要求我们必须寻求一种对立性的价值原则来规约其可能存在的泛滥倾向。在此，作为编辑主体性构成的审美逻辑，就显得很重要了。

审美逻辑首先表现为一种非功利性的审美主义的价值诉求，以之来抗衡编辑主体潜在的消费主义倾向。所谓"审美主义"，是指美学对生命价值的一种担当，它旨在以内在性、超越性、非功利性的审美实践来实现现世生命的救赎，在审美和艺术中直接通达超验的彼岸家园。审美主义自始至终都具有浓厚的宗教情怀。在尼采宣称"上帝死了"之后，审美主义更是发挥了巨大的拯救功能。现代哲学家们普遍相信，审美和艺术所实现的无限、永恒和绝对与被驱逐的上帝具有本质的同一性，而且，它还克服了上帝理性对现世生命价值的漠视所造成的虚无主义。

当然，作为编辑主体性的构成维度，审美主义未必必然摄入宗教情怀，编辑主体也未必必须将事业当作信仰，但是，审美主义的非功利性精神和超越价值，是编辑主体抑制其潜在的消费主义倾向以臻于自我完善的重要精神原则。美学精神是一种排除各种私心杂念、利欲功名等内外功利性因素，通过借助于内心的澄明通透来实现自我的超越进而与自然天地合一的精神诉求。无疑，美学精神是强化主体性功能的重要途径。对于编辑主体来说，审美主义就是要求编辑人员必须具备一定的美学精神和相当程度的美学素养，以强化自身的主体地位。具有审美逻辑或审美主义精神的编辑主体，既能自觉克服其潜在的消费主义倾向，又能不断完善其自身的业务素质，毕竟美学修养是编辑素养的重要构成。结合编辑主体的市场逻辑来看，这一点就显得更加不可或缺了：就绝大部分情形来说（除了有实用目的的直接购买），编辑成品对读者的吸引力首先来自其美学外观，比如装帧、设计、形态、开本、色彩等，也就是说，非功利性的审美活动（随便逛逛或浏览）是转化为功利性的购买实践（关注或付费购买）的重要契机。没有读者的审美，也就没有编辑的市场。在此，审美就成了阅读和购买的一个重要前导，这反过来也必然是对编辑素质的一个逆向要求：编辑主体必须具备相应的美学素养，否则就很难编辑出读者真正喜爱的编辑产品。

可见，非功利性非但没有弱化编辑主体的功利性目的，反而是实现利益最大化的重要法门。在此意义上，编辑主体如果缺乏审美逻辑，就无法实现市场逻辑，美学原则有效推动着市场利益的实现。这种关系有效地保证着编辑主体的市场逻辑和审美逻辑的深层次统一。

但市场逻辑和审美逻辑之间的复杂关系远不止于此。在消费社会和美学普遍泛化的当前语境中，尤其需要对此作细致的审察和厘清。

如今，随着消费社会的到来，消费大众的生活世界发生了重要的变革，理论家称之为"日常生活的审美化"：象征着传统精英审美趣味的博物馆坍塌了，传统美学原则和艺术品被大量复制、挪用并泛化到生活世界的每一个细枝末节，成为商品价值的真实生命和生活品位的新表征。正如德国美学家韦尔施所言："在我们的公共空间中，没有一块砖头，没有一柄门把手……逃过了这场审美化的蔓延。"[①] 在这样的语境下，作为大众文化生活重要组成部分的阅读生活，也必然沾染浓重的美学气息；而作为阅读产品生产者的编辑主体，如果不能及时地捕捉到这一讯息，并将审美和艺术的原则嵌入具体的编辑工作中，就是对读者需求的事实上的漠视。可

---

① 〔德〕沃尔夫冈·韦尔施：《重构美学》，陆扬、张岩冰译，上海译文出版社，2006，第137页。

见，基于客体生活世界的审美化，审美逻辑必须内化于编辑的主体性之中，成为一种自觉意识。

另外，从主体消费方式来看，发生在消费社会的"日常生活的审美化"反过来深刻地改造着消费大众的消费方式，以致出现了"消费方式的审美化"，这又进一步对读者的阅读方式产生了极大影响。由于美学原则在商品生产过程中的普遍介入，商品本身已经空前严重审美化和艺术化了，也就是说，如今消费者所消费的对象实际上是作为艺术品的消费品，消费活动因此已经变为一种审美活动，这造成了"消费方式的审美化"。消费方式的审美化作为日常生活审美化的逻辑延伸，已经成为当代大众最普遍的消费习惯。作为消费者之一的读者当然也是如此。基于这样的消费及阅读习惯，读者必然需要他们的阅读产品在形式、外包装等方面具有艺术价值，内容方面也要渗透美学元素。因此，编辑主体必须具备相应的、自觉的美学意识，并将其灌注到具体的编辑实践中来，从而将编辑文本打造成深受读者欢迎的美学文本，实现既定的市场效益。这就再次证明了编辑主体审美逻辑之维的存在对于市场逻辑运作的重要前导功能。

总之，编辑主体作为市场逻辑和审美逻辑的统一，实质上也就等同于利益追求和审美创造的统一、市场主体和审美主体的统一。

三 个体主体和交互主体

上文所论主体，主要还是停留在一定层面上的"普遍主体"，没有真正涉及具体存在的"个体主体"，更没有涉及个体主体之间的关系。这里要区分三个概念：普遍主体、个体主体和交互主体。

普遍主体是指在普遍意义上体现共同主体性特点的"主体一般"。在哲学史的相当长时期内，普遍主体一直是主体的代称，而主体又只能表现为人类主体，所以，普遍主体实质上是对人的类存在的一般抽象。在特定的历史区间内，这种抽象曾凝聚起巨大的主体性力量，普遍主体因此也成了人的类本质的重要见证。但是，随着主体性力量的觉醒和不断膨胀，人们发现，普遍主体不仅以其巨大而空洞的共名扼杀了个体性存在，而且演化为一种内含宰制性冲动的话语形式，这就是人类中心主义。人类中心主义突出表现为人类对自然界的征服、改造和利用的野心，它与理性主义和逻各斯中心主义相结合，共同构筑了西方现代化进程的三大理论支柱，并一道对自然界和人类社会带来一系列严重的破坏，这又被西方学者称为"现代性困境"。于是，哲学史至现代主义和后现代主义，就开始反思普遍主体的合法性问题，逐渐提出个体主体性理论。其中，福柯的"人死了"著名论断的提出，是一个标志性的理论事件。福柯所谓的"人"，就是作为普遍主体的人。只有普遍主体的神话被打破，个体主体才能真正得到解放。而在个体主体被解放之后，各主体之间如何交往、沟通或"共在"就成了一个非常迫切的理论问题。因此，后现代哲学出现了所谓"主体间性"问题的探讨，提出了"交互主体性"概念。交互主体的核心理念在于：如何在充分保证个体主体性的前提下，展开主体间的对话和交往。

根据以上我们对主体性内涵的探讨，结合前述编辑主体性问题，可以看出，前述所谓的主体，主要还是指停留在整个编辑行业层次上的普遍主体：它展现了整个行业主体性的一般特点，没有涉及具体个体性的作为。这种意义上的主体虽然不可能是不包含任何差异的绝对普遍主体，而只能是整个行业和群体范围内的相对普遍主体（又被称为编辑行业的主体共同体），但是，正如普遍主体的一般运行逻辑，它同样会以共性限制甚至扼杀个性及个体的创造潜能。当然，作为知识学的有机构成，我们不能忽略或漠视以上对于编辑主体共同体内涵的探讨，因为毕竟这是传统知识话语的致思模式，而不论它可能会包含怎样的负面意义。换言之，我们对编辑主体性理论的探讨是力图涵盖整个知识谱系的一种尝试，尤其在后现代理论之镜的观照之下，编辑主体以前在学界鲜有企及的深层次的本质性蕴藉更能得到深度的挖掘，这就要求我们在保留传统编辑主体性内涵探讨的前提下，继续深入探讨编辑主体的个体性及其存在的价值问题。

根据个体主体性的一般内涵，我们所谓的编辑个体主体性，指的是作为个体性存在、具有突出个体性特点的一个重要的编辑主体性构成维度。个体主体的编辑主体将个性风格，如个人的创想、才情、理想、品位、知识经验等熔铸到具体的编辑实践中去，使最终的编辑文本呈现突出的个体性特点，这也就是我们凭直观就能断定一个编辑文本出自哪个编辑之手的原因所在。显而易见，个体主体性充分保证了编辑主体的一个极其重要的特点：个体独创性。

编辑活动说到底是一种个性化的精神生产活动，它是具体的个体实践过程，因此必然保持"精神的自律"，呈现"精神个体性的形式"。① 在此意义上，如果说作品是作者的个体创造，那么，编辑成品就是编辑主体对作者个体创造的个体再创造，而且，只有当这种再创造真正成为个体创造时，编辑的个体主体性才真正被彰显出来。当然，编辑活动是一种在特定条件约束下的个体实践，只有满足既定条件或规范的创造才能得到认可，不可能像艺术创造那样可以放开想象、自由驰骋，但是，这也绝不意味着不需要或者不鼓励编辑个体创造。实际上，个性风格成熟的编辑创造突出表现为对两种形式的个体性压抑，即技术对人的压抑和人对人的压抑的突破。

前者是指，编辑个体克服了工具理性对人的压抑。当编辑个体还没有形成成熟的个人风格时，人就只是在技术逻辑的支配下进行程式化的编辑实践，根据上述，实质上也就是"工具的工具"；而编辑个体风格一旦成熟，就意味着个体已经克服了技术逻辑的非人性化，将技术内化为个体的延伸，技术在此已成了人的构成维度，此时，人就彻底摆脱了被动地位，变成了真正的"技术主体"。编辑个体如果能将技术工具运用自如，并使之服务于特定的目的，也就达到了马克思所说的"合规律性和合目的性相统一"或者孔子所说的"随心所欲不逾矩"的境界。这是一种真正自由的境界。编辑主体只有达到了这种境界，才能真正挣脱技术的非人性化，最

---

① 〔德〕马克思：《剩余价值论》，见《马克思恩格斯全集》，人民出版社，2008，第296页。

大限度地解放个人创造力，张扬个体性价值，创造出令人耳目一新的编辑作品。

人对人的压抑是指，编辑个体面对巨大的集体价值和行业传统时所产生的"影响的焦虑"（The Anxiety of Influence）。行业传统的巨大影响深深制约着个人行为，时常令编辑个体感受到无形的压力，尤其是面对那些创造历史的大编辑家，后世的编辑个体更有焦虑感。面对这种情形，有创见的编辑个体可能会故意选择对编辑传统"误识"或"误读"，从而获得个体创新。比如，就图书而言，有些编辑将平面图书立体化，人物形象直接"跃然纸上"。这类图书借用新技术手段在特种纸质材料上覆盖塑膜，并在其中置入光色元素，读者从不同角度可看到不同的人物侧面，乃至于使整个画面移动起来，直接在传统静态平面媒体上实现三维动画的效果。阅读这类图书甚至需要一副特殊的三维立体眼镜。这当然是对传统的有意"误读"，它彻底颠覆了传统，虽然在眼下它可能不具有太大的普及性价值，但是它无疑具有深刻的编辑学史学价值。编辑个体创新千姿百态，却具有唯一不变的价值指向，这就是通过个体性创造来消除集体价值给编辑个体带来的压抑和焦虑，进而实现个体性超越，并推动编辑行业的不断发展。

总之，个性风格成熟的编辑个体摆脱了技术和他者对个体的双重压力，具有创造的不竭动力。

根据前文，个体主体一旦独立出来，如何处理与他者的关系就变得非常迫切，这就引出了交互主体性的问题。

编辑主体的交互主体性是具有个体交往属性的一个重要编辑主体性构成维度。这同样是不可或缺的编辑主体性构成，它在理论上将保证在充分保留个体性价值的前提下进行主体之间的对话交往。虽然我们强调编辑个体性价值，充分鼓励个体创造，但是，实际的编辑过程中既不可能存在没有他者参与的编辑创造（不同于纯艺术创造），也不可能存在"单枪匹马"的编辑个体（不同于艺术家），只存在与他者"共在"并结成一定编辑关系的创造性个体。诚然，编辑个体以其技术规范和个性风格改造了文本，使文本存在于具体的操作场域之中,并最终被纳入特定的指标规范体系。但是,事实上,不仅任何具体的操作主体和客体对象都存在于召唤和被召唤的关系模式之中,而且,每一个被经验到的文本自身的知识将被深深嵌入主体性结构之中,成为其不可分割的一部分,这部分又将进一步转化为编辑主体的知识经验或"先结构",从而不断地拓展其接受空间,并进而将其带入编辑活动中来,如此反复,以致形成一个无限延展的循环结构。这才是编辑实践的真实情境。编辑活动的其他结构要素,比如文本与文本、文本与社会语境、编者与编者等的关系莫不如是,这种关系模式正如王振铎先生等所言:"60年来的编辑学研究发现,编辑主体在架构文化媒介的过程中,其主体性往往并不表现为单一的、孤立的个体独创性,而是与创作主体、复制主体、阅读主体等交互启发、协力推进的组合性创构。其创构的成果,也是具有共生性和交互性的媒介。"①

在此意义上,图书编辑活动就是密密交织的编辑关系网络的展开过程,编辑主体之间的对话交往是客观存在的,而且是非常重要的编辑主体性构成。比如图书编辑活动,就是由策划、文字、技术、装帧设计等多个编辑个体共同进行的协同作业过程。其中任何一个个体活动都会与其他个体相互作用,产生交叉影响,整个活动过程就形成了一个动态的、开放的关系网络。在此,编辑的交互主体与个体主体之间具有深刻的牵连。"编辑过程的集体协作并不是最终要消解任何一个合法的编辑分工,相反,最终凝定的编辑文本恰恰是对各个分工的有机保留,在此意义上,编辑文本本身就是一个复调文本,它是一个包括作者、编者(确切说是指各种分工的复数的编者们)甚至(隐含)读者在内的对话空间。"②

可见,编辑的交互主体性决然不能磨灭编辑的个体独创性特点,相反,它是对编辑个体性的一种强化和再结构化:正是由于编辑的个体独创

---

① 王振铎、刘大年:《编辑学研究60年的六大学术发现》,《北京联合大学学报》(人文社会科学版)2010年第2期,第111页。
② 李金正、张建:《论图书编辑活动的美学意蕴》,《中国编辑》2011年第3期,第14页。

性，才产生了交互主体性；反过来说，正是由于交互主体性，才真正保留和尊重了编辑的个体性价值。编辑的个体独创性和交互主体性从理论上切实保证了编辑个体创造及其成果存在的合法性，同时是对真实的编辑工作情境的如实再现和写照。

　　本书以上较为系统地探讨了编辑主体性的三个对立性的构成维度，编辑主体就是兼具这三重对立属性的矛盾统一体，总结起来就是：编辑主体具有一定的知识经验和技术操作能力，以此来追求合理的经济利益；在具体的编辑活动中带有不可磨灭的个体性特点；同时，饱含着人文主义精神和价值理性诉求，以及较高的美学素养和善于与他者"共在"的对话交往能力。三者之中缺少任何一点，都会影响到其对立性因素，进而危及其他构成元素，乃至于损毁编辑主体的整体形象。这三重对立、六个方面之间紧密结合，相辅相成，共同构成了当前语境下合格的编辑主体应具备的基本素养。

第二章 编辑理念

编辑理念是编辑行为的心理学基础,有什么样的编辑理念,就会导致什么样的编辑行为。对于当今的编辑活动来说,"工匠精神"已经成为一种不可或缺的编辑理念。根据学界和媒体的一般界定,"工匠精神"突出表现为一种精雕细琢、精益求精、止于至善的行业精神。这样的精神虽然被广为称道,但截止到目前,它的学理性内涵依然没有得到厘清,尤其是从编辑出版的角度探讨工匠精神的历史渊源及发展嬗变的研究比较少见。在此,笔者将通过对"工匠""编辑""艺术"等重要词语的"知识考古",系统探究编辑活动中"工匠精神"的历史源流,并在此基础上提炼总结其不容忽视的当代价值和启示。

一 词源钩沉

中国古人认为,"书者,如也",意为语言文字是对事实存在的一种如实的摹写或反映,词源学的"知识考古"往往能够发掘出一些被历史埋没或被有意无意忽略掉的本真意涵,从而与当前的流行语义形成某种映衬或反差。因此,我们有必要基于词源学的视角来考究"工匠""编辑"等词语,借以探明其最初的内涵。

对于"工匠",美国学者亚克力·福奇(Alec Foege)在《工匠精神:缔造伟大传奇的重要力量》一书中指出:"'工匠'这个词直到最近还带有轻微贬义,指那些漫无目的、缺乏侧重点和动力去创造新东西的人们。"①"工匠"如此,与"工匠"沾边的人莫不如此,比如编辑工作者,不知从何时起,中国的编辑都有一个"雅号",叫"编书匠",这一称谓好像确实"带有轻微贬义"。然而,深究起来,所谓"编辑",正是"工匠"之一种,它本身已天然带有不可移易的"匠气"。

何谓"工匠"?从词源学来看,"匠"作为会意字"从匚从斤",前者为一种盛放工具的筐器,后者指斧头;"匚"字开口向右,以便于盛放斧具。《周礼·考工记》载:"攻木之工七:轮、舆、弓、庐、匠、车、梓。""匠"当为"木工"之一,而且其工种比较固定:"匠人主载柩窆",即制作和雕画棺椁墓室,这里的"匠人"就是专擅"丧葬之术"的人。后来,"工匠"和"匠人"逐渐脱离其狭隘的专业领域,用来泛指一切长于某种或多种技艺之人。由此可知,工匠活动是一种技术活动,尤其强调手工,以至于"手艺人"后来成为"匠人"的一个典型代表。

再看"编辑"。从词源学来看,"编"字本义为"丝绳",《说文》注"次简也",《声类》注"以绳次物曰编",其后又引申为对书简、衣物、器具等的编次、排序,这在古代都需要专门的技艺;"辑"字本义也是名词,指车厢,《说文解字》扩至"车和辑也",《六书故》注"合材为车,咸相得谓之辑",意为对"材"的整理制作,使之成"车",后逐渐引申出聚敛、排次、辑录等多个义项。"编"和"辑"在古代都是专门的手艺,前者指编织术,后者是造车术,这两种技术都需要"匠人"来操持,也都是"工匠"之一种。② 在此意义上,"编辑"本身就是一种不折不扣的"工匠"活动,它需要专门的手工技艺。后来,由于文字书写的需要,用刀子雕刻木牍或竹简成了专门的手艺,这项任务最初由君王的史官来承担,他们因此也被称为"刀笔吏",而将这些经过雕削的简牍连缀成册就

---

① 〔美〕亚克力·福奇:《工匠精神:缔造伟大传奇的重要力量》,陈劲译,浙江人民出版社,2014,第12页。
② 李金正:《论编辑"工匠精神"的失落与复归》,《出版发行研究》2017年第4期,第10~14页。

是所谓的"编辑"活动。这样的活动显然与"工匠"非常接近，具有十足的"匠气"，从这个意义上说，编辑从业者就是"编书匠"。

然而，在中国，"编书匠"并非福奇在论述"工匠"时所说的那般"缺乏创造力"，相反，中国古人为这项活动赋予了相当丰富的内涵，甚至具有审美和艺术意味。比如，南朝文论家刘勰在论述文学艺术的创作时借助了一个隐喻："独照之匠，窥意象而运斤"，这里的"意象"即艺术学上"审美意象"的直接渊源；而这里的"独照之匠"，就是指富有创造精神或独具"匠心"的手工艺人。

事实上，在中国古代，将"工匠"和"艺术"并置起来并非偶然，因为两者之间本来就具有不可分割的内在关联。就"艺术"这个词而言，本义作"种植""培植"解，比如《孟子·滕文公上》载"树艺五谷"即为此意。因此，所谓"艺术"原本专指农民种植和园艺之术，其情状鳞次栉比，繁茂如云，使人产生美感，后来才逐渐衍生为一个美学范畴。这种情形与"工匠"的巧饰制作实质上并无不同，都属于通过特定的手工技艺改变事物的原始荒乱状态，使之秩序化、条理化。另外，西文中"'art'……溯源于印欧语系的词根 ar-，意为'将事物摆放在一起，连结'，而摆放在一起意味着某种技术，因此拉丁文中视之为'技艺'"。①有时候这种技艺化和次序化的结果过于工巧，乃至于引申出"矫揉造作"（artificial）、"狡诈诡谲"（artful）等贬义义项。

在此意义上，反观"编辑"活动不难发现，通过排定次序、编排原稿使文字材料错落有致、有条不紊的工作，正与古代艺术创作追求秩序感和条理化的观念相互辉映。这说明，"编辑"在本源上不仅属于技术性的工匠活动，也是一种艺术活动，它是手工操作和"匠心"经营的统一，也是技术和艺术的统一。

---

① 高建平：《论艺术与技术的"间距"》，《江海学刊》2019 年第 1 期。

二　神圣渊源

以上从词源学的角度探讨了"编辑""工匠""艺术"等重要词语以及它们之间的内在关联，但整体而言，语言并非一切，尤其它不能等同于历史，正如我们看到的，上述词源学意义上的"工匠""编辑"等在后来的历史中无一不被扭曲篡改，甚至走向了它的反面。这说明，历史作为事实的序列性延展有一套自身的逻辑，它与语言的逻辑有着巨大的差异；反过来，观照历史也将打开语言的另一些面向。

国内著名历史学者许纪霖先生指出，"工匠精神不仅是一种精神，还是一种信仰"，"信仰是工匠精神的灯塔"。[1] 这里所谓的"信仰"，道出了"工匠精神"及其各种社会实践（包括"编辑"活动）隐秘的实质。历史地看，"工匠精神"正是肇始于原始先民制作图腾和"圣物"的"神圣实践"过程中。

根据意大利理论家维柯（Giambattista Vico）的著名论断，人类历史是由"神祇时代"、"英雄时代"向"人的时代"逐渐衰变或世俗化的过程，早期的人类世界到处充斥着天启和神迹。原始人具有一种与成熟人类的理性思维截然不同的"诗性思维"，但这种貌似神秘的精神现象实际上根源于物质自然：由于不得不面对狂暴无常的大自然和进行充满危险的狩猎、采集活动，先民创造出了一个耸立于现世生活之上的信仰崇拜系统，并为该系统不断制造夸张、怪诞甚至充满"狞厉之美"的"神圣"之物[2]。这些事物具有黑格尔所说的"象征型艺术"的基本特点，即带有"物质形式压倒心灵内容的崇高风格"，[3] 借以昭示制作者及其部落群体的恐惧、敬畏心理，同时表达了他们向虔敬之神祈求福佑与安宁的精神诉求。这一过程

---

[1] 许纪霖：《把事情做到极致就是工匠精神》，《新华日报》2016年7月8日。
[2] 李泽厚：《美的历程》，天津社会科学院出版社，2001，第53页。
[3] 李醒尘：《西方美学史教程》，北京大学出版社，1994，第393页。

至少造成了以下几种结果。

首先，那些从事具体制作活动，比如雕刻神像、搭建祭坛、摹画狩猎场景等的原始"信徒"们，经过反复的实践操练和经验积累，逐渐掌握了各自擅长的手工技艺，正是他们勾画出了"匠人"这一古老族群的基本风貌，成为"工匠"群体的最重要起源。

其次，由于不得不敬慎其事，这些原始工匠必须兢兢业业，奉献出全部的心力和智慧，"工匠精神"也由此肇端。正如研究者所说：初民敬奉之物表象"'狞厉-崇高'的后面，是虔诚与敬畏。'工匠精神'的来源在此。手工劳作中的品质诉求，那种坚韧、耐心、一丝不苟……是信仰力量的推动。"[1] 可见，正是由于"敬天事神"的信仰活动，工匠们小心谨慎、精益求精的精神传统才得以形成，其精神特质中的精确性、科学严谨性和技术性的内核也由此铸就，这是"工匠精神"的历史发端。

最后，具有神圣起源的"工匠精神"进一步孕育了一颗富有创造性和艺术性的"匠心"。"工匠精神"源于充满虔敬的劳作，而这种劳作出于事神的目的就必须尽可能地实现马克思意义上"人的本质力量的对象化"，这就意味着，原始匠人们在追求"自然的人化"的同时，难免导致"人的自然化"，其中就包括通过不自觉的美的实践获得沉醉而忘我的体验和情愫[2]；这种审美性的经验随着技术和物质条件的不断进步，在漫长的历史进程中逐渐培育出了一颗追求美、创造美和展现美的"匠心"，从而自觉赋予各种人造物以美的元素，使其成为技艺性的结晶，以致让后人叹为观止、奉为神作。

由此观之，工匠活动和匠人精神脱胎于原始的宗教美学，不仅蕴藏着源远流长的"神圣"意识——这一点成了后世匠人坚定不移的信仰之源，而且，基于这种意识需求，还锻造出了一丝不苟、精益求精的实践精神，以及一颗具有强大创造活力的"匠心"，从而为各种敬天事神的创造物赋

---

[1]　金纲：《"新工匠时代"前世考》，《腾云》2015年第51期。
[2]　李泽厚：《美学论集》，台北：三民书局，1996，第182页。

予了美的形式。这样,在历史的维度上,工匠精神实现了信仰膜拜和世俗经验的统一,同时将物质改造和匠心独运、技术性和艺术性再次统一了起来,与词源学的"知识考古"互为印证。

值得关注的是,这样的结果在作为"工匠"活动之一的古老的书籍制作和"编辑"活动中都有映照和体现。比如《淮南子·本经训》载:"昔者苍颉作书,而天雨粟,鬼夜哭。"文字的发明惊动天地鬼神,当然是神圣的;而且,古人认为,文字本身就是天下之至理,正如许慎在《说文解字序》中所说:"盖文字者,经艺之本,王政之始,……故曰:本立而道生,知天下之至赜而不可乱也。"文字被认为"道之本""天下之至赜",古人当然要对它心怀虔敬,并铭于金石、龟甲、兽骨之上,视若珍宝,以致后来形成"敬惜字纸"的传统。根据刘渝生先生的考证,"书籍为先秦的国宝",它与璜玉、良弓、彝器一样,"为王室宝物之一,立国必须有之"。《左传》中还记载了这样一则故事:哀公三年,司铎官府突起大火,桓公庙和僖公庙都被烧毁,南宫敬叔、子服景伯两位大夫赶到现场后即刻命人救出国君所阅书籍和礼书,季恒子赶到后又命人救出法律章程,并训诫说道:"财可为也,……旧章不可亡也。"在所有的财宝中,书籍至为重要,古人之重视可见一斑。

这同时意味着,对文字进行审定编排的工作也必须小心翼翼,敬慎其事,富有"工匠精神"。所以,"中国历史上第一个编辑"孔子的书被称为"恒久之至道,不刊之鸿教",其人也被誉为"千古一圣"。尤其《春秋》中的"微言大义",蕴含了深刻的"工匠精神"。到了战国时期,吕不韦"一字千金"的美谈,更将这种精神发挥到极致。这样的作品正是因为被倾注了大量的"工匠精神",被经过细致入微的"匠心"经营,才成为优秀的编辑产品,让后人对其赞美有加,甚至被直接当作艺术作品来看待。比如被誉为中国古代文艺理论扛鼎之作的《文心雕龙》一书中就专作《宗经》一章,将儒家经典奉为"性灵熔匠,文章奥府。渊哉铄乎,群言之祖",儒家经典俨然成了文学创作的神圣渊源和最高典范。无疑,在刘勰看来，经孔子编订的"六经"，真正实现了神圣意识和文字表达的统一、内容编排与艺术美感的统一。

三 历史流变

遗憾的是，在后来的历史中，虽然"万般皆下品，唯有读书高"的观念一直被视为正统，但编辑工作的上述崇高地位似乎并没有行之久远，相反，"编书匠"之讥成了历史的主流。造成这种情况的原因，正如美国汉学家包筠雅（Cynthia J. Brokaw）所揭示的，书籍制作中"雕刻所需技术如此之少，'妇孺皆能为之'"。[①] 也就是说，技术门槛极低的印刷术的出现使得编辑出版活动逐渐沦为一种"妇孺皆能"的体力劳动，这与其原初意义上高贵的精神追求判若霄壤。

实际上，作为"编辑"之上层范畴的"工匠"活动在后来的文化历史中同样没有一以贯之，究其原因，也与其被认为是一种低级的、简单重复的、体力性的劳动有关，乃至于"匠人"群体逐渐沦落到文化史的边缘地位，甚至有"七匠八娼"之讥。随着社会的发展，"编辑"和"工匠"活动，都沦为了单纯且低级的技术操作，这些活动只是被用来满足一般民众的日常需求，其中的神圣意识以及艺术美感日渐稀薄。

吊诡的是，曾经在起源处就已经与"工匠"和"编辑"发生本质性关联的"艺术"，由于富含创造性的"匠心"，逐渐脱离了低级的体力劳动，变得越来越专门化和精细化，以至于被统治阶层所吸纳，成为贵族式的、优雅的、超越性的代名词，艺术家也不断抽离于"匠人"群体，成为文化精英的重要代表。如此一来，"工匠精神"的神圣性被磨灭了，技术性和艺术性也开始了长达数千年的分离。

可见，在自然经济时代和传统贵族文化体制下，工匠活动、匠人精神

[①] 〔美〕包筠雅：《文化贸易：清代至民国时期四堡的书籍交易》，刘永华等译，北京大学出版社，2015，第 11 页。

连同其美学意涵曾遭受长期的放逐和压抑，它们与纯粹的艺术创造渐行渐远，乃至各自独立。正是在这样的语境下，编书匠与木匠、鞋匠、锅匠一道，成了"身份卑微"的代名词。

但是，普遍发生于世界历史上的这种情形并非绝对的、无条件的。根据历史唯物主义原则，它必然与特定的社会制度和生产方式相关联。当世界文明终于进入资本主义时代以后，正如马克思在《共产党宣言》中所说，"一切坚固的东西都烟消云散了"。

传统精英文化的坚固外壳也正是泯灭于这一历史进程中。至于其变化过程，美国著名文化学者丹尼尔·贝尔给出了合理的解答。他指出，资本主义自诞生之初便同时具备两种截然相反而又互相制衡的力量，即"宗教冲动力"和"经济冲动力"，两者分别表现为禁欲苦行主义式的自觉道德约束和"贪婪攫取性"的利益追求。随着资本主义向商品经济的逐步推进，这两种力量的结构模式发生了根本性的变化，即"'宗教冲动力'衰竭，'经济冲动力'独立成为社会发展的原动力，于是源于宗教的神圣色彩丧失，没有神圣只有世俗，没有超验只有理性，道德伦理基础被颠覆，享乐主义盛行"。[①] 历史表明，正是"经济冲动力"冲破了宗教和贵族体制，开拓了自由市场，客观上带来了一系列有益于工匠活动的积极结果。

诚如前述，以"宗教冲动力"为内核的社会体制意味着一系列的禁锢和压抑，其中就包括前述传统手工艺人延续数千年的边缘性地位，而"经济冲动力"一旦取而代之，必然会对这些传统建制带来巨大的冲击，在此过程中，"匠人"有可能摆脱桎梏，被重新"正名"。当然，这一过程首先与其经济地位有关，因为新的至上原则是世俗化的"商品拜物教"和"货币面前人人平等"。但相对来说，"能工巧匠"并不缺少这种能力，只要凭借他们的一技之长，发扬精益求精的"工匠精神"，就能够赢取经济资本，获得至少与他人平等的社会地位。

---

① 陈源：《信仰的沦落与再造——读丹尼尔·贝尔〈资本主义文化矛盾〉》，《吕梁学院学报》2001年第2期，第46~49页。

另外，在手工艺人和匠人精神被解放的同时，其所携带的"匠心"及美学底蕴也被释放出来。前文已经指出，正是工匠活动孕育了一颗技艺性的"匠心"，手工艺人（artisan）与艺术家（artist）同根同源，因此，解放工匠的过程也就是释放数千年来被社会上层所垄断的"精英美学"的过程，是使美学和艺术向全社会蔓延的过程。而在"经济冲动力"大行其道的时代，这一过程必然以无所不在的商品为媒介，致使整个生活世界到处显示"匠心"经营过的痕迹，越来越变成技艺加工和艺术再创造的形象展示。正如研究者所说：如今的物质商品中"渗入了越来越多的非物质因素，所谓'商品美学'，即商品的外观设计、包装、广告等在商品生产中占据了越来越重要的位置，甚至在商品构成中起着支配性的作用，直接制约着商品的生产、销售和消费等各个环节"。① 这里所说的"商品美学"正是工匠精神全面复兴的标志：它的精雕细琢、务求完美的精神原则和技术逻辑被灌注于生产过程，并最终凝结为琳琅满目的商品的美学外观。

当然，日用物品和生活世界中美学元素的凸显与现代化的机器大生产关系紧密，它在很大程度上已经脱离了手工技艺性，但机器作为生产力并不具备自觉意识，它之所以能够成为美学产品的制造者，归根结底还是服从了以人为主体的美学预设，在机器智能日趋成熟的今天，高度自动化、智能化的机器生产恰恰意味着对手工技艺及其精神内涵的吸纳、延续和放大。是机器在模仿"能工巧匠"。因此，机器实际上放大了传统"工匠"的技术专长和艺术内涵，使二者在更高的层次上实现了新的统一。

不得不承认，手工业时代早已一去不复返，"工匠精神"只能被赋予一种现代性的内涵；而"工匠精神"一旦顺应时代的呼求被提出，也就必须脱离传统的手工技艺领域，升华为全行业的精神范本，成为一种跨越一切行业和一切生产过程的普适准则。这一过程实质上也是传统"工匠精神"的现代升华，只不过它将神圣宗教变成了世俗信仰，并在机器工业的条件下，延续和放大了其中的技术性和艺术性的内涵，将其集结为新的统

---

① 罗钢、王中忱主编《消费文化读本》，中国社会科学出版社，2003，第8页。

一体。

如上便是"工匠精神"从其起源到现代历经数千年的历史流变，其中的内涵从统一到裂变再到统一，经历了一个黑格尔式的"正—反—合"过程，最终在当代社会被抽绎出来，凝定为行业精神的重要标杆。这其中当然也包括编辑行业。

如前所述，"编辑"行业在其古老的起源处就已经与"工匠"和手工技艺发生了本质性关联，并在后来的历史中几经沉浮、患难与共，而在进入现代社会以后，作为一种行业主体，"编辑"当然也应该与"工匠精神"一样，与时俱进，从而释放出更多的价值。

根据上述词源学和历史文化学的双重考证，工匠精神实际上蕴含了三个基本的内涵，即神圣性、技术性和艺术性，这三种内涵转译成当前媒体和学术研究中通用的语言也就是，把"工匠精神"奉为职业信仰，坚守技术专业主义，科学严谨，并在效果上力求精益求精和至臻完美。但根据上述考察，这些表述其实在历史源流上具有一定的内在逻辑，即在宗教信仰的基础上，将技术理性和美学精神结合起来，从而实现宗教精神（职业伦理）、工具理性（专业技术）、艺术情感（美学追求）实质上也就是向善、求真、尚美的"三位一体"。按照这种逻辑，工匠精神可以更为明晰表达为，以宗教信仰般的敬业精神为基础，将追求技术精湛、一丝不苟的专业主义原则与精雕细琢、务求完美的美学旨趣结合起来，实现精神信仰与事业追求、专业技术和艺术情怀的统一。基于这样的认知，当前的编辑行业对"工匠精神"的追求至少应关注以下三点。

首先，坚守敬业精神，热爱编辑行业，力求将职业变成一种信仰。落实编辑行业的"工匠精神"，就必须使从业者具有宗教般的热诚和虔敬，使他们对待工作严肃认真，负有责任意识，严格遵守职业伦理。这一点在消费主义炽盛的当前社会语境下尤其重要，它意味着编辑从业者不能为物质利益所蛊惑、将职业和专业技术过度工具化，不能生产制作出唯利是图、粗制滥造的编辑产品。

其次，扎实提高编辑专业技术水准，科学严谨，精益求精。编辑行业提倡"工匠精神"的一个重要方面，就是勤学苦练，技术过硬，努力提高业务素养和知识水平，以孔子"微言大义"和吕不韦"一字千金"为标杆，将准确率从99%推进到99.99%，将差错率从2‰控制到0.2‰。只有以科学研究般的严谨态度对待编辑工作，行业的"工匠精神"才真正具有现实意义。

最后，也是最容易被当前的媒体和学界忽视的，要将美学精神灌注到编辑实践中来，将编辑产品打造成艺术品。如今的编辑活动已然处于全球范围内沛然兴起的审美化浪潮之中。正如德国理论家韦尔施所说："毫无疑问，我们正在经历一场美学的勃兴。它从风格、都市规划和经济一直延伸到理论。差不多每一块铺路石、所有的门户把手和所有的公共场所，都没有逃脱这场审美化的大勃兴。"① 在这样的形势下，身处商业领域的编辑行业必须顺应时代趋势，将精益求精的技艺设计和全方位的"匠心"经营内化为一种自觉的业务诉求。实际上，"就绝大部分情形来说（除了有实用目的的直接购买），编辑成品对读者的吸引力首先来自其美学外观，比如装帧、设计、形态、开本、色彩等，也就是说，非功利性的审美活动（随便逛逛或浏览）是转化为功利性的购买实践（关注或付费购买）的重要契机"。② 如果说编辑文本的美学设计总是与经济效益相挂钩，那么出版行业"内容为王"的金科玉律恐怕就要改变了，套用麦克卢汉"媒介即信息"的著名句式，如今是"形式即内容""风格即价格"，编辑形式设计已经成为经济价值的重要指标。当然，这并不是说内容不重要了，而是说有形式的内容更重要了。

如此看来，编辑产品要想产生市场效益就必须同美学"联姻"——准确说应该是"复婚"，因为"编辑"与"艺术"在其起源处就已经发生了

---

① 〔德〕沃尔夫冈·韦尔施：《重构美学》，陆扬、张岩冰译，上海译文出版社，2006，第137页。
② 李金正：《论编辑主体的三个二重性——建构编辑主体性的理论尝试》，《中国编辑》2014年第1期，第34~39页。

本质性的关联。编辑活动必须与美学精神重归于好，将其天然具有的"匠心"贯彻到具体的编辑实践中，唯其如此，才能制作出为读者所真正喜爱的优秀出版物。

当然，如同"工匠精神"三重内涵之间的逻辑关系一样，编辑行业的工匠精神也应该以职业信仰为基础，将专业技术与美学原则结合起来，将其熔铸为一种"三位一体"、有机统一的精神标杆。

第三章　编辑实践

新媒体在技术、传播方式方面有着传统媒体不可比拟的优越性，但由此所衍生出来的一些特点，比如个体性、便捷性、风格化、感官刺激性等在知识学归属上是广义的美学和艺术范畴。换言之，新媒体对于传统媒体的重压，很大程度上表现为一种美学压力，在对受众审美趣味变迁的即时捕捉、审美经验的深度发掘和感官刺激的切实关注等方面，新媒体已无可争议地走在了传统媒体的前面。与其说新媒体的竞争优势在于技术和传播方式上，不如说是在后者基础上的高度美学化运用：将技术和艺术、传播和美学高度统一起来，以审美的、艺术的方式来传播大众文化。

这也从反面说明了一个问题：传统媒体并没有真正重视或发现美学和艺术对当代传播的巨大价值功能。二十多年前，就有出版人感叹："在美学的分支中尚无'图书编辑美学'这一命名……目前国内还未建立一个独立、完整、科学的理论体系，更无一个权威性的专著问世。"[1] 时至今日，这样的冷清境况似乎没有得到改观。深究起来，在知识谱系上造成这种话语缺失，主要是因为学界对于纸媒编辑出版活动的美学意蕴认识不够，正如研究者所说，"由于生产手段和社会观念所限，编辑工作中的美学价值还没有被充分认识，美的体现被认为是编辑过程中的附属品，认为由美编和技术编辑就可以完成。把编辑工作看成是无美学规律可循的纯技术操作

---

[1] 杨秦予：《21世纪图书编辑美学展望》，《河南教育学院学报》（哲学社会科学版）2000年第4期，第45~46页。

性的工作,把图书编辑美学理解为只是和形式装帧有关的因素"①。

鉴于此,本书将在探究编辑活动一般特点的基础上,深度发掘其美学意蕴,力求将其每一个环节都置于美学话语的烛照之下,借以摒弃传统意义上对编辑活动的美学理解仅限于字斟句酌、润饰丹彩、装帧设计等几个方面的狭隘思路。

一 性状与表征

从宽泛的意义上来讲,编辑活动是指在一定的社会文化语境中,编辑主体依据自身的技术、知识和经验结合市场需求和受众趣味,进行策划、组稿、文字编辑、版式设计等,以形成符合一定指标规范体系的纸质、电子、音像或数字文本的符号性活动。其中,编辑主体即编者或编辑,从某种意义上说,编辑主体既连接了读者和作者,又是这二者本身;文本是指编辑活动的对象,根据不同的理论视域,文本亦作文稿、原稿、作品或源文本;社会文化语境,这里指的是特定的编者和文本的生成语境。编者、文本和语境这三者共同构成了编辑活动的结构性要素,三者之间紧密相关、密不可分,这一关系模式使得编辑活动呈现如下特点。

首先,编辑活动是一种交互性活动。编辑活动绝不是传统意义上所理解的编者对文本的单向度的操作加工。诚然,编者以其技术规范和个性风格改造了文本,使文本存在于具体的理解或阐释场域之中,并最终被纳入特定的指标规范体系,但是,事实上,不仅任何具体的主体阐释和客体对象都存在于召唤和被召唤的关系模式之中,而且,每一个被经验到的文本自身的知识也被深深嵌入主体性结构之中,成为其不可分割的一部分,这部分又进一步转化为编者的知识经验或海德格尔意义上的"先结构"(Pre-Structure,亦译"先行结构"),从而不断地拓展其接受空间。不唯

---

① 杨秦予:《图书编辑美学初探》,《现代出版》2001年第3期,第41~43页。

如此，在编辑活动的三元结构要素中，文本与文本、文本与语境、编者与编者等的关系莫不如是，这种关系模式正如王振铎先生等所言："60年来的编辑学研究发现，编辑主体在架构文化媒介的过程中，其主体性往往并不表现为单一的、孤立的个体独创性，而是与创作主体、复制主体、阅读主体等交互启发、协力推进的组合性创构。其创构的成果（即上文所谓的文本——引者注），也是具有共生性和交互性的媒介。"① 在此意义上，我们认为，图书编辑活动就是密密交织的编辑关系网络的展开过程。

其次，编辑活动是动态性生成的，而不是一种现成性的存在。编辑活动是一种交互性的关系网络的展开过程，这也意味着，一旦进入编辑关系网络，或者说，每一个独立的编辑事件一旦发生，编者、文本及其语境这三个要素必然都将变换其现成性的存在方式，进入具体的编辑情境中来：第一，作为编辑主体，编者必须克服其日常性，正如我们所了解到的那样，一切私念、松散、怠惰等现成性的日常经验都不被鼓励带进编辑活动中，因为这完全不利于真正的"编辑主体"的生成；第二，作为编辑对象，文本必须克服其物理属性，即能指锁链必须实时地转化成所指意义；第三，作为编辑语境，外在世界及其关系（包括物理世界、意识形态、市场环境、指标规范体系等）必须克服其客观实在性，成为知识经验，或者说，成为存在于编者意识中的知识文本，并参与到具体的编辑实践中来。可见，基于编辑活动自身的规定性，编辑关系网络一旦被打开，它的结构要素必然会脱离其现成性，各自成为编辑过程中的具体活动要素。

最后，编辑活动是一种创造性的符号操作活动。编辑活动不是自我封闭的、静态的结构系统，而是一个多维交叉的、不断生成的过程，这就是说，它是一种向未来开放的、充满不确定性因素的创造性过程。编辑活动就是将编者的知识、创想、才情、趣味、追求、理想等贯注于具体的筹划、整理、采录、润饰、撰修、编排、审定等编辑工作中的创造性过程。

---

① 王振铎、刘大年：《编辑学研究60年的六大学术发现》，《北京联合大学学报》（人文社会科学版）2010年第2期，第108~114页。

但是，这一过程又不同于劳动创造和真正的艺术创作，它与前者的区别在于，编辑活动的操作手段不是纯粹物质意义上的劳动工具，而是被精神化了的符号工具；与后者的区别在于，艺术创造的符号是自我指涉的能指系统，也就是说，艺术符号作为"审美符号……并不指称外在事物，它仅指自身……艺术传达的事物是超现实的审美意象，它没有外延，不是抽象符号，而是独一无二的艺术形象"。①而编辑活动中的符号系统则与此不同，它是能指和所指的交互指涉，能指符号并不具有完全的自足性或自洽性。虽然编辑符号系统由于牵涉艺术文本而变得比较复杂，但是，即使是对于纯艺术文本的编辑加工，也不同于读者式的纯粹的、无功利的静观，因为编辑活动也是一种物理实践，它要实时对能指符号的秩序、语法、修辞等进行调理、修正和改观，以使之纳入特定的指标规范体系中。编辑活动的这一物理意义上的实践操作的存在，使编者从根本上不能完全获得作者和读者所能领受到的高度的审美快感，不断被分割的编辑过程使编者的经验意识根本无法生成一个完满的审美意象，因此，也就上升不到传统美学所设定的超越性的"源初存在境遇"。在上述意义上，我们说，编辑活动既不同于劳动创造，也不同于纯粹的艺术创造，它介于二者之间，是一种在符号理性支配下的精神创造活动。

编辑活动的交互性、动态生成性和符号创造性作为一般特点是普通编辑学（基础编辑学）的主要研究范畴，但是当普通编辑学被解域化为不同的分支学科或边缘学科时，这些特点也应该得到实质性的保留，唯其如此，才能在不失一般性的前提下，在具体的学科视域中进一步探讨其特殊规定性。

二　过程性生产实践

现代编辑学一般分为图书、影视、新媒体等几个分支领域，每一个分

---

① 杨春时：《美学》，高等教育出版社，2004，第130页。

支又可作进一步的细分。本书将在美学的知识视野中以最具典型性的图书编辑出版为例,深入探究纸媒编辑活动的具体规律。

在美学的理论视域中,图书编辑活动首先是一种自由的、个性化的精神生产活动。

这里所说的"生产"与上述"创造"是一种接近的表达。我们用"生产"一词取代"创造"是为了将它与经济活动中的交换、消费等环节直接关联起来,因为这种关联不仅可以把图书编辑活动的各种社会属性纳入研究视野,而且直接指明了图书编辑活动的经济学属性,这就是说,图书编辑活动本身并不存在一个自为的目的,它必须参与到具体的市场交换实践中去,成为消费活动的一个构成环节。但是,我们也必须强调的是,图书消费并不具备完全的实用经济学属性,它具有自身的特殊规定性,这就是除了交换价值和使用价值之外,图书消费还应该包括对能指符号的意义消费,具有符号价值。在当代的语境中,图书消费的这种特点是意味深长的。法国理论家让·波德里亚指出:"消费是一种符号操作的系统性行为……为了构成消费的对象,物必须变成符号。"[1] 在消费活动中物一旦变成了符号,对物的消费也就变成了意义消费,这种消费方式恰好与图书产品的消费具有完全的一致性;进而言之,在此意义上,图书消费已经变成了一种后现代的消费寓言:它表征了一种新的消费范式,或者说,它实际上是对符号、外观、形象等后现代消费实践的隐喻。

我们用"生产"一词取代"创造"还另有一番用意,这就是,我们力图将图书编辑活动这一精神生产过程纳入马克思所提出的"艺术生产"模式中来,从而挖掘其纵深的美学意蕴。人的生产活动分为物质生产和精神生产两个部分,而艺术生产又是精神生产的重要组成部分,它以自由性、个体性、形象性等为根本特点。我们认为,图书编辑活动具备艺术生产活动的一般特点。

第一,图书编辑活动是一种自由自觉的精神生产活动,是合规律性与

---

[1] Jean Baudrillard, *Selected Writings* (Stanford: Stanford University Press, 1988), p.22.

合目的性的统一。也就是说，图书编辑主体可以而且完全能够借助美学的形式法则来达到一个自觉的目的，创造出具有特定审美特点或艺术属性的文本。人还可以按照"美的规律来建造"①，将积淀数千年的美学形式规律贯彻到具体的生产环节，将这种生产过程改造为一种艺术生产形式，并在被改造的客体对象中见证自身的自由本质。图书编辑活动正是如此。以图书设计为例，"版式和装帧设计具有独立的审美价值，编辑们运用线条、明暗、图形、布局等手段，既彰显出出版物的形式美，给读者以强有力的视觉冲击力和审美享受，同时需为出版物的内容服务，使形式和内容相映衬，相得益彰……这些活动无一不注入了编辑自身的审美理想、审美情趣和审美思维，也无一不是编辑追求美、体现美和创造美的过程"。② 可见，图书编辑活动也是一种用"美的规律来建造"的"自由的精神生产"③ 活动，而且，这种活动又完全可以服务于自觉的目的，达到合规律性和合目的性的统一，因此，它就是一种自由的、审美的精神生产活动。当然，图书编辑活动是自由的精神生产并不是纯粹的艺术生产，这二者的根本区别在于：任何编辑活动都具有现实的功利性目的，这在消费社会的当前语境下尤甚，而艺术生产在其本质属性上则是对功利性的超越，而且，只有这种非功利的、排除私心杂念的心境，才能创造出完美的艺术品。

第二，图书编辑活动是一种个性化的精神生产活动，它保持着"精神的自律"，表现出了"精神个体性的形式"。④ 就绝大部分情形来说，图书编辑过程不是某一个编辑的"单打独斗"，而是策划、文字、技术及装帧、印刷等多个编辑的协同作业过程，因此编辑活动才在主体性方面保有了交互性的特点。即便如此，也不能指证这种特点磨灭了编辑的个体独创性。因为，编辑过程的集体协作并不是最终要消解任何一个合法的编辑分工，

---

① 〔德〕马克思、恩格斯：《马克思恩格斯全集》，人民出版社，2006，第97页。
② 赵智岗等：《编辑活动的审美特征及编辑人员的审美要求》，《燕山大学学报》（哲学社会科学版）2010年第1期，第142~144页。
③ 〔德〕马克思、恩格斯：《马克思恩格斯全集》，人民出版社，2006，第113页。
④ 〔德〕马克思、恩格斯：《马克思恩格斯全集》，人民出版社，2006，第296页。

相反，最终凝定的编辑文本恰恰是对各个分工的有机保留，在此意义上，编辑文本本身就是一个复调文本，它是一个包括作者、编者（确切地说是指分工不同的复数的编者们）甚至（隐含）读者在内的对话空间。编辑过程不是隐匿任何编者个体性的均一化过程，不是集体创造《荷马史诗》，这一过程类似于创作保留个体性成分的集体文本《诗经》。进而言之，由于图书编辑活动的个体独创性可以甚至在绝大多数情况下越来越被鼓励保留，编辑的情感、想象、才思等个性特点就会在一定程度上得到文本再现，这也就是我们所能观察到的编者的个性风格。编者的个性风格是编者个体性的确证，它赋予了文本独特的存在形式，比如文字风格、版式设计、纸张材料及色泽等，所有这些元素累加在一起就构成了文本形象。这就是为什么对于一个成熟的编辑我们随便拿一本书就可以凭直观断定该书是不是出自他/她之手。当然，不可否认，由于被编辑文本往往是集体协作的产物，它的形象性可能并不总是鲜明的，但是，只要我们稍稍拓宽一下思路就会发现，这种形象风格依然是存在的：每一个出版社都有相对稳定的编辑团队，出自该团队之手的任何文本也都会被打上"精神个体性形式"的集体性烙印，换言之，即使是一个最繁杂的复调文本，也有其不可磨灭的风格特征。这种集体性风格在此我们姑且称为（保有个体性或以个体性为基础的）出版社风格。出版社的选题、社标、价值品位、审美旨趣等都可以见证此种编辑风格的存在。

当然，还需要指出的是，图书编辑活动作为艺术生产的个体性和形象性又与纯粹的艺术生产不尽相同，主要表现在：后者在生产过程中遵循着情感的逻辑，而且其生产的目的正是形象本身，换言之，纯粹的艺术生产就是凭借情感和想象对特定形象进行夸张、变形、虚构，它追求自我指涉的完满性；而前者必须遵循事实的逻辑，即必须顾及文本特点、指标规范、受众趣味等支配因素，并将之内化为自觉的原则导向。在此意义上，任何独特的个性风格都是内在和外在的统一、规范和创造的统一。

以上我们借助特定的理论工具发掘并厘清了图书编辑活动某些方面的

审美意蕴，我们认为，这些意蕴在不同的编辑环节上都有所表现。在逻辑层面上，我们可以将图书编辑过程具体划分为策划编辑、文字编辑、设计编辑三个环节，下面，我们将在上述审美意蕴的基础上对各个环节逐一展开进一步的论述。

首先，策划编辑环节。相对于其他环节来说，策划编辑是具有完全独创性的编辑环节。策划编辑活动最本质的特点是超前性，不仅策划选题要超前于其他编者同行，这项工作本身也要在具体的文本之先，并对文本作者有直接的引导、规范。这一特点清楚地表明，它完全可以将编者自身的经验知识和审美趣味融入整个编辑过程中，使该过程更多注入其个体性风格。这方面，我们可以把被誉为"中国古代第一编辑家"的孔子的编辑实践作为例证。孔子首先是一个不折不扣的策划编辑。"孔子之时，周室微而礼乐废，《诗》、《书》缺。"面对这样的文化现实，孔子提出要"法先王"，以尧舜禹汤、文武周公之道来规范君臣父子、教化民众。落实到知识构成层面上，就是要推出一部系统的文化典籍，以贯彻自己的政教、民俗观念。显然，孔子的选题策划是史无前例的超前性创想，为了实现这一创想，孔子潜心审读了《三坟》《五典》《八索》《九丘》等先王文籍，并带领诸弟子策划编述"六经"。按照范文澜先生的总结，孔子在这一过程中遵循了"三个准绳：一是'述而不作'，保持原来的文辞；二是'不语怪、力、乱、神'，删去芜杂荒诞的篇章；三是'攻乎异端，斯害也已'，排斥一切反中庸之道的议论"。[①] 无疑，孔子的策划过程及其编辑理念无不渗透着美学的精神：孔子不仅创造性地提出了极具前瞻性甚至影响千秋万载、泽被亿万生民的重大选题，而且自觉地将自身的价值观念和审美趣味贯彻于具体的编辑实践，他的策划编辑理念，即对怪诞、异端、神异之论的删减（"作"），对先王之道、礼乐教化的极力推崇（"述"）反映到具体的文化典籍上，使如今的我们依然可以一睹其严谨、博大、睿智、温厚的"夫子风采"。而且，这一理念本身蕴含着"中庸之道"的编辑美学标

---

① 范文澜：《中国通史（一）》，人民出版社，1986，第170页。

准，这一标准影响深远，至今仍是编辑工作的金科玉律。孔子成功的策划编辑实践垂范后世、遗响千年。

策划编辑环节的美学意蕴远不止于此。再拿图书的市场定位来说，任何的市场定位都是一个细分化或区隔过程，也就是说，它要依据一定的标准，对读者的社会归属、文化品位、审美情趣等进行统一划分，以满足特定层次的受众需求。这里就存在两个问题。其一，市场定位由于具有完全的针对性，实际上已经对图书或文本预设了一个"隐含读者"。正如艺术品被内在地设定了一个"隐含读者"一样，图书产品的市场定位策略实际上也设定了一个具有特定理想趣味的读者，该读者会对预定的文本进行消费、欣赏、想象，甚至惊叹、流连，投以赞许和艳羡的目光。无疑，对隐含读者的这种想象和把握，正是策划编辑知识和经验结构的重要组成部分。其二，市场定位的主要准则是受众的修养、品位、情趣等感性元素；根据布尔迪厄所言，主体所接受的文化教育及其方式可以转变为一种"文化资本"，它具有区隔功能，可以将主体区分成类别各异且相对稳定的阶层或共同体，这种共同体内部的成员具有相似的修养、谈吐、审美趣味、价值品位等，反过来，具有相似审美鉴赏力和文化趣味的人会与其他人之间形成一道无形的屏障，它自动生成认同区间，将非我族类拒之门外。如果布尔迪厄所揭示的群类区隔本身可以被看作一种市场定位区间的话，这种市场定位机制就可以被理解为一种独特的审美判断机制，或者说，市场定位准则实质上就是审美判断机制的一种特殊表现形式。布尔迪厄还指出："趣味进行区分，并将区分者也作了区分。"[①] 正是如此，策划编辑的市场细分实践也体现着编辑自身的美学素养和价值品位。

其次，文字编辑环节。文字编辑工作主要指的是编者对文本话语秩序的整理、润饰、编排、审定等工作，这是一番披沙拣金的功夫，有研究者将这一过程概括为"考镜源流、辨章学术""去粗取精、去伪存真""突

---

① 〔法〕皮埃尔·布尔迪厄：《区隔：趣味判断的社会批判》，朱国华译，《民族艺术》2002 第 3 期，第 17~23 页。

出重点、杜绝差错""事信言义、注意辞章"① 四个方面。

文字编辑活动最突出的特点就是披沙拣金,这不仅是文字编辑的学力问题,也是"对编辑鉴审、鉴识、鉴赏的综合检验。学力不到难以识别孰为沙,孰为金。同时……如无艺术功力,则纵然学力足以分辨科学上的金与沙,却未必可以分辨艺术上的金与沙"。② 由此足见文字编辑具有艺术鉴赏能力的重要性。反过来说,如果文字编辑能够有意识地培养自身的美学素质,并将其贯彻到具体的编辑工作中来,则可以将编辑活动推到一个高远自由的境界:"编辑凭借其独到的美学慧眼,穿透作品外表浮枝之纷纭扰蔽,遗其表而得其神,直接把握住内在的美学神理,越少斫削越好,有时才动几刀,便豁然开朗,蚌开珠耀,落英缤纷,如进桃花仙境,这便是一种高级的编辑发现美感境界。"③

文字编辑的文字功夫至关重要,这一点甚至是传统意义上所理解的编辑活动的全部内涵。在消费社会的语境中,我们必须考虑文字编辑活动价值交换因素,文字编辑的业务性质已经发生了急剧转变。一本书的畅销可以因由一个关键字的出错毁于一旦;相反,一个关键字的妙用,则可为整本书增色长光、大开销路。虽然文字功夫未必如古诗人"吟安一个字,捻断数茎须""两句三年得,一吟双泪流"那般的"推敲""苦吟",却也不得不向他们着意"点铁成金""语不惊人死不休"的精神报以赞许和追慕。事实上,在消费主义的穷追猛打之下,文字编辑不得不标新立异、语出雷人,这也就是所谓"标题党"横空出世的原因。

文字编辑活动中的润饰丹彩、辨理辞章等工作也都见证着美学的深蕴,兹不赘述。所有这些文字功夫,可用郑板桥的一句诗来概括:"删繁就简三秋树,领异标新二月花。"文字编辑过程就是将芜杂繁乱的作者原

---

① 李华:《论编辑审美与编辑创造》,《郑州大学学报》(哲学社会科学版)2001年第5期,第127~128页。
② 杨秦予:《编辑在书稿加工中的审美创造》,《郑州大学学报》(哲学社会科学版)2009年第8期,第30~32页。
③ 江凌:《试论编辑发现的美学视角》,《编辑学刊》2005年第2期,第26~30页。

稿改造成或简淡或新异的"三秋树""二月花"的审美创造过程。

最后，设计编辑环节。这一环节是与审美和艺术最为相关的环节。所谓设计编辑环节就是指通过一定的技术手段和技术规范将粗糙的、不规范的书稿打造成让读者赏心悦目、喜闻乐见的图书文本的过程。该过程又可细化为两种分工，一个是美术编辑，主要负责"封面、护封、函套、扉页、环衬、目录页、插图、版式等的设计"；一个是技术编辑，主要负责"开本、版心的确定，对折页、装订、切口、纸张的选用等"[1]。设计编辑就是美术编辑和技术编辑的高度统一，或者说，是一种将艺术手段贯彻到具体技术操作过程的编辑活动。虽然设计编辑和文字编辑一样并不是原创性活动，但是相对而言，它已经较多地摆脱具体的内容细节，只须将文本看作感性整体来直观把握就可以创构出一处文化"景观"（德波意义上的"景观"），或者说，一套文本的嫁衣。因此，编辑设计虽不至于天马行空、无复依傍，却也为编辑个性风格的展示提供了敞亮的空间。风格成熟的设计编辑往往见书如面，这正是其个性特点的文本再现。在此意义上，可以将编辑设计理解为一种主题创作，或者一种命题艺术。

另外，设计编辑又可分为版式设计和封面设计两种。在前者，版式设计是通过对幅面、版心、字体、字号、边距、页眉、页脚、页码以及插图、表格等的整合来组构一种平面艺术图案；在后者，"现代封面设计已经进入了一个全新的审美天地，它既注重实用、经济、美观的装帧原则，又充分考虑书籍科学性、审美性、竞争性；它既有精神内涵，又具有审美功能的相对独立性"。[2] 无论是版式设计还是封面设计，都是艺术创作的过程。

除此之外，在当前的消费文化语境中，设计编辑尤其要与作者一起对目录索引进行"视觉营销"。读者对文本内容和价值的关注，主要是通过

---

[1] 杨秦予：《编辑在书稿加工中的审美创造》，《郑州大学学报》（哲学社会科学版）2009年第8期，第30~32页。
[2] 杨秦予：《编辑在书稿加工中的审美创造》，《郑州大学学报》（哲学社会科学版）2009年第8期，第30~32页。

查看目录页完成的，因此，这一两页的设计对整本书往往事关重大。它的整体要求就是要"根据书稿的内容、结构用标题分割章节、段落，对各部分进行提示，要求标题醒目，各级层次清晰，字体字号搭配得当，做到新颖别致、庄重典雅、精巧秀丽、古朴清新、粗细协调、疏密相宜、配比得当、错落有致"。① 这种对形式规则的完美化追求近乎一种空间陈列艺术，又堪比一项严肃而庄重的理性工程，但这里的理性原则必须以视觉欲望为轴心，借助作者的逻辑进路进行审美可视化处理。这项工作与超级市场和专卖店里的"视觉陈列"并无二致，在结构、布局、编目、色泽、形状、尺寸、类属等方面都是遵循了理性秩序与视觉审美相统一的原则。事实上，为了吸引顾客眼球和方便顾客游览查寻，商业中心的商品摆放也正是参照了严格的类型学的目录索引。一本书就是一个超级市场，图书与商品的相同点在于：它们都必须将内在潜藏的美学意蕴发掘出来，呈现于读者或消费者的可见视域之内，也就是说，都必须以读者或消费者的眼球为旋转轴心。

以上基于"艺术生产"的理论预设，逐一考察了图书编辑活动的各个环节，它充分表明图书编辑活动本身包孕丰富的美学内涵。

三　作品向人的生成

上述在美学的理论视野中按照逻辑序列历时性地考察了图书编辑过程中的各个环节，本节将基于接受本位反观图书编辑活动，从读者—作品生成模式出发对图书编辑活动作进一步的共时性的美学考察。

什么是作品？有人认为，作者创造的文本即作品，或者，具有完全图书形式规范的文本即作品。但是，如果说作品是作者的产儿，那么，"作者又是谁的产儿呢？显然是作品使作者成了作者，是《浮士德》造就了作

---

① 杨秦予：《编辑在书稿加工中的审美创造》，《郑州大学学报》（哲学社会科学版）2009年第8期，第30~32页。

家歌德"。① 如果说作品就是图书文本，那么，摆在书桌上的《浮士德》与它旁边的灯、读者手中的笔和鼻梁上的眼镜有什么区别呢？今天的《浮士德》与两百年前的《浮士德》又有什么区别呢？显然，基于作者和文本的向度，我们无法追索出作品的真正含义。正如弗莱所言："在某人开始阅读之前，只有一个纸做的东西，它只不过是以它在某处的无生命的在场表明它作为物的存在。就这样，在图书馆的书架上，在书店的橱窗里，书等着有个人把它们从其物质性和静止性中解脱出来。"② 这个可以解脱书的"物质性"和"静止性"并赋予它真实生命的人，就是读者。

  基于读者的向度，我们认为，所谓作品，就是处于被阅读、被理解状态的意向性客体，它不仅存在于具体的阅读关系中，而且存在于理解的效果历史中，并向其他文本敞开。据此，作品既不是作者的产物，也没有物理属性，作品也从不在市场交换中真正出现。但这并不是说，作品与编者从此就脱离了关系，相反，一个文本在作者那里一旦脱手，就即刻转入物理性、静止性的存在，一旦它走进编者的期待视野，其作品性便彰显开来。在此意义上，编者率先撬开了文本的形而下的封闭外壳，成为作者文本的第一读者，真正的读者则退身为第二读者；或者说，编者既是第一读者，又是"前"读者。进而言之，如果将这种预设完全贯彻到文本的创作序列中，那么，编者因其在图书文本形成过程中不可磨灭的创造性贡献，就成了继原作者之后的第二作者；而且，读者也不再是纯粹的接受美学或解构主义意义上的第一作者，而是继编者之后的第三作者。这样，作为主体构成，一个完整的"作者—编者—读者"序列就浮现出来了。在此序列中，编者变成了一个交互性的主体：它既是编者，又是读者和作者。用图书编辑学术话语来说就是，编者集创作、撰修、审读、编排等工作于一身，编辑实践不具有任何的被动性，编辑与作者、读者一道，共同完成文本向作品的转换生成。

---

  ① 朱立元主编《当代西方文艺理论》，华东师范大学出版社，1997，第144页。
  ② 〔加〕布莱：《批评意识》，郭宏安译，百花洲文艺出版社，1993，第253页。

| 作为文化批评的消费美学 |

不唯如此，基于对作品的这一反向考察，文本序列也将获致新的身份界说。作品只存在于阅读和阐释关系中，因而文本在逻辑上就被分作了两个部分。其一是进入具体的阅读和阐释关系之中的部分，这是真正意义上的作品。其二是未进入具体的阅读和阐释关系之中的部分，它又分作两个层次：第一层次是前作品，即具有物理属性的文本，它是编辑工作的结果，其完成形态具有完全的图书形式规范；第二层次是前文本，它是作者的直接产物，又被称作书稿、稿件、原稿或源文本。这样，作为客体对象，"源文本—文本—作品"一个完整的图书生产序列就浮现出来。此一序列也表明了文本的交互性：文本是由其前身转换而来的交互文本，并向作品开放生成。而且，对于不同的主体来说，文本的属性也不同，在各个阶段，材料（原稿）性、文本性和作品性可被不同的作者、编者和读者所领属；这表明，在文本与编者两个序列之间也存在着复杂的交互关系，文本—客体序列和编者—主体序列构成了一个繁杂错综的结合体。

以上基于读者之维大致界定了图书编辑活动的各个要素及其关系。但读者对于编者和文本的意义远不止于此。

上文已经指出，在接受美学的意义上，读者参与到文本创作过程并完成了文本向作品的转换生成，没有读者，文本将永远被拘禁于幽暗的、静止的物理囚室之中，遍布于文本的密密麻麻的能指代码也将毫无意义，直至灰飞烟灭。但这并没有穷尽读者的全部功能。在我们看来，被接受美学所解放的现代意义上的读者，还将在另一个层面上影响文本的存在方式。

通过接受美学我们知道，读者并不是相对于作者而言的，它是文本的参照系。但细究起来，读者究竟是文本的何种意义上的参照系？诚如上述，文本向作品的生成是因为读者的阅读实践；除此之外，我们认为，一个被普遍忽略的事实是，文本自身的形式构成与读者的接受趣味具有直接的相关性。

这就是说，读者不仅创造了作品，而且在一定意义上创造了文本。后者的确切含义是，只有面向具有完全图书形式规范的文本，读者才真正成为读者。换言之，面向自然和生活的作者，以及面向图书源文本的编者，都不是真正意义上的现代读者（虽然我们将后者称为前读者）。读者读的是"书"，不是原稿，更不是直接的活生生的自然、生活题材或客观普遍性。

我们所着意强调的这种区分是非常重要的，因为在此意义上我们可以进一步将读者细分为两个层面：一是相对于文本内容并促进文本向作品转换生成的纯粹接受美学的读者，其阅读方式为深度阅读；二是相对于（完全）图书形式（规范）并作为美学接受者的读者，其阅读方式为浅层阅读。后者的确切含义是，对于整齐码放在橱窗、书店、书房或图书馆的图书来说，有一部分读者的阅读只限于浅表性、瞬时性的整体直观把握，根据图书类别、题目、开本、装帧、色泽、目录以及部分感兴趣的章节等决定该图书是否应该/值得纳入其阅读/购买计划。该部分读者的阅读因其直观性、整体性、瞬时性等而被称作审美式阅读或审美鉴赏。相对于真正接受美学的读者而言，这种停留在浅表层次上的读者主要是图书形式的美学接受者。

对于读者的这种深度区分，直接关系到对文本和编者的重新界定和审察。

根据上述对阅读方式的层次区分，我们套用结构主义理论的表述方式，相应地将图书文本的形式构成分为两个层面：其一是"深层结构"，它主要是作者的产物，也可称作内形式（一般意义上的作品形式）；其二是"表层结构"，它完全由编者加工创造，也可以被称为外形式。基于这种区分，我们就可以对图书编辑活动及其构成要素进行重新界定：编者即图书文本表层结构或图书外形式的创造者；编辑活动即图书形式规范的完善过程。

实际上，对于编者及编辑活动的界说前文已有触及：当我们说到编者可以被理解为第一读者、前读者或第二作者，读者也可以被理解为第二读者或第三作者时，我们并没有（实质上也不可能）指出读者可以被理解为任何意义上的编者；虽然反之完全成立。这一不可逆的过程对我们来说具有非常重要的意义，因为它表明：从最开始，编者就被赋予了一种特权，这就是围绕意义轴线对文本的表层结构进行物理性的修饰、撰改和创造，并最终凝定为规范的图书文本形式。这就是说，任何图书文本对于编者来说都是双重文本，套用法国批评家罗兰·巴特的表述，它既是可读文本，又是可写文本。这一点在读者身上并没有得到完全体现。虽然读者在阅读实践中甚至可以创造出一个完全异质于源文本的批评文本或解构文本，而且这些文本在阐释场域中可能被纳入文本的意义链条，但是，这并不会对后者的标准物理形式带来任何的改观。因此，对于编者和读者来说，图书文本设定了两个不同级别的开放形式：前者是完全开放，包括精神领域和物理领域，因此既是可读的，又是可写的；后者是不完全开放，只包括精神领域，因此只具有可读性，不具有可写性。这就是编辑和阅读的根本区别。

　　这种区别甚至在一定意义上延伸至编者和作者的关系结构中。根据前文，作者创造了源文本，但源文本对于编者来说只是（自然或社会）符号的符号，材料的材料。在此，虽然作者创造了文本的能指系统并洞开其物理空间，但是，源文本一经交付编辑就表明作者的"可写权"也要按照契约移交或转出，而一旦转出，编者即刻就被分配了一种作者全然不具备的权利，那就是对文本表层结构的可写—操作权，即对图书外形式的物质性创造。毫无疑问，这种源自可写性的细分权利进一步区分了作者和编者。

　　以上在功能主义的意义上对编者和读者、作者作了深度区分，这一区分旨在表明：图书编辑活动的一个根本特点就在于对图书文本表层结构或外形式的创造，以将源文本纳入特定的指标规范体系，形成完全的图书形式规范。那么，基于此种理解，编者所创造的这种表层结构或外形式在整个图书文本的价值构成中具有什么样的地位呢？它又是如何实现的呢？

　　上文已指出，读者对文本表层结构的阅读实践是一种整体性的直观把握，或者说是一种浅表化的审美阅读。读者也许只是不经意的一瞥，对于编者来说却是致命的，如果一个作品不能在此不经意的瞬间给读者带来期待之中或之上的审美体验，那么这个文本的外在形式，也就是编者主要致力于其中的创作，就变成了一次失败的尝试。事实上，在现行的法律体系下，任何一个图书文本都不可能脱离外在形式直接面向读者；而且，根据上述，任何对非正式出版作品的阅读都不是真正意义上的阅读。

因此，形象地表达，如果说作者的内形式创造（作品形式）之于图书文本来说是骨架，那么，编者的外形式创造就可比于皮肉，它昭示着文本的纹理、线条、肤色、光泽和弹性；更进一步，如果说文本的内形式意味着文本的皮相，那么，其外形式就表征着外饰，如函套（外套）、腰封（腰带）、封面（颜面）、脊封（脊背）、环衬（首饰）等。在此意义上，图书美学不过是身体美学的异质同构形式。正如人体美学所强调的得体、合度、内外相宜，图书形式美学也是如此。任何形式都必须植根于内容，作为"内容产业"的图书生产更不能例外。做到文质统一、体用合一、表里如一始终是图书文本生产的重要指标；反言之，优秀的图书外形式也必然是深深扎根于肥沃的内容土壤并经由编者悉心经营而创育出的奇花异果。再借助于身体美学的比喻，套用清代美学家叶燮的表达式：作者创造出文本的"胸襟"，编者则进一步创造出文本的"面目"。有什么样的胸襟，就必然有什么样的面目。文本的气质、个性、语言、仪容、修养等向内展示着文本的内涵或胸襟，向外则具有招引不同层次和类别读者的作用。

以上论述足见图书文本外形式或表层结构具有不可替代的功能。那么，合乎逻辑的疑问是，图书文本的这种重要功能是如何实现的呢？它又有何种表现形式呢？我们认为，这主要是通过强调图书文本外形式的独立美学价值来实现的。具体来说，这种外形式的美学实现在其操作层面上至少表现在如下几个方面。

第一，在对图书形式规范创造性理解的基础上，借助传统艺术表现手法，糅合图书形式和艺术技法于一体，彰显图书文本独特的形式美。人类

| 作为文化批评的消费美学 |

文明史积淀数千年的传统艺术技法的武库也可被图书文本形式的审美表达所共享，根据传统艺术形式法则来筹划和设计图书文本的外形式早已成为业界的公共诉求。比如，在图书设计工艺中对中国古典空间美学"留白""虚实相生"等手法的妙用就是典型的案例。宗白华指出："中国画很重视空白。如马远就因常常只画一个角落而得名'马一角'，剩下的空白并不填实，是海，是天空，却并不感到空。空白处更有意味。……以虚带实，以实带虚，虚中有实，实中有虚，虚实结合，这是中国美学思想中的一个重要问题。"① 这种美学技法表现在图书文本的外形式设计上就是留下"版中未放置任何图文的空间，它是'虚'的特殊表现手法。其形式、大小、比例决定着版面的质量"。"将空白与文字内容部分排列形成色块，再加上插图、照片的衬托，在版本上就构成黑、白、灰变化无穷的构图，使读者产生美感。"② 这种虚实结合的空间设计，使"留白"变成了"飞白"，从而使整个文本形式变得"气韵生动"，对读者来说也将达到"物之感人，故摇荡性情"的效果。

编辑工艺对这种艺术技法的借用可以另作一番理论解读。波兰现象学美学学者英伽登（Roman Ingarden）指出，"文学的艺术作品"（本文所谓的"文本"）由四个层面构成：字音及高一级的语音组合、意义单元、多重图示化方面及其连续体、再现客体。其中，"'图示化方面'指的是作品中意向性关联物的有限性问题……任何一部作品都只能用有限的字句来表达呈现在有限时空中的事物的某些方面，并且这些方面的呈现与表达只能是图示化的勾勒，正因为如此，一部作品的意向性关联物不过是事物之多重图示化方面的组合体或纲要略图，它有许多'未定点'和空白需要读者的想象来填充或'具体化'"。③ 在此基础上，德国接受美学理论家伊瑟尔（Wolfgang Iser）进一步指出，具有潜在意向性的文本向作品转化的关键就

---

① 宗白华：《美学散步》，上海人民出版社，1982，第33页。
② 杨秦予：《编辑在书稿加工中的审美创造》，《郑州大学学报》（哲学社会科学版）2009年第8期，第30~32页。
③ 朱立元主编《当代西方文艺理论》，华东师范大学出版社，1997，第136页。

在于读者的"具体化"活动,这种活动意味着文本的空白或"未定点"的确定化,在此意义上,读者并不是与作品分立的两极,相反,读者内在于作品。据此,他将这种内在于作品的读者称为"隐含读者",作品自身的空白结构被称为"文本的召唤结构"。当然,英伽登和伊瑟尔对于文本或作品的解读是立足其深度结构的,它主要针对文本的作者创造部分,但由于在图书文本的形成过程中编者不可磨灭的艺术性创造,该理论同样适用于其在表层结构上形式美感的表达。我们认为,编辑主体对表层结构或外形式的创造在其策划伊始直至制版、出版,自始至终都不曾脱离对"隐含读者"的设想和考量。因为所谓空白、"未定点"及"游移视线"等"文本的召唤结构"正是图书市场定位策略的重要组成部分,它的一个反向要求必然是敦促编者在其工序,如筹划、组稿、采录、润饰、编排、制版中将"隐含读者"秘密编织进文本外在的形式结构中去,以此形式规范来区隔不同的市场区间并招徕相应的读者。唯其如此,在众多的图书馆书架上,或在图书商场里,内在于文本外形式的"隐含读者"才有可能真正向文本之外的现实读者发出强烈的、有效的吁请或召唤,一本图书的(文化的和/或经济的)价值才有可能被充分实现。

当然,以上所举只是图书文本外形式创造的一个特例,在实际的操作过程中,图书外形式还可以借助比例、形态、光线及色彩运用等手段获得预期效果。

第二,对图书文本外形式的审美"陌生化"处理。"陌生化"是俄国形式主义文论家什克洛夫斯基(Viktor Shklovsky)提出的重要美学形式法则。他认为,在日常状态下人们的感受经验已经"自动化"了,比如对一个石头的观察,人们可能只略知其轮廓表象,它的具体特征就被不经意地屏蔽掉了,这就不能生成一个生动具体的石头意象。据此,他指出,"艺术之所以存在,就是为使人们恢复对生活的感觉。就是为使人感受事物,使石头恢复石头的质感。……艺术的技巧就是使对象陌生,使形式变得困难,增加感觉的难度和时间长度,因为感觉过程本身就是审美目的,必须设法延长"。① 对艺术形式的这种陌生化处理完全可用于图书文本的外形式创造，它同样可以增加读者的感受难度和时长，以此来延长和强化审美体验；而且，这种做法对图书营销来说还有一个特殊的效果：被延长和强化了的无功利的审美体验，往往为读者向功利性购买实践的转变提供了重要的契机。毫无疑问，无论是自觉的还是非自觉的，这种手法已经成为出奇制胜的必备法宝。正如我们所观察到的，有些图书的外形式已经严重超出了读者的期待视野和接受标准，甚至从根本上突破了"书"的形式规范。这种陌生化的图书文本外形式创造至少可以表现为以下三种。

其一，匠心独运的复古主义，将图书的纸质载体替换为竹木、金石、帛巾或兽皮，打造成竹简、版牍、帛书、羊皮卷等古代甚至远古文本形式。这类书籍大多是古代典籍的仿制版，中国古代典籍《老子》《论语》等发行范围尤其广。

其二，运用新技术手段对纸质文本进行电子化处理。这里的电子化不是直接将纸质文本转换为电子图书，而是立足纸质载体，运用电子技术手段在纸质文本中置入大量图片、文本框、卡通小贴士等，从而达到图文并茂甚至图茂于文的效果。比如由上海某出版社策划出版的被评为"开创中国阅读方式新纪元"的《话说中国》系列图书，"随便拿一册《话说中国》，随手翻到某一页，都可以阅读下去"②。书中导读部分还特意交代了本书的阅读方法。该系列图书中大量的高清图片和精巧的版式设计完全颠覆了传统图书的表达风格，该系列图书成为读图时代图书文本设计的里程碑之作。

其三，一反平面媒体的二维结构，使平面图书立体化，人物形象直接"跃然纸上"。这类图书可分为两种，第一种是借用新技术手段在特种纸质材料上覆盖塑料薄膜，并在其中置入光色元素，读者从不同角度可观看到

---

① 〔俄〕什可洛夫斯基等：《俄国形式主义文论选》，方珊等译，读书·生活·新知三联书店，1989，第6页。
② 《〈话说中国〉：换一种"说法"》，新浪网，2023年8月28日，http://ent.sina.com.cn/x/2005-08-22/0921817074.html。

不同的人物侧面，从而使整个画面移动起来，直接在传统静态平面媒体上实现三维动画化。阅读这类图书甚至还需要一副特殊的三维立体眼镜。第二种是运用物理原理对特种纸质材料进行切割、分解、重构，形成不同的区块，当书本被打开，这些区块动态生成各种人物形象，栩栩如生。立体图书目前多为儿童读物，但某些市场图书或学术图书的封面或函套等外形式也在尝试进行立体化处理。

图书文本外形式的陌生化花样繁多，变化多端，唯一不变的是通过对读者感受过程的延长和强化来达到图书设计的接受美学效果，进而激发读者的无意识占有欲望。

以上内容基于接受本体论粗略地阐述了图书编辑活动的构成元素及其美学意蕴。在我们看来，读者的接受并不限于上述文化—审美的形式，还有另一种接受方式，即消费—审美式阅读。西方马克思主义者瑙曼指出，读者阅读还可以从生产—产品—消费理论出发，"艺术也有艺术生产—艺术品—艺术消费，接受美学的主要任务是研究艺术消费"。[①] 前文已经指明，图书生产过程可以被纳入"艺术生产"范式，那么，在其消费向度上，我们就有必要作进一步的接受—消费美学的考量，并以此反向、共时性地考察图书编辑活动的美学意蕴。

四 日常生活结构性要素

从接受—消费美学的向度考察图书编辑活动，必须首先厘清作为其前提的当代美学语境。这就是"日常生活的审美化"。

日常生活的审美化是与后现代消费社会一同到来的一个重要的美学现象，英国学者阿伯克隆比指出："如今艺术与日常生活加以区分的概念正在消解……人们也在将自己的生活转变为某种审美规划，旨在从他们的服饰、外观、家居物品中营造出某种一致的风格。日常生活审美化也许达到

[①] 张首映：《西方二十世纪文论史》，北京大学出版社，1999，第267页。

了这样一种程度,亦即人们把自己以及他们周遭环境看作艺术的对象。"[1]这句话比较全面地概括了日常生活审美化的意涵:一是美的泛化或美学向日常生活领域的殖民,生活世界里的服饰、家具、饮食甚至身体等都已经被美学的元素所重构,这其中当然也包括作为商品的图书;二是这种泛美学现象已经严重震颤和改变了人们感受、经验和审察世界的方式,即如今人们是在"艺术地"感受世界,或者用韦尔施的话说,已经达到了"认识论的审美化"[2]。以上这两点对于图书编辑活动及其构成要素带来了深刻的变革。

先看第一点:生活世界的审美化。波德里亚在《消费社会》一书中指出:"今天,在我们的周围,存在着一种由不断增长的物、服务和物质所构成的惊人的消费和丰盛现象。它构成了人类自然环境中的一种根本变化。恰当地说,富裕的人们不再像过去那样受到人的包围,而是受到物的包围。"[3] 物和服务的惊人的丰盛、人被物的包围都表明,商品如今已经超出了它的需求限度,呈现过剩的堆积,生活世界的男男女女正渐渐失去对于消费的冲动和耐心。在此语境下,为了实现商品价值的转换,美学的元素必须被引介进来,因为"一旦同美学联姻,甚至无人问津的商品也能销售出去,对于早已销售得动的商品,销售量则是两倍三倍增加"。[4] 这样,审美就变成了消费过程中的一个结构性要素,并深深地制约着消费;反过来,也正是借助于商品的媒介,美学才铺天盖地在生活世界里泛滥开来。

这种情形对于图书产品来说也是如此。在当前的语境中,图书生产的惊人过剩毋庸讳言,虽然有学者指出国内图书的生产还是相对过剩,但无论何种形式的过剩都表明读者对于图书产品的消费欲望和激情正在急剧缩

---

[1] Nicholas Abercrombie, *Stephen Hill and Bryan S. Turner*: *The Penguin dictionary of sociology* (Harmondsworth: Penguin, 1994), p. 43.
[2] 〔德〕韦尔施:《重构美学》,陆扬等译,上海译文出版社,2005,第 27~33 页。
[3] 〔法〕让·波德里亚:《消费社会》,刘成富等译,南京大学出版社,2004,第 1 页。
[4] 〔德〕韦尔施:《重构美学》,陆扬等译,上海译文出版社,2005,第 6 页。

减。当然，诚如上述，这种缩减也有来自新媒体的美学冲击，但这也恰恰表明了从美学方面进行还击的必要性。在此情形下，图书编辑就非常需要考虑将审美的逻辑嵌入图书文本的生产工艺中来，使图书文本被打造成精美的文化利器，以期撞开读者紧闭的消费之门。

而且，根据我们的观察，有一部分读者（准确说是"消费者"）热衷于用装帧精美的图书来填充其装饰豪华的书房；另外一些读者则倾向于把精装经典图书作为礼品来献殷勤。这些充分表明了一点：当代读者对图书的需求是广泛且多方面的。这就要求图书产品的设计要考虑美学方面的因素，因为，它除了美化阅读之外，还可以具有其他重要的作用。无疑，所有这些都将成为消费大众审美化日常生活（尤其是文化生活）的重要组成部分。

再看第二点：对生活世界经验方式的审美化。这里所说的"经验"，主要是指消费。之所以可以将消费（方式）指认为经验（方式），是因为在后现代消费社会，"消费"已不再是传统意义上的对物品使用价值的消耗或利用，相反，用来描述当代消费方式的是"外观消费""形象消费""能指消费""意义消费""快感消费"等。我们已经指出，这种符号性的消费方式恰恰是对图书消费（阅读）的一种替代性表达，或者，正如前述，图书消费如今已变成后现代消费方式的隐喻。这种消费方式还有一番更为深刻的寓意——"物体和感官刺激之间的联系一旦被打破，幻想和幻觉一旦介入其间，那么意念，作为想象的手段，就成为一种越来越重要的快乐形式"。[1] 这就是说，由于消费对象的符号化和相应消费主体低级生理快感的淡化，消费的精神和幻想层面被提到了空前的高度；此时，如果消费对象恰恰是被充分审美化了的（事实正是如此，正如韦尔施所说，如今"商品和包装、内质和外表、硬件和软件"已经"换位"，"原先是硬件的物品，如今成了附件；原先是软件的美学，赫然占了主位"[2]），那么，这

---

[1] 〔英〕西莉亚·卢瑞：《消费文化》，张萍译，南京大学出版社，2003，第68页。
[2] 〔德〕韦尔施：《重构美学》，陆扬等译，上海译文出版社，2005，第6页。

| 作为文化批评的消费美学 |

种符号化的消费就会被一种审美的逻辑占据，也就是说将出现消费活动被审美化的现象。事实上，消费审美化或审美性消费已经是审美化日常生活语境中最根本、最重要的消费方式，这也就是上述所说的"艺术地"经验外部世界或"认识论的审美化"的别称。

当然，对图书消费来说，我们不能说当代人的阅读实践已经完全变为一种审美实践，或者说，阅读即审美；但是，我们有理由指出当代人的阅读经验已经被空前地审美化了，这是图书生产过剩时代和审美过剩时代读者大众阅读期待的外显。反言之，如果说读者的图书消费/阅读习惯确已被审美化，就必然反向要求图书编辑密切追踪并及时捕捉读者阅读趣味审美化的变迁，并将其贯彻到编辑工艺中来，力求将图书文本打造成读者所喜爱的美学文本。

还有一点需要特别指出的是，如果说在物的过剩时代人们的生活方式在很大程度上就是消费方式，或者说，在消费文化语境中消费活动已经取代了生产主义时代生产活动在大众生活中的基础性地位，而且这种消费活动主要表现为一种符号化、审美化的形式，那么，我们也可以说，当代生活方式是一种阅读方式：消费大众都在力图符号化、形象化地把握世界文本。这也就是海德格尔所说的"世界图像时代"：不是图像充斥于生活世界，而是我们的生活世界已经被图像化了①。换言之，被审美化了的阅读（消费）方式，也是当代人的一种生活方式。这是我们对当代阅读经验的一种最高层次和最深意蕴的总结性描述。

我们以上在泛美学的理论视野中粗略地阐述了图书编辑活动系统的两极即文本—客体极和读者—主体极的美学内涵；接下来，要进一步追问，作为文本和读者中介环节的编辑活动本身具有怎样的美学构成，或者说，编辑活动应该具备怎样的美学意蕴才能合乎逻辑地连接美学意义上的文本和读者。下面我们将在泛美学的语境中对此作深入的探讨。

我们认为，在当前的语境中，编辑活动本身就可以被理解为一种美学

---

① 〔美〕尼古拉·米尔佐夫：《视觉文化导论》，倪伟译，江苏人民出版社，2006，第3页。

活动，而且，编辑对象即图书文本是一种美学或艺术元素的集结体。这其中的关键是对审美和艺术的理解。

从词源学来看，对于"编辑"一词中的"编"，《说文解字》注"次简也"，《声类》注"以绳次物曰编"。可见，"编"的本义是名词，其后引申为对书简、衣物、器具的编制，这在古代是一种专门的技艺；再其后引申为对文字、族群、号码等的编次、排序。"辑"本义也是名词，指车厢，《说文解字》扩至"车和辑也"，《六书故》注"合材为车，咸相得谓之辑"，意为对"材"的整理制作，使之成"车"，这同样是一种专门技术；后又引申为聚敛、排次、辑录等。可见，"编"和"辑"在古代都是专门的技艺，前者指编织术，后者是造车术。然而，在古代，准确地说，它们都不是"技艺"，而是"艺术"。古代的"艺术"一词涵盖甚广，包括纺织、耕种、结网、建筑、演讲等，比如孔子就将"六艺"界定为"礼、乐、射、御、书、数"，其中后世所谓的纯艺术只有"乐"一种。在古希腊，"艺术"同样"不同于今日'艺术'而相当于'技艺'，'诗'被认为不属于技艺而源于'灵感'或'诗神凭附'……但绘画与（现代意义上的）艺术相去甚远，因为前者属于神灵凭附的神圣产品，后者只是人为技能的世俗物品"[1]。古代的"艺术"之所以被如此界定，据说主要是与其主体的社会身份相关。因为这些"艺术"都是社会底层的劳动者服务于上流社会的制成品，所以，其中劳作的部分及其主体都要被遮蔽，只留下"艺术"的形式灿然呈献于上流贵族的宴饮日用活动。不止如此，编辑活动的对象在词源学上也是"艺术"。比如，"文本（text）有'编织'（textere）的意思"，其引申词有"'纺织品'（texile）或'建筑师'（architect）等。'作家'这个词的寓意为'獾'，即古德语的dahs，指一种会建造的动物"[2]。汉语繁体字"書"指的是"人用刀笔刻写于版，使之

---

[1] 童庆炳主编《文学理论教程》，高等教育出版社，1992，第51页。
[2] 张首映：《西方二十世纪文论史》，北京大学出版社，1999，第287页。

成腰"①，这也是一种底层的"技艺"，后引申为作为"艺术"的"书法"活动。同样，如果说文本的内容主要是被各种学科分化了的"文化"（culture），那么，就"文化"这个词来说，其本义是指农民对农作物的"栽培、培育"。

毋庸讳言，编辑活动及其对象要素在原初意义上都是"艺术"的。但吊诡的是，这些"艺术"在后来的文明史进程中逐渐被分化开来，一部分被称为"美的艺术"或"艺术"，另一部分则被长期边缘化，成为"艺术"的他者。这种现象的产生被认为与特定的社会阶层将脱离底层趣味的"艺术"与精神、自由、永恒等所谓"宏大叙事"直接同质化有关，据此，"艺术"就与作为其观照方式的"审美"一起被赋予了崇高的价值，并最终被推举至意识世界之极境，这在两个方面得到了终极体现：一是在宗教谱系中，艺术、美和审美被设定为上帝之光的显现；二是在世俗谱系中，艺术和美统一了真和善，并与自由直接同一。这就是审美和艺术的合法化进程。

但是，随着后现代消费社会的到来，审美和艺术在消费主义和大众主义的穷追猛打之下，加之自身内部的后现代主义分裂实践（正如费瑟斯通所说，达达主义、超现实主义、先锋派等现成主义、即兴主义的反艺术的艺术实践及其对日常生活的美学筹划和向传统禁区的审美扩张试验等活动，都在内部瓦解了艺术的传统②），二者共同经历了一个去合法化的过程。而一旦审美和艺术乱了传统的阵脚，一个吊诡的后现代文化现象就出现了：由于审美和艺术的合法潜入乃至深度介入，很多底层的大众的活动都被冠以"艺术"之名；也就是说，"艺术"一词的古老意涵在后现代语境中奇迹般地复活了。

---

① 王振铎：《中国传媒文化的宗师》，上海现代服务业联合会官网，2023年8月1日，http://www.ssfcn.com/Culture/detail.asp?id=18924。
② 〔英〕迈克·费瑟斯通：《消费文化与后现代主义》，刘精明译，译林出版社，2006，第96页。

复活了的"艺术",具有多个与传统艺术根本对立的特点。在创作方式上,很多当代艺术实践一改知识分子、文人雅士的个体创作传统,回归具有原初艺术意味的集体创作上来。比如,一首流行歌曲的创作团队包括词作者、曲作者、编曲、伴舞、演唱者等;一部电影则更多,包括导演、演员、编剧、视觉总监、摄影师、剪辑师、动作指导、特技师、道具师、服装师等。而且,当代艺术作为商品形式,与其说是"创作",不如说是"制作",这里不过是用程序开发、计算机操作、包装设计等取代了传统的艺术制作。当代艺术生产以工厂、工作室的形式取代了古老的"作坊",创作方式明显带有古老的集体协作的特点。在作品的表现形式上,由于消费社会的特有逻辑及由此促成的审美过剩时代的到来,当代艺术品比如时装、食品、影像制品等出现了包装艺术的过度渲染,即在(商品)艺术的外在形式上出现了美学原则的杂陈、剩余,使其被过度地审美化了。对(消费)艺术品来说,使用价值完全让位于广告设计和品牌形象的奇思妙想。正如罗兰·巴特和波德里亚所揭示的那样,消费时代的商品/艺术品能指符号已与所指相脱离,能指向自身折叠,充实其厚度,成为价值意义的重心。这在形式意义上完全回到了被黑格尔最先扬弃了的"象征型"艺术:形象大于精神、形式超出了内容。可见,在形式层面上当代消费艺术已经彻底实现了复辟。接收方式上,消费大众对大众化艺术的欣赏不再是在一定距离之外的纯粹静观,而是娱乐化、嬉戏式的全情投入,传统的审美距离已经被日常的游戏所消解。

基于上述理解,我们可以在理论意义上将编辑活动理解为一种充分的艺术活动,编辑活动本身就是一种自为的存在,它本身就是目的,编者不是"文仆",编辑工作也不是要"为他人作嫁衣裳",相反,编者是"艺术家"之一种,图书文本即艺术作品,编辑活动是一种完全形式的艺术活动;或者形象地说,编辑活动是一种导演艺术:编辑文本即编剧,编者即文本的导演,作者则是直接出现于读者视域中的文本的演员。

总之,在艺术的"后回归"时代,图书编辑活动可以完全被纳入美学

| 作为文化批评的消费美学 |

和艺术活动的家族谱系中来,而且,我们认为,只有对图书编辑活动的这种美学性和艺术性的高度自觉的强调,才能从根本上生产出读者所期待的具有充分审美性和艺术性的图书作品。

另外,编辑活动的主体即编者不仅是传统意义上的编辑从业者,也是泛美学语境中的"美学人"。

迈克·费瑟斯通在《消费文化与后现代主义》一书中指出,随着日常生活的审美化及大众文化产业的勃兴,在当代文化领域有一些特殊的人,"在向广大观众传播知识分子理念的过程中,他们扮演媒介人的角色,他们按照自己的方式,力图使新的专业技能领域(诸如流行音乐、时尚、设计、假日、体育运动、大众文化等)知识分子化和获得合法性,因此他们也扮演着文化企业家的角色"。[①] 这部分人,费瑟斯通称之为"新型文化媒介人"。"我们或许可以把这些人归入'新型知识分子',较之传统的象牙塔知识分子,他们的特点是热爱生活、向生活学习,特别热衷于生活方式的塑造,他们既是日常生活审美化的身体力行者,也是大众在身体与日常生活的美化方面的引路人与设计师,是时尚话语的打造者。这些人好像在追求'艺术化的生活方式'(广告中所说的'人诗意地栖居'),但是不同于十九世纪与市侩社会尖锐对立的孤独的波西米亚式的艺术家,这些新文化媒介人恰恰是要以艺术家的姿态融入世俗社会,在他们发明的所谓艺术化生活中,他们精心包装的身体、精心装饰的家居以及他们时尚化的消费品,都被当作了他们自己人格的延伸,他们必须使这些东西具有一定的风格与品味(位),以表达其承载者的所谓个性特征——一种与时尚存在暧昧关系的个性。"[②] 可见,所谓"新型文化媒介人"是传统知识分子在消费文化语境中的一支特殊的族裔,他们不仅以其掌握的大量文化资源游走于文化和市场之间,而且拥有雄厚的"文化资本",用他们的时尚化、

---

① 〔英〕迈克·费瑟斯通:《消费文化与后现代主义》,刘精明译,译林出版社,2006,第132页。
② 陶东风:《新文化媒介人批判》,《首都师范大学学报》(社会科学版)2003年第6期,第20~25页。

审美化的生活方式来打造和推销自己，从而对大众日常生活施加影响，在此意义上，卢克·费里（Luke Ferry）将他们称作当代社会的"新模特"——"美学人"，以区别于传统的人类学模特——"观念人"。[1]

以上描述似乎让我们窥察到了编辑工作者的当代角色定位。的确，这支从事文化传播活动的传统知识分子的远裔，正是穿行于文化和市场、艺术和消费之间的"新型文化媒介人"。他们迫于政治和市场的压力，丢失了传统人文知识分子的启蒙—救赎功能，转而融入文化消费的市场中，但他们在传播文化的同时以其雄厚的文化资本传播着自己的族群形象，即高品位的、美学化的、诗意的生活方式。当然，相对于流行音乐人、畅销书作家、时尚达人及影视从业者来说，图书编辑们的生活方式对于大众的影响似乎并不是那么直接，他们更多是躲在幕后，让作者出来说话。但是，图书编辑的文化形象传播对于读者的影响并不亚于后者中的任何一种。这与图书编辑活动的特点是分不开的。图书编辑活动就是搜集、归类、压缩传统的和当代的各种文化知识，以凝聚成读者大众乐于接受的图书文本，无疑，这种工作本身就包含了对人的生存方式的描述、归纳和向导，这其中关于其他文化媒介人的美学讯息必然会被捕捉并反映到图书文本中来；而且，正如前述，图书编者自身的美学趣味也都被编织到文本结构中，同时，成熟文本编辑的（内容和形式）风格对其他（同类或异类）文本还具有示范效应，从而提高某个方面的美学效应、风尚。所有这些都表明图书编辑作为"新型文化媒介人"在传播文化的同时传播了美学，他们也是完全意义上的"美学人"。同样需要指明的是，强调图书编辑主体的美学角色地位也是非常重要的，这对于图书编辑活动的传统理解及编辑工作本身都将带来根本性的改观，对于提高图书产品的横向（之于新媒体）市场竞争力，也具有非常重要的意义。

以上基于接受—消费本位系统地阐述了图书编辑活动各个环节及其构成要素的美学意蕴，据此，我们可以在审美过剩时代和消费社会的双重语

---

[1] 〔德〕韦尔施：《重构美学》，陆扬等译，上海译文出版社，2005，第10页。

| 作为文化批评的消费美学 |

境中将图书编辑活动理解为一种后现代性质的艺术实践活动；反言之，基于上述各种理论预设，我们也迫切需要切实地考虑如何将图书文本打造成读者真正喜爱的美学文本。事实上，编辑活动及图书文本的审美化在当前的语境中已经广泛存在，它集中体现了当代读者的审美需求和审美趣味的变迁。这种审美化活动至少表现为以下三个方面。

首先是在编辑工作中广泛运用现代新技术手段，并强调技术操作的艺术化，实现技术逻辑和艺术逻辑的高度统一。前文在讲到设计编辑的审美意蕴问题时已经提到了这一点，不过这里所讲的"技术"与上述有所区别：前者主要是编辑工序和形式规范意义上的技术问题，它实际上是一种"软技术"，主要表现为客体化的操作运思；后者则是具体的技术工具或操作手段，或者说，是一种"硬技术"，包括计算机操作、印刷工艺等。韦尔施指出："随着微电子学的兴起，古典的硬件，即材料愈益变成审美的产品……通过智能向微结构的深入，最小的组织也能予以改变。从今日的技术观点来看，现实是最柔顺、最轻巧的东西。材料的更强的力度，亦是得益于柔软的审美的程序。"[①] 的确，当代科技对于图书纸张的研究已经达到了惊世骇俗的细度，纸张的厚度、硬度、匀度、白度、表面强度、施胶度、酸碱性、伸缩性、吸墨性、着色性、含水量、柔韧性、平滑性等，都被吸纳到其研究名目之下，可以说是对纸张性能的全方位、立体式发掘。再比如计算机操作的引进对编辑图文加工的深刻变革："自桌面系统应用于图书的排版设计以来，几乎使文字的变化到了无穷无尽的境地。电脑植字几乎使铅字印刷时仅有的几种字体字号变幻无穷，电脑字体品种多，字的级数和字形变化几乎没有限制，文字自动齐头齐尾，自动调整字距、行距，电脑还将文字变形，构成透视、立体、球形、波浪形等多种形状……电脑系统储备大量图像、图形资料，及多种处理手段，可供设计者任意选用。除能仿制出手绘、喷绘、版画等效果外，还具有光源、亮度及对物象

---

① 〔德〕韦尔施：《重构美学》，陆扬等译，上海译文出版社，2005，第7页。

轮廓边迹、结构、质地、色彩、体积、阴影、动感的侦测与模拟功能。"①

可见，图书编辑工作已广泛采用技术手段，并非常强调将美学原则介入编辑工序中来，注重对细微环节的审美化处理，着意将图书文本附加审美的、艺术的功能。

其次是图书文本的设计风格紧跟潮流时尚，使图书文本的形象时尚化。图书文本的生产虽然被认为主要是"内容产业"的组成部分，但是上文已经表明，它的形式外观不仅不是无足轻重的，而且（如果它还不想在多媒体出版竞争日益激烈的环境下自暴自弃的话）是具有决定意义的，它还肩负着对新媒体美学还击的重要职责。在日常生活审美化的语境中，潮流时尚对于商品具有重要的意义："由于审美时尚特别短寿，具有审美风格的产品更新换代之快理所当然……甚至产品在固有的淘汰期结束前，审美已经使它'出局'了。"②这就是说决定一个商品价值的因素不再是使用价值或可用性，而是"审美时尚"，它对商品具有淘汰作用。因此，审美时尚必须被纳入商品的图书文本设计中来，正如杨奉予先生所说，在当前的语境下，"图书不再是人们求知的唯一目的，它更走向了休闲、娱乐，特别是礼品化的设计，成为一种精神时尚品，在人们生活中扮演着重要审美对象的角色"。③将时尚元素引入图书文本的美学构成中，这本身就已经是当代图书设计的一种时尚。

最后是对图书文本的审美可视化处理，将阅读改造为"视读"。审美可视化就是指使图书文本的美学元素可以直接感受和观察。这主要包括两个层次：一是图书文本编辑设计的图像化，即将图片经过电子化处理后大量引入图书文本中来，将图书文本改造成图像文本；二是将图书文本中潜在的美学元素发掘并显现出来，最大限度地凸显和呈现图书文本的审美

---

① 杨秦予：《21世纪图书编辑美学展望》，《河南教育学院学报》（哲学社会科学版）2000年第4期，第45~46页。
② 〔德〕韦尔施：《重构美学》，陆扬等译，上海译文出版社，2005，第6页。
③ 杨秦予：《21世纪图书编辑美学展望》，《河南教育学院学报》（哲学社会科学版）2000年第4期，第45~46页。

形象。

  在哲学和美学领域早就有研究者指出，在经历了"语言学转向"之后，当今社会已经步入"图像转向"时代，"读图时代"已经来临，甚至，已经发生了一场看不见硝烟的图文"战争"，"'读图时代'图文书的真正'卖点'不再是原有的书面文字，而是那些新奇、精美、富有视觉冲击力的图片。在这些新版图文书（《一个人的战争》第八版——引者注）中，图像似乎逐渐占据了主导地位，文字反倒沦为配角"。[①] 无疑，这对于传统图书生产来说是一种颠覆性的倒转，这种现象也已经深刻改变了图书生产的现状，并引发了广泛的争议。作为当代审美化阅读经验的一个重要表现形式，这一点无论如何强调都不过分。

  但是，图书的图像转向还有一个隐秘的组成部分，就是对图书文本潜在美学元素的发掘和凸显，其表现形式主要是长盛不衰的"标题党"。"标题党"的主要工作就是发掘文本的深层意蕴，甚至不惜夸张、虚构，以求"语不惊人死不休"，从而吸引读者眼球。这种隐秘的视觉技术手段如果和显在的图文编辑结合起来，就会图文并茂、绘声绘色，更能达到"震惊""眩晕"的体验效果。

[①] 周宪：《"读图时代"的图文"战争"》，《文学评论》2005年第6期，第140~148页。

第四章 实体书店

消费美学不仅是一种阐释和批评框架,也是一种具有巨大应用价值的理论观念。本章针对实体书店的现实困境,结合具体案例,尝试探讨如何让消费美学发挥救赎作用的问题。

一 美学的救赎

广州方所书店是一个有效运用了消费美学基本原则的成功案例。

方所书店是在全国范围内实体书店"无边落木萧萧下"的惨淡光景下开张的。根据官方解释,"方所"之名渊源有自[①],但它的字面意思——"地方的场所"也许更传神。这里道出了后现代建筑学的一个重要理念,即"场所精神"(The Spirit of Space)。该理念的提出者挪威建筑学家诺伯舒兹在其著名的《场所精神:迈向建筑现象学》一书中指出,建筑的意义不仅在于空间结构的理性规划和功能切割,更重要的是它必须以富有"诗意"的总体氛围来安顿人的精神,让人产生方向感和认同感,这些主体感知昭示着建筑的"场所精神",它如同古希腊的神灵在具体建筑环境中对人类精神的庇佑。[②]

"场所精神"的要义无疑展示了一种人文关怀的价值理念。方所的设

[①] 根据方所书店官方解释,"方所"一词典出于南朝梁代文学家萧统的《令旨解法身义》一文,其中有云:"定是常住,便成方所。"
[②] 〔挪〕诺伯舒兹:《场所精神:迈向建筑现象学》,施植明译,华中科技大学出版社,2010,第18页。

| 作为文化批评的消费美学 |

计师正是秉持了这一理念来打造该书店的。而该理念的实现，又与其对美学和艺术表现手法的大规模运用有直接关系。方所的创办公司"例外"（Exception）本来就以经营创意服装产业而闻名，它的合作顾问廖美立是台湾诚品书店的主要创始人之一。这种结合意味着方所作为消费"场所"必然要经过高品位的设计和细致入微的美学筹划。方所"所有的规划都是别出心裁的，从日常的每一环，邀请人们回归初心，以五感体验自然、惜物、手感、细节之美……具有美学的高度，人文的精神，设计的创意，工艺的淬炼"。[1] 整体上看，方所的美学筹划不只是停留在结构空间层面，作为包括图书、服饰、饮食、生活美学用品等在内的多业态复合体，它的所有产品和销售环节无一不经过别出心裁的美学处理，甚至连服务本身也已经被高度美学化了。

方所恪守人文精神、融美学设计于商业空间的设计理念，让它获得了巨大的商业回报和行业认同。几乎可以确而言之，方所的成功是必然的，其必然性不仅因为投资人独到的眼光和经营管理创新，更在于它的设计理念。这种设计理念完美地体现了当前语境下消费美学的基本精神。这主要体现在以下两个方面。

一是，方所的设计反映了对"日常生活审美化"现象的敏锐感知。

所谓"日常生活审美化"，指的是审美和艺术对生活世界的"殖民"、渗透乃至深度介入所造成的"泛美学"现象。正如德国美学家韦尔施在《重构美学》一书中所说："在我们的公共空间中，没有一块砖头，没有一柄门把手……逃过了这场审美化的蔓延。"[2]

在这样的语境中，对广大市民的日常生活尤其是文化生活具有重要辐射作用的实体书店，作为公共空间和城市文化的重要组成部分，甚至作为一座城市的文化地标，当然也需要考虑将美学的精神和原则引介进来，将

---

[1] 《方所让美照亮城市，都市书店发展新起点》，新浪读书，2023年8月1日，http://book.sina.com.cn/news/storeactive/2011-11-29/0934293196.shtml。

[2] 〔德〕沃尔夫冈·韦尔施：《重构美学》，陆扬、张岩冰译，上海译文出版社，2006，第137页。

之作为书店设计和日常营运的一个结构性环节。而且，被高度审美化的实体书店，相对于仅能作书目概览的网络书店来说，无疑更能为读者提供切实而充分的审美体验，而这种真切的非功利性的审美体验，正是向功利性购买实践转化的重要契机：美学具有使消费发生的重要前导性价值，正是审美价值引导和催化了消费价值的实现。[①] 这一点无疑是非常重要的，因为仅就审美价值来说，实体书店显然拥有网络书店所不具备的比较优势。基于实体书店和虚拟书店的本质性差异，对实体书店进行全方位的美学设计，这也是充分利用实体书店特点进行"差异化营销"的一个重要举措。

方所书店正是敏锐地感知到"日常生活审美化"现象：一方面，在"日常生活审美化"对大众生活世界和生存信念普遍改造的前提下，方所书店认识到书店作为大众日常生活审美化的一个重要辐射源，必须接受美学的洗礼；另一方面，它也意识到书店消费空间的审美化也是它与网络书店的比较优势之所在，必须将这种优势发挥到极致。

二是，方所的设计理念还反映了对读者审美化消费/阅读方式的切实尊重。

当代读者的消费，是一种被审美逻辑深深嵌入的审美性消费，这种消费方式的独特性也必然要求对实体书店进行全方位的美学筹划，否则就会被读者遗忘在他们已经被美学所重构了的接受视野之外。

法国社会学家让·波德里亚认为，当代社会已经告别了生产原则的主导性，消费取代了生产的传统地位成为社会经济生活的基础性维度，当代社会已经进入了"消费社会"，其中消费方式的变化是一个重要标志。当代消费方式逐渐褪去了对纯粹使用价值和低级生理需求的满足，变成"外观消费""形象消费""符号消费""场所消费"等外在性的消费。更重要的是，这种消费方式的对象也发生了空前的巨变，正如韦尔施所说，"商品和包装、内质和外表、硬件和软件"已经"换位"，"原先是硬件的物

[①] 李金正：《论编辑主体的三个二重性——建构编辑主体性的理论尝试》，《中国编辑》2014年第1期，第37页。

品,如今成了附件;原先是软件的美学,赫然占了主位"①。作为消费对象的消费品本身已经被严重审美化和艺术化了,它的进一步结果必然是:消费活动一旦开始,就立刻被一种审美的逻辑所渗透,也就是说,将出现消费活动被审美化的现象,消费变成"审美性消费"。

事实上,审美性消费已经是当代语境中最根本、最重要的消费方式。从本质上来说,这种消费方式也是日常生活审美化现象在消费大众生活方式层面上的逻辑延伸。消费大众之一种的书店消费者即读者,当然也是如此。这表现在两个方面:一是读者的阅读方式,它是追求轻松愉悦的美感体验的阅读,或者叫"悦读";二是购买方式,读者倾向于选择赏心悦目、设计和包装精美的读物。而且,由于读者所消费的是文化产品这种与美学旨趣颇为相近相投的对象,他们对于消费空间的美学设计就更有特殊的要求了。

方所的设计者看到读者的消费方式本身已经是一种审美化的行为或者深受审美逻辑的驱动,意识到若不能提供一个相应的美学化的场所来满足读者的消费需求,就不会被消费选择严重多元化、消费趣味日渐挑剔的读者所真正接受,这样自然不会挽留住匆忙的读者。

可见,方所的设计理念正反映了消费美学的基本精神,即在客体—消费空间方面,基于生活世界审美化的普遍前提和实体书店的比较优势,它必须进行全方位的美学设计;在主体—消费方式方面,由于消费和阅读习惯的审美化变迁,为满足读者需求,它也必须从空间设计到销售方式都进行美学的包装设计。

二 模型建构

面对民营实体书店的普遍困境,方所选择用美学来进行救赎。事实证

---

① 〔德〕沃尔夫冈·韦尔施:《重构美学》,陆扬、张岩冰译,上海译文出版社,2006,第1页。

明，这种救赎是行之有效的。其实，选择美学作为拯救之道的书店远不只有方所一家。诚品、西西弗、光合作用等这些大型实体书店也不例外。美学救赎几乎是所有困境中的实体书店的普遍选择，只是大部分书店没有方所来得这么彻底罢了。当然，由于受到不同条件的限制，这种选择未必适合每一家实体书店，但是它无疑值得每一家书店借鉴和参考。因此，我们有必要从这种美学筹划中提炼出一般的设计模型，以便为实体书店的具体建构提供一个较为清晰的参考框架。

基于消费美学的实体书店设计，其基本的原则是将美学的精神贯彻到每一个细枝末节。按照"客体—主体—意识"的一般思路，消费美学的整体设计概括说可以包含三个紧密相关的层面：对店面消费空间的"美学营造"和"美学营销"，以及基于空间设计和运营方式所提炼出的体现书店个体化差异的"美学营魂"[①]。只有根据有利条件将这三个方面有机结合在一起，才能最终实现"美学营利"的目的。显而易见，很多优秀的民营书店也正是在出色地应用着其中某些环节或部分。消费美学的"三营"分为以下步骤。

首先，对店面消费空间的"美学营造"。

店面消费空间指的是图书作为商品的陈列空间。这一陈列空间显然具有二重性：一方面，因图书的商品属性，店面必须被设置成一个消费场所；另一方面，基于前述，因"日常生活审美化"的泛滥和消费方式的审美化，店面空间必须被设置成一个审美空间。因此，店面空间从根本上来说是一个消费—审美的二重空间，既具有消费属性，又具有审美属性。在此，购书者将获得一种丰富的空间体验，转译成商业语言也就是："这个空间不仅仅是销售图书的卖场，而且是一个充满着人文气息，节奏上不疾不徐，细节上周到细致，能够带来全方位购书享受的空间。"[②]

[①] 营魂，亦作营魄，指人的灵魂，引申为事物最根本的精神特质。《老子》有云："载营魄抱一，能无离乎？"这里的营魄就是指与形体紧密相关的个体精神气质。

[②] 《上海书城的设计理念》，图书交易网，2023年8月1日，http://www.bookb2b.com/salon/viewthread.php？tid=1327&page=3。

| 作为文化批评的消费美学 |

  店面消费空间具体的美学筹划，从宏观上来说，可以分成两个层面来实施：一个是外部消费空间的审美化，即对在售商品以外的消费空间的设计；另一个是对在售商品本身的审美化。

  店面外部消费空间的审美化，就是对书店整体空间的划分、切割和重新组织，其核心理念就是要做到以美学的原则组织空间，并通过美学实现对读者的人文关怀。在整体空间布局上，除了优化配置和合理分区外，尤其要注意的是，书店空间设计不要显得过于拥挤，不应用商业挤兑美学，要留下足够的虚空或"留白"。这种空间设计原则，在租金压力居高不下的今天看似是一种浪费，[①] 但其实它正是美学价值向商业利润的重要转化空间。方所书店的设计正是深谙此道，它带给读者的感受是："只需余光一扫，就能体会到里面的昏暗悠远，那些被点状光源照亮的不同部位层层掩映，让人有了进去探个究竟的冲动。"[②]

  消费品本身的审美化，也就是对图书商品本身的再审美化处理。之所以说"再"审美化，主要是因为图书一旦作为商品就已经处于生产序列的下游，而在其起源处，即编辑、加工、装帧设计阶段，图书本身已经被初步审美化了。因此，店面图书的再审美化实际上是图书审美设计的一种延续。图书的再审美化主要是指图书的视觉陈列。图书作为书店的主体，在审美化方面自然需要着力最多，"遵循视觉原理进行图书陈列，不仅能传播图书的信息、突出图书的特点、吸引读者购买，而且能美化书店环境、营造书店氛围、展示书店形象"。[③] 方所书店老板毛继鸿直接表示："我会给那些走美学生活线的店员上陈列课。"方所书店甚至专门设立了"书店编辑"，其主要职责就是呈现书店陈列的最优化视觉效果。

  其次，对店面消费空间的"美学营销"。

[①] "美学救赎"并不是美学原则的粗鄙化滥用，不是将书店打造得富丽堂皇、争奇斗艳。事实上，这种方式恰恰并不适合文化消费特别是图书文化消费的具体实践。这里美学化的着力点为将美学的原则贯彻到设计和经营过程中。
[②] 江山：《方所书店：生活美学空间》，《IT经理世界》2012年第4期，第89页。
[③] 张晓凤：《基于视觉营销理念的图书陈列》，《经营与管理》2011年第4期，第45页。

| 第四章　实体书店 |

　　经过整体区域划分和全方位美学筹划的书店消费空间还只是一个静态的物理空间，若没有人的推动使之运转起来，无论如何精美，都不可能达到美学营利的目的。因此，在书店客体空间的美学营构之外，还需要主体开展美学营销活动来使书店的美得以运作，它将化静止为生动，将物理环境转换成人文氛围。

　　时至今日，人们已经普遍承认，"美学营销"是一种非常重要的营销手段。美国两位著名的企业管理专家贝恩特·施密特（Bernd Schmitt）和亚历克斯·西蒙森（Alex Simonson）于1997年合作出版的《视觉与感受：营销美学》一书对此做了非常深刻的表述。他们指出，当代消费者的消费趣味已经转移到了产品的感官体验方面，产品是否与消费者的生活方式和感受期待相吻合是判断产品价值高低的根本准则，这样，产品营销就不能仅仅停留在性价比方面，不能单纯强调产品质量和使用价值，而是要对产品进行美学塑造，制造美妙浪漫的消费幻觉，以审美和艺术的手法销售产品。[①] 这种观念对实体书店的美学营销当然也是适用的。

　　为了实现实体书店的美学营销，需要从两个方面入手。第一，将服务意识与审美意识结合起来，达到服务审美化的效果。书店服务包括导购、收银、卫生等多个环节，每个环节都需要精细的美学筹划，比如导购员，其衣着、仪态、语言、表情等都需要与书店的整体美学品位结合起来，其工作要求的一个重要方面，就是给读者提供愉悦的审美体验。

　　第二，倡导以审美性和相关性为基本原则的多业态一体化经营模式。方所书店的产品除了图书之外还有服饰、餐饮、美学生活用品等，其中图书的营业额只在30%左右，以至于很难界定它还是不是传统意义上的书店。但方所的选择绝非任意的，它严格遵循了相关性和审美性的原则。以咖啡馆的进驻为例，"方所对空间规划所强调的实验性与艺术性也延伸到

---

① 〔美〕贝恩特·施密特、亚历克斯·西蒙森：《视觉与感受：营销美学》，曹嵘译，上海交通大学出版社，1999。该书所提出的"营销美学战略"即产品设计、整合传播和空间设计三个方面也是本文美学战略的重要组成部分："空间设计"就是上述消费空间的美学设计以及产品的再审美化即视觉陈列，"整合传播"就是"美学营销"的一种表现形式。

201

这里，不论从咖啡豆的选择乃至于对杯盘的讲究，都具体而微地展现方所对美学的追求"。① 另外，方所似乎已经意识到图书与咖啡馆之间深刻的内在关联，对于这种关联西方马克思主义理论家尤尔根·哈贝马斯讲得最明白：在 18 世纪的公共领域，"新的杂志和咖啡馆的内在联系已十分密切，以至于随意翻阅某期杂志都可以完整地复述出咖啡馆里的生活"。② 正是基于这种内在的关联和坚持审美性的选择标准，咖啡馆才有可能成为书店"结构"的一部分。这非但没有破坏反而强化了书店的整体美学氛围，也适合作为其他产品的进驻标准。

最后，基于上述审美化的空间设计和运营方式，提炼出体现书店个体性特点的"美学营魂"。

书店的"美学营魂"，就是书店独一无二的个体之魂，它昭示了书店本身的美学价值，也是使它成为"场所"的重要标记。在一定的地域范围内，一个毫无"场所精神"、灵魂苍白的书店是没有存在必要的，它也将无法应对当前图书市场日益激烈的竞争。

实体书店美学营魂的提炼要从上述空间设计和营销方式的审美化着手，也因此才能真正称得上"美学营魂"。这里需要区分两个概念：书店的个体差异和书店的美学个体差异。前者指的是一定地域内一个书店区别于其他书店的个体性特点，比如在产品销售上，主营艺术类书籍还是教材，走实体销售路线还是店网双售，等等；后者则指的是一个书店区别于其他书店的独立美学价值，这里主要强调的是书店个性化的设计风格、艺术价值以及它所要表达的生活品位。比如方所书店细致入微的美学营造及其富有创意的销售模式，就使得它必然体现小众化的生活趣味。

书店个性化的设计风格主要是指店面消费空间的美学设计特点，它需要从店面外部消费空间和消费品本身的审美化两个方面来提炼。这种提炼

---

① 《方所让美照亮城市，都市书店发展新起点》，新浪读书，2022 年 12 月 3 日，http://book.sina.com.cn/news/storeactive/2011-11-29/0934293196.shtml。

② 〔德〕尤尔根·哈贝马斯：《公共领域的结构转型》，曹卫东等译，学林出版社，1999，第 47 页。

的可能性在于：第一，由于受到地理区位、人文环境、消费水平、投入成本、经营目标等主客观条件的限制，上述全方位的美学设计在实际操作上一般都不可能被全面实施，其中必然会有某些方面或元素的被强调或淡化，因此必然会带来一定的风格差异；第二，即使是对同一个环节的美学设计，也有不同的可选方案，这也必然会产生风格差异。总之，书店设计风格的美学差异是必然存在的，也是完全可以被提炼和表达的。

书店的美学理念既可以以文字形式表达出来，比如店名、海报宣传语、广告词等，比如"方所"的命名就是意味深长的；也可以通过建筑语言表达出来，即将它贯彻到书店的店面形态、色彩、布局上，将书店打造成具有独特美学价值的建筑艺术。后者是更重要也是更有效的表达方式，因为只有在这个意义上，书店才能真正担当起一座城市文化地标的责任。无疑，文化地标是一种审美和艺术的地标。书店的风格特色一旦彰显、引人观瞻，或者说它作为美学地标的形象一旦牢固树立，就能成为一种无形的广告语言而深入人心，从而招徕大量读者。

书店阅读品位方面的美学差异当然也不能脱离书店个体性的美学风格，同时，书店的阅读品位必须将潜在读者的生活品位和美学诉求引介进来，从书店的美学设计和读者的消费/审美趣味两个方面来架构书店的美学风格。在此意义上，书店也就是读者生活美学诉求的一种特定空间的延伸。置身于这样的实体书店，阅读既是对文化知识的阅读，也是对书店价值品位的阅读。事实上不只是读者阅读书和书店，书和书店也在阅读读者——个性成熟的书店和它的产品会自动引来它的"隐含读者"，这也就是说，个性成熟的书店会自动培养它的相对固定的读者群。书店和读者之间是一个交互阅读的关系，两者之间的引力，正是来自个体性品位和风格的分享。

以上本书结合实体书店的成功案例，从客体—消费空间和主体—消费方式两个方面入手，论证了对实体书店进行消费美学救赎的可能性，然后根据主体—客体—精神的逻辑进路，提炼出"美学营造"、"美学营销"和

| 作为文化批评的消费美学 |

"美学营魂"这个消费美学的一般模式,它们的有机结合成为实现美学营利的"三部曲"。当然,本文只是一个宏观性的研究,所谓救赎方案只涉及基本的原则导向、元素构成等层面的问题,而且其建构模型也只是一个没有具体条件限制的理想模型,以上这些问题都需要做具体深入的探究。

参考文献

Abercrombie, Nicholas, Stephen Hill and Bryan S. Turner, *The Penguin dictionary of sociology*, Harmondsworth: Penguin, 1994.

Baudrillard Jean, *Selected Writings*, Stanford: Stanford University Press, 1988.

Baudrillard Jean, *The Transparency of Evil: Essays on Extreme Phenomena*, London & New York: Werso, 1993.

Berleant Arnold, *Re-thinking Aesthetics: Rogue Essays on Aesthetics and the Arts*, Aldershot: Ash gate Pub Ltd, 2004.

Berman Ernest, "Fantasy and Rhetorical Vision: Ten Years Later," *Quartely Journal of Speech*, Vol. 68, No. 3, 1982.

Bourdieu Pierre, *Distinction: A Social Critique of the Judgement of Taste*, Cambridge, Massachusetts: Harvard University Press, 1987.

Bourdieu Pierre, *Laguage and Symbolic Power*, Trans by Gino Raymond & M. Adamson, Cambridge, Massachusetts: Harvard University Press, 1987.

Buke K., *Laguage as symbolic Action: Essays on Life, Literature, and Method*, Berkeley CA: University of Califfounia Press, 1968.

Eagleton Terry, *Literary Theory: An Introduction*, London: Blackwell, 1996.

Garth S. Jowett & Victoria O'Donnell, *Propaganda and persuasion*,

Newbury Park CA: Sage Publications, 1992.

Harris Daniel, *Cute, Quaint, Hungry and Romantic: The Aesthetics Of Consumerism*, Massachusetts: Da Capo Press, 2001.

Hower Ralph M., *The Story of an Advertising Agency: N. W. Ayer Son at Work*, Cambridge, Mass: Harvard University Press, 1939.

Kress G. & Van Leeuven T., *Reading Images: The Grammar of Visual Design*, London: Routledge, 1996.

Lash Scott, *Sociology of Postmodernism*, London and New York: Routledge Press, 1990.

Lears Jackson, *Fables of Abundance: The Cultural History of Advertising in America*, New York: Basic Books, 1994.

Satio Yuriko, *Every Aesthetic*, Oxford: Oxford University Press, 2007.

Shudson Michael, *Advertising, The Uneasy Persuasion: Its Dubious Impact on American Society*, New York: Basic Books, 1984.

Murphy Peter & Leiden, Edurarduo de la Fuente, (eds.), *On the Toplogies of Aesthetic Capitalism*, Boston: Brill, 2014.

Williamson J., *Decoding advertisements: Ideology and meaning in advertising*, London: Marion Boyars Publishers Ltd, 1978.

〔法〕奥利维耶·阿苏利:《审美资本主义——品味的工业化》,黄琰译,华东师范大学出版社,2013。

〔俄〕巴赫金:《巴赫金全集》(第五卷),白春仁、顾亚玲译,河北教育出版社,1998。

〔英〕鲍曼:《流动的生活》,徐朝友译,江苏人民出版社,2012。

〔英〕鲍曼:《工作、消费、新穷人》,仇子明、李兰译,吉林出版集团有限责任公司,2010。

〔美〕包筠雅:《文化贸易:清代至民国时期四堡的书籍交易》,刘永华等译,北京大学出版社,2015。

〔美〕本尼迪克特·安德森：《想象的共同体：民族主义的起源与散布》，吴叡人译，上海世纪出版集团，2011。

〔英〕彼得·伯克：《图像证史》，杨豫译，北京大学出版社，2008。

〔澳〕彼得·墨菲、爱德华·德·拉·富恩特：《审美资本主义是什么?》，徐欢译，《上海艺术评论》2016年第2期。

〔德〕本雅明：《发达资本主义时代的抒情诗人》，王才勇译，江苏人民出版社，2005。

〔德〕本雅明：《机械复制时代的艺术》，李伟、郭东译，重庆出版集团，2006。

〔美〕贝恩特·施密特、〔美〕亚历克斯·西蒙森：《视觉与感受：营销美学》，曹嵘译，上海交通大学出版社，1999。

〔法〕波德莱尔：《1846年的沙龙：波德莱尔美学论文选》，郭宏安译，广西师范大学出版社，2002。

〔加〕布莱：《批评意识》，郭宏安译，百花洲文艺出版社，1993。

〔美〕大卫·宁：《当代西方修辞学：批评模式与方法》，常昌富、顾宝桐译，中国社会科学出版社，1998。

〔英〕戴维·比瑟姆：《马克斯·韦伯与现代政治理论》，徐鸿宾等译，浙江人民出版社，1989。

〔英〕戴维·弗里斯比：《现代性的碎片》，卢晖临等译，商务印书馆，2003。

〔英〕戴维·英格里斯：《文化与日常生活》，张秋月、周雷亚译，中央编译出版社，2010。

戴锦华：《大众文化的隐形政治学》，《天涯》1999年第2期。

〔美〕道格拉斯·凯尔纳编：《波德里亚：批判性的读本》，陈维振等译，江苏人民出版社，2005。

〔美〕丹尼尔·贝尔：《资本主义文化矛盾》，蒲隆、赵一凡、任晓晋译，生活·读书·新知三联书店，1989。

邓志勇：《当代美国修辞批评的理论与范式研究》，中国社会科学出版社，2015。

丁绍莲：《欧美商业步行街发展演变轨迹及启示》，《城市问题》2007年第3期。

〔德〕豪格：《商品美学批判——关注高科技资本主义社会的商品美学》，董璐译，北京大学出版社，2013。

〔德〕康德：《判断力批判》，李秋零译，中国人民大学出版社，2010。

〔法〕克里斯蒂安·麦茨：《想象的能指：精神分析与电影》，王志敏译，中国广播电视出版社，2006。

范文澜：《中国通史（一）》，人民出版社，1986。

〔英〕费瑟斯通：《消解文化》，杨渝东译，北京大学出版社，2009。

〔英〕费瑟斯通：《消费文化与后现代主义》，刘精明译，译林出版社，2000。

〔美〕弗雷德里克·詹姆逊：《快感：文化与政治》，王逢振等译，中国社会科学出版社，1988。

〔芬〕格罗缁：《趣味社会学》，向建华译，南京大学出版社，2002。

国世平、匡国建：《消费美学》，福建人民出版社，1990。

〔德〕海德格尔：《存在与时间》，陈嘉映等译，生活·读书·新知三联书店，2006。

〔德〕胡塞尔：《生活世界现象学》，倪梁康等译，中央编译出版社，2002。

黄理彪：《图书出版美学》，首都师范大学出版社，1998。

金惠敏主编《文化研究：理论与实践》，河南大学出版社，2003。

〔法〕居伊·德波：《景观社会》，王昭风译，南京大学出版社，2007。

江凌：《试论编辑发现的美学视角》，《编辑学刊》2005年第2期。

〔美〕派恩、吉尔莫：《体验经济》，毕崇毅译，机械工业出版社，2016。

〔英〕拉什：《组织化资本主义的终结》，征庚圣、袁志田等译，江苏人民出版社，2001。

〔英〕拉什、厄里：《符号经济与空间经济》，王之光、商正译，商务印书馆，2006。

〔美〕雷·韦勒克、奥·沃伦：《文学理论》，刘象愚等译，生活·读书·新知三联书店，1984。

〔美〕理查德·舒斯特曼：《生活即审美》，彭锋等译，北京大学出版社，2007。

〔美〕理斯曼：《孤独的人群》，王崑、朱虹译，南京大学出版社，2003。

李春青、张勇：《反思文艺学》，北京师范大学出版社，2008。

李华：《论编辑审美与编辑创造》，《郑州大学学报》（哲学社会科学版）2001年第5期。

李金正：《论编辑"工匠精神"的失落与复归》，《出版发行研究》2017年第4期。

李金正：《论消费与审美的范式融合及其内在逻辑——兼谈作为文化批评的消费美学》，《山东社会科学》2015年第4期。

李醒尘：《西方美学史教程》，北京大学出版社，1995。

李泽厚：《美学论集》，台北：三民书局，1996。

李泽厚：《美学四讲》，天津社会科学院出版社，2004。

凌继尧：《经济审美化研究》，学林出版社，2010。

刘方喜：《审美生产主义——消费时代马克思美学的经济哲学重构》，社会科学文献出版社，2013。

刘方喜选编《消费社会》，中国社会科学出版社，2011。

陆扬：《费瑟斯通论日常生活审美化》，《文艺研究》2009年第11期。

陆扬：《日常生活审美化批判》，复旦大学出版社，2012。

刘放桐等：《新编现代西方哲学》，人民出版社，2006。

刘悦笛：《生活美学与艺术经验——审美即生活，艺术即经验》，南京出版社，2007。

鲁枢元：《评所谓"新的美学原则"的崛起——日常生活审美化价值取向析疑》，《文艺争鸣》2004年第3期。

罗钢、王中忱主编《消费文化读本》，中国社会科学出版社，2003。

〔美〕马泰·卡林内斯库：《现代性的五副面孔》，顾爱彬等译，译林出版社，2015。

〔德〕马克思、恩格斯：《马克思恩格斯全集》，人民出版社，2008。

〔德〕马克思·霍克海姆、西奥多·阿多诺：《启蒙的辩证法》，渠敬东、曹卫东译，上海世纪出版集团，2006。

〔英〕迈克·克朗：《文化地理学》，杨淑华等译，南京大学出版社，2005。

〔英〕马歇尔·麦克卢汉：《理解媒介》，何道宽译，商务印书馆，2000。

〔美〕尼古拉·米尔佐夫：《视觉文化导论》，倪伟译，江苏人民出版社，2006。

〔挪〕诺伯舒兹：《场所精神：迈向建筑现象学》，施植明译，华中科技大学出版社，2010。

潘知常：《美学的边缘——在阐释中理解当代审美观念》，上海人民出版社，1998。

〔法〕皮埃尔·布尔迪厄：《区隔：趣味判断的社会批判·引言》，载《民族艺术》，朱国华译，2002年第3期。

〔德〕齐奥尔格·西美尔：《时尚的哲学》，费勇等译，文化艺术出版社，2001。

〔法〕让·波德里亚：《消费社会·序言》，刘成富等译，南京大学出版社，2004。

〔法〕让-弗朗索瓦·利奥塔：《话语，图形》，谢晶译，上海人民出版社，2012。

〔俄〕什可洛夫斯基等：《俄国形式主义文论选》，方珊等译，生活·读书·新知三联书店，1989。

〔美〕舒斯特曼：《生活即审美》，彭锋等译，北京大学出版社，2007。

〔美〕舒斯特曼：《身体意识与身体美学》，程相占译，商务印书馆，2011。

〔美〕舒斯特曼：《实用主义美学》，彭锋译，商务印书馆，2002。

宋伟：《资本时代的美学：现代条件下人的自由如何可能?》，《哲学研究》2014年第6期。

〔瑞〕索绪尔：《普通语言学教程》，高名凯译，商务印书馆，1980。

〔英〕汤林森：《文化帝国主义》，冯建三译，上海人民出版社，1999。

陶东风主编《大众文化教程》，广西师范大学出版社，2008。

陶东风：《新文化媒介人批判》，《首都师范大学学报》（社会科学版）2003年第6期。

陶东风：《文学理论基本问题》，北京大学出版社，2012。

童庆炳主编《文学理论教程》，高等教育出版社，1992。

〔美〕W.J.T.米歇尔：《图像学：形象、文本、意识形态》，陈永国译，北京大学出版社，2012。

〔法〕瓦尔特·本雅明：《巴黎，19世纪的首都》，刘北成译，上海人民出版社，2006。

汪江松：《生活美学是这样可能的——评刘悦笛的〈生活美学〉》，《贵州社会科学》2009年第2期。

王俊棋：《消费美学初探》，《当代文坛》2008年第2期。

王黎明：《编辑美学》，吉林大学出版社，1995。

王宁：《消费社会学》，社会科学文献出版社，2001。

王振铎、刘大年：《编辑学研究60年的学术发现》，《北京联合大学学报》（人文社会科学版）2010年第2期。

汪民安等主编《城市文化读本》，北京大学出版社，2008。

王治河：《扑朔迷离的游戏——后现代哲学思潮研究》，社会科学文献出版社，1993。

〔德〕维尔纳·桑巴特：《奢侈与资本主义》，王燕平等译，上海世纪出版集团，2005。

〔英〕威廉斯：《关键词》，刘建基译，生活·读书·新知三联书店，2005。

〔英〕西莉亚·卢瑞：《消费文化》，张萍译，南京大学出版社，2003。

杨魁、董雅丽：《消费文化》，中国社会科学出版社，2003。

杨秦予：《21世纪图书编辑美学展望》，《河南教育学院学报》（哲学社会科学版）2000年第4期。

杨秦予：《编辑在书稿加工中的审美创造》，《郑州大学学报》（哲学社会科学版）2009年第8期。

杨秦予：《图书编辑美学初探》，《现代出版》2001年第3期。

杨秦予：《图书编辑美学初论》，河南大学出版社，2009。

〔美〕亚克力·福奇：《工匠精神：缔造伟大传奇的重要力量》，陈劲译，浙江人民出版社，2014。

杨春时：《美学》，高等教育出版社，2004。

叶郎：《中国美学史大纲》，上海人民出版社，2005。

叶郎：《美学原理》，北京大学出版社，2009。

余虹主编《审美文化导论》，高等教育出版社，2006。

〔美〕约翰·菲斯克：《理解大众文化》，王晓珏、宋伟杰译，中央编译出版社，2001。

〔美〕约翰·费斯克等编撰《关键概念：传播与文化研究词典》，李彬等译注，新华出版社，2004。

〔英〕约翰·斯道雷：《文化理论与通俗文化导论》，杨竹山等译，南京大学出版社，2006。

〔英〕约翰·斯托里:《文化研究与大众文化研究》,北京大学出版社,2007。

赵智岗等:《编辑活动的审美特征及编辑人员的审美要求》,《燕山大学学报》(哲学社会科学版)2010年第1期。

〔美〕詹姆逊:《快感,文化与政治》,王逢振译,中国社会科学出版社,1998。

〔法〕雅克·拉康:《拉康选集》,褚孝泉译,上海三联书店,2001。

杨魁、董雅丽:《消费文化》,中国社会科学出版社,2003。

〔美〕詹明信:《晚期资本主义的文化逻辑》,张旭东编译,生活·读书·新知三联书店,1997。

张首映:《西方二十世纪文论史》,北京大学出版社,1999。

周宪:《文化表征与文化研究》,北京大学出版社,2007。

周宪:《文化研究关键词》,北京师范大学出版社,2007。

周宪:《审美现代性批判》,商务印书馆,2005。

朱立元主编《当代西方文艺理论》,华东师范大学出版社,1997。

朱立元主编《当代西方文艺理论》,华东师范大学出版社,2002。

朱立元主编《现代西方美学史》,上海文艺出版社,1996。

宗白华:《美学散步》,上海人民出版社,1982。

附录一 文化批评及其选题策划分析

本书将消费美学视为文化批评的一种特定的研究视角和方法,而文化批评本身究竟是什么,它在传媒文化研究和编辑出版领域究竟有何具体的呈现和表达,对于这些问题本书还缺乏比较系统的探究,因此,本书拟以附录的形式,从文化批评及其选题策划的视角对这些问题进行详细考察分析。

值得注意的是,文化批评与作为其理论基础的文化研究具有明显的跨学科甚至反学科的倾向,同时跨越了专业和通俗两种读者市场,这对文化批评类图书的选题策划而言既是巨大的挑战,也是难得的机遇。为了应对这一选题困境,本书在系统分析文化批评基本内涵的基础上,初步提出了一系列的应对措施,并进一步表明文化批评类图书以其鲜明的知识结构特点,已经成为选题策划领域的一个标本,具有典型的研究意义。

一 内涵辨析与选题困境

近些年来,有一类学术型图书在选题策划上逐渐引起了学界和业界的关注,这类图书不仅严重跨越了传统意义上的某个学科领域,也有打破专业市场和通俗市场之间界限的明显迹象,甚至还以回归普通大众的日常生活作为其主要内容特色。从学科意义上,这类图书一般被称为"文化批评"类图书。

从学理上来说,"文化批评"是与传统的"文艺批评"或"文学批评"相对应的一门新兴的学科,它从后者的学科母体中脱胎而来。但就实际的社会影响或者对于社会生活的干预效果来说,它又比后者更强烈、更直接、更自觉,与普通读者的接受趣味更为贴近。

正如文艺批评或文学批评是源自"文艺学"(也称"文艺理论",Literary Theory)的一种批评实践,文化批评的理论基础来自"文化研究"(Cultural Studies),这门学科的命名听起来可能会让人觉得有些怪异,因为像文艺学和文艺理论,传统意义上的理论学科一般都有"学"或"理论"作为后缀,显示出明确的学科归属,但文化研究径直以"研究"相标榜,乍听起来很不严肃,似乎它只关注某个研究领域的某些问题,而没有上升到学科的高度。但正是这门看似荒诞不经的学科及其所派生的文化批评,不仅给传统的学科体系带来了一次空前的革命,也对传统的图书选题策划带来了严重的冲击。

首先,作为文化批评理论基础的文化研究打破了传统的学科分类体系,扰乱了图书选题策划的传统边界。"研究"是一种多学科、大跨度的知识实践,而"XX学"或"XX理论"主要专注于某种学科或某种理论的体系建构,比较而言,文化研究显然更具有跨学科交叉研究、打破学科边界的内在趋向。也正是由于它的这些特点,文化研究又被称为"边缘学科""后学科",甚至是一种"反学科的知识实践"[1]。说一门学科本质上就是跨学科,甚至是反学科,似乎已经表明了某种悖论,但这就是文化研究这门新兴学科的实际情形。事实上,就其理论旨趣来说,文化研究就是要反对碎片化、平面化和单向度的传统学科范式,因为在对具体问题的阐释和批评实践上,这些学科的知识范式难免会带来碎片化、平面化和单向度的后果。就像北京大学戴锦华教授所说的,文化研究是"知识的炼金术",它没有确切的理论来源,也没有严格意义上固定的研究领域。[2]

---

[1] 罗钢、孟登迎:《文化研究与反学科的知识实践》,《文艺研究》2002年第4期。
[2] 北京大学著名教授戴锦华在凤凰卫视"世纪大讲堂"的一次题为"活的知识——论大众文化研究"的演讲中提到了上述观点。

| 作为文化批评的消费美学 |

　　文化研究（当然也包括作为其知识实践的文化批评）的这种做法和它史无前例的学科知识范式，显然给策划选题工作带来了新的问题，比如策划编辑如何策划或驾驭如此复杂的跨学科选题。我们都知道，传统的选题策划工作的主体，一般需要熟悉某学科领域的知识，而以跨学科为主要特色的文化研究，显然会给策划主体的知识储备带来一定的挑战。策划编辑知识储备不足，遇到了陌生领域的问题，不仅会影响对信息的判断，而且在实际的编辑工作中难免会出现一定的差错和纰漏。聊举一例：译林出版社出版的"人文与社会译丛"一般被国内学界认为是文化研究最重要的理论资源，这套译丛多达130多种，涵盖哲学、社会学、美学、伦理学、政治学、地理学、历史学、城市规划、文艺学等诸多学科领域，这样多学科、大跨度的策划选题，当然牵涉深广：它的整体规划、成本控制、设计风格、内文质量、读者市场乃至书目的确定等，都需要专门的知识。这对于任何孤立的策划编辑来说显然都是一个不小的挑战。

　　再比如，面对这样的选题，策划编辑如何准确把握读者的市场定位？这也牵涉内容风格、文案设计及宣传等重要问题。而且，文化研究所谓的跨学科不仅意味着某一本书很难被确定归属为某一学科领域，也意味着每一本书的内容本身都已经不同程度地被诸多学科所渗透。这样的著作在上架建议和市场营销上的处理，也非常值得策划编辑关注和思考。

　　总之，文化研究类图书对于策划编辑所造成的第一个挑战就是其主体身份不得不经历从"一"到"多"的裂变，也就是从原来熟悉某一学科领域到尽可能多了解更多学科领域。当前条件下的策划编辑确实还不太容易适应这种身份的骤然拉伸和延展。

　　其次，文化批评作为文化研究的应用实践，不仅承袭了跨学科的特点，而且跨越了专业和通俗两种读者市场，这同样对传统的策划选题工作带来了一定的挑战。文化研究和文化批评所谓的"文化"是别有寓意的。文化，传统意义上是一定地域之内的器物、制度、习俗、价值观念等的总称，它以主流和精英阶层为主导。但是，文化批评意义上的文化，用这门学科的重要理论家雷蒙·威廉斯的权威定义来说，是"作为整体的日常生活"①，"文化是由'普通'男女在日常生活中与日常生活的作品和实践相交流过程中创造的，它的定义应该是他们'活生生的经历'"。② 也就是说，文化不再仅属于艺术、文学、民俗以及各种崇高的价值观和社会上层的高雅趣味，它是由普通男女的日用饮食、生活起居所组成。这样一来，休闲、逛街、健身、美容、看电影、上网、旅游、乘坐地铁等都具有了文化的意味，文化与普通大众息息相关，它就是大众文化、流行文化或通俗文化。而且，这个意义上的文化"是一个特定的范畴，它主要与当代大工业生产紧密相关，并且是以工业方式大批量生产、复制各类消费性文化商品的文化形式"③，因此，这样的文化又被称为"文化工业"。

大众文化也好，文化工业也罢，总之，文化批评意义上的文化紧紧围绕普通大众的日常生活，它的具体研究对象也被划分为网络文化、媒体文化、美容文化、瘦身文化、广告文化、影视文化、酒吧文化、青年亚文化等类型，这样的研究内容一旦以文本的形式确定下来并作为图书出现，显然对于各个层次、各个领域的读者都具有一定的吸引力。比如，广西师范大学出版社策划出版的两个引进选题《娱乐至死》和《童年的消逝》，其主要内容在于探究图书文化和电视文化之间的区别，这两本图书引发了大范围的抢购风潮，并以各种形式多次再版，包括换译者、换封面、单行本、合订本等的每次改装都能引起读者的购买冲动，它们已经成为学术类图书畅销和长销的典范。此外，麦克卢汉的《理解媒介》（商务印书馆）、约翰·菲斯克的《解读大众文化》（南京大学出版社）、波德里亚的《消费社会》（南京大学出版社）等也都多次再版和重印，有不俗的市场表现。

显然，文化研究尤其文化批评类图书由于对普通大众的日常生活投入了前所未有的关注，已经跨越了专业和通俗两种读者市场。如果说文化研

---

① Raymond Williams, *Culture and Society* (London: Chatto & Windus, 1959), P.18.
② 〔英〕约翰·斯道雷：《文化理论与通俗文化导论》，杨竹山等译，南京大学出版社，2006，第58页。
③ 李陀：《失控与无名的文化现实》，《天涯》2000年第1期。

| 作为文化批评的消费美学 |

究主要侧重于理论阐述，那么文化批评显然已经切中了具体的问题，这些问题正是读者大众亟须了解和认识、与他们自身的生存环境和生活状况密切相关的现实问题。无疑，这对文化批评类图书的市场定位又出了一道难题：该如何在这两种市场之间抉择，或者说，如何能很好地兼顾这两种市场，做到接受范围的最大化和最优化。众所周知，市场定位对于选题策划工作来说至关重要，它会牵涉图书的内文风格、文案设计、宣传、营销以及市场投放等关键问题，与销售利润直接挂钩。而且，市场定位直接决定了选题开发，对于图书作者队伍的组建以及引进图书的准入标准、翻译要求、版权成本等都有重要影响。当然，向某个确定的市场倾斜是选题策划在市场定位上比较保守的做法，但较常见的情况是：没有准确寻求到两种市场之间的结合点，结果造成两头失利、功亏一篑。

最后，值得关注的是，文化批评连同作为其理论基础的文化研究在国内很多大学的学科建制上都已经被接纳，受众规模逐渐扩大，国内出版社也引进或开发了大量的相关选题，但这些选题大多关注作为理论引介的文化研究，而忽视作为应用实践的文化批评。对于选题策划来说，这显然既是一个机会，又是一种挑战。其中的原因值得我们深思。

在学科建制上，首都师范大学由陶东风教授牵头主持，率先成立了文化研究院，随后上海大学的文学院也成立了文化研究系，同济大学、四川大学的文化批评研究中心，以及复旦大学、北京师范大学、香港中文大学、岭南大学等著名高校陆续成立的相关研究所、中心等更是不胜枚举。在出版物上，陶东风、周宪和王晓明、蔡翔等文化研究界著名学者，分别以首都师范大学的文化研究院和上海大学的文化研究系为依托主编推出了《文化研究》系列（社会科学文献出版社，已出版17辑）和《热风学术》系列（上海人民出版社，已出版7辑）两个连续出版物，这也是文化研究在国内最重要的两个研究丛刊。总体来看，这两个丛刊对于理论研究和针对具体问题的文化批评在内容的分配上是比较公允的，作为学术刊物，做出这样的选题安排当然有其合理性，毕竟理论和实践并重正是这门学科的一个最基本要求。但是，其他的出版物并非如此。以大型的系列策划选题为例，在引进选题方面，由南京师范大学出版社引进出版的"学术棱镜"系列，包括《通俗文化、媒介和日常生活中的叙事》《文化研究指南》《文化地理学》《文化理论与通俗文化导论》等，有近百种之多；由中国社会科学出版社引进出版的"知识分子图书馆"系列，包括《文化研究访谈录》《文化的转向》《后现代历史叙事学》等，共33种；另外还有上述由译林出版社出版的规模更大的"人文与社会译丛"系列；等等。这些著述，就其主要内容来说，显然都比较侧重理论探讨。

事实上，国内已经出版的以文化批评为主题的系列丛书，目前大概只有三套小规模丛书可查。首先是由北京师范大学张柠教授主编、由花城出版社和重庆大学出版社出版的"刀锋文丛"系列。该系列的作者团队包括文化学者、批评家、媒体人、诗人、音乐人等，内容广泛涉及新闻时事、休闲、饮食、流行趣味、时尚等，规模有十几种。其次是由旅美作家、学者李陀主编的"大众文化批评丛书"，由江苏人民出版社出版，内容包括青年文化、娱乐文化、酒吧文化、广场文化、消费文化、电子文化等，共10种。最后是由苏州大学出版社出版的亚文化研究系列，包括《拍客：炫目与自恋》《恶搞：反叛与颠覆》《御宅：二次元世界的迷狂》《迷族：被神召唤的尘粒》《网游：狂欢与蛊惑》五种。这些出版物论述具体的大众文化问题，主题鲜明，文风平易，对于研究人员和普通读者都具有一定的感召力。这样的知识实践才是这门学科真正的生命力所在。

其他本版和引进版的单行本教材、专著等更是不胜枚举，但都存在同样的问题：理论探讨有余，批评实践不足。出版物在结构上的失衡，一方面固然与文化研究和文化批评作为新兴学科在国内刚刚起步有关；另一方面，也与目前条件下的选题开发不力、准备不足有关。目前条件，主要是指策划编辑对这门空前庞杂的学科的了解和掌握程度，以及策划主体和需求市场的具体状况。前文已经指出，文化研究和文化批评的跨学科、跨主体、跨领域等特点，不仅给策划主体带来了身份裂变的威胁，也需要策划编辑具有抓住两类人群、兼顾两种市场的敏锐眼光，同时还要准确判断策划信息、做好文案宣传和市场投放等工作，这些都需要专门的经验和知识，也都需要一定的时间来理解、感悟甚至培训。因此，文化批评的巨大的读者市场目前只能处于半空置状态。

总之，一方面市场前景广阔，另一方面选题开发不足，这就是文化批评类选题当前的实际情形。我们都知道，文化研究作为应用研究不会一朝终结。在任何理论热的背后，都不可避免地蕴藏着一个关注实践问题的巨大可开发空间，这个空间见诸理论界的学术研究，也见诸出版界的选题策划。因此，如何利用好、开发好文化批评的巨大读者市场，需要学界和业界引起关注。

二　对策思路与启示价值

我们在此尝试提出一些应对文化批评市场空缺的对策思路。当然，需要说明的是，文化批评类选题目前在国内只是起步阶段，虽然市场前景较好，但我们只能根据以往相关选题的策划经验、编辑策划理论以及现有的条件等来提出一些应对办法，这些办法可能主要针对总体性问题，在具体的策划实践中只能被部分地选用。实质上，那些比较成功的文化批评类策划选题，正是这些办法的重要组成部分。

第一，对于文化批评和文化研究类选题的策划主体身份分裂的问题，策划编辑必须从自身入手，练足内功，夯实基础，尤其要关注以下几点。

1. 广泛研习相关理论知识，可以不必精专，但必须广博。由于文化批评涉及的学科门类多而杂，策划编辑需要了解这个学科的经典著作，也需要了解它所容纳的主要学科知识，至少做到比较清楚其理论宗旨、历史、主要理论家及学派等。只有努力填充自身的知识空白，才能有效弥合策划主体的身份分裂。

2. 具备一定的外语基础，充分引进选题。由于目前文化批评在国内的研究还处于起步阶段，可利用的资源相对比较匮乏，利用已经比较成熟的引进版图书，既能填补图书市场的空缺，也能从中学习宝贵的策划经验。这样，外语就显得非常重要了。

3. 紧跟理论进展，及时获取策划信息。建议出版社订阅文化研究和文化批评类的研究期刊，购买一定的参考书目，鼓励策划编辑多参加相关的学术会议。这都是获取前沿策划信息的最重要来源。

第二，充分调动出版社的人力资源，努力沟通协调学术界和出版界之间的关系。之所以必须要这样做，是因为就目前已经出版的文化批评类图书来说，主要都是由学术界和出版界联合策划，而且其中发挥主要作用的往往是研究者，而不是策划编辑。比如策划出版"人文与社会译丛"的刘东教授，策划出版"学术棱镜"系列的张一兵、周宪教授，策划出版"文化研究"丛刊的陶东风教授，策划出版"刀锋文丛"的张柠教授等，都是文化研究领域屈指可数的大家，他们对于选题本身的把握、规划等深刻而全面，但在读者市场、文案宣传、销售前景等方面，需要出版社做出更周密的安排。这样就有了学界和业界之间的合作互动。但不可否认实际承担选题策划工作尤其选题创意的人，主要还是来自学界的研究者。因此，以研究者为主导、以策划编辑为辅助的策划方式，至少目前还是这类图书策划的主流。可见，建立好、维护好与作者团队之间的合作关系是做好文化批评类图书选题策划工作的一个非常重要的方面。当然，面对这样的难题，出版社内部甚至出版社之间相关策划编辑的横向合作也是不可避免的。

第三，密切观察大众日常生活，深入调研读者市场，积极开发本土选题。虽然合作策划选题的方式比较常见，但是这并不意味着策划编辑就因此陷入被动，毕竟选题策划是其本职工作。而"选题策划总的来说，是对社会生活的深刻认识。这种认识不是无源之水、无本之木，而是有着深厚的基础，那就是对社会的分析，对市场的把握，对选题特色探讨的结果"。① 普遍意义上的选题策划尚且如此，对于与普通大众的日常生活紧密相关的文化批评类选题更是毋庸置疑。深入了解和认识大众日常生活的主要目的在于考证或提炼出至关重要的策划信息，这些信息是新选题的重要增长点。围绕这些信息，策划编辑可以根据研究者的层次、语言风格等组建自己的作者队伍，让研究者着眼于实际问题参与本土写作，从而打造出让读者易于接受、喜闻乐见的选题。当然，本土作者的自投稿也是重要稿源，尤其是当这些自投稿与策划信息匹配度比较高的时候。

第四，对于"两个市场"的问题，文化批评类选题可以有所偏重，但尽可能不要偏废。所谓"偏重"是要根据具体文本来判断，学术意味较浓的文本在文案策划和市场投放上偏向于学界，但如果有普通读者的接受空间，可以在写作、翻译风格以及文案宣传等方面做出适当调整或展示。因为这类选题跟普通大众的日常生活紧密相关，所以尽可能不要做出偏废一端的决定。

事实上，就其内容特点来说，文化批评可能是迄今出现的沟通专业读者和普通读者的最好的桥梁。完全通俗化或完全专业化的选题当然无可厚非，但对于市场接受而言，文化批评可以并且需要作出打通两个市场的尝试。就像"百家讲坛""罗辑思维"等视频节目所做的可贵尝试并取得巨大成功一样，文化批评在纸质文本上最有希望也最有可能做出这样的努力。

通过以上论述可以明显看出，文化批评类选题横空出世本身就是一个不可多得的研究标本。当然，文化批评对于传统的学科体系以及选题策划都带来了巨大的冲击，但这些冲击也是机遇，它洞开了一个前所未有的读者空间，可以容纳更多的选题创意。因此文化批评类选题对于选题策划具有重要的启示，主要包括以下三点。

第一，在面对一个内容较为庞杂且比较陌生的策划选题时，必须充分调动各种可利用资源，其中借力于专业研究者，探索以研究者策划为主、

---

① 贾培信：《选题策划观念论》，《中国出版》1998年第3期。

以策划编辑策划为辅的合作策划方式是一个值得考虑的选择。但合作策划并不意味着被动接受,一方面出版社和策划编辑必须在涉及文本质量、宣传、市场等编辑出版专业问题上使上力、把好关;另一方面也要在合作中学习,不仅要合作出成果和友谊,也要合作出进步和提高。

第二,无论任何时候都不能放松对策划编辑职业素养尤其专业素养的培养,这牵涉一个出版社能否抓住机遇、利用机遇的重大问题。策划活动从来都不仅仅是文案功夫,任何创意、灵感的纵深处,都有深厚的文化、知识和学养积淀。

第三,"两个市场"的贯通是未来出版的一个重要动向。正如前述,在很多网络视频和电视节目中,传统意义上被称为纯学术的国学、历史、科学等都已经成为普通大众的重要文化消费资源,很多媒体人也都就此做出了可贵的尝试。而作为与大众日常生活天生就带有亲缘关系的文化批评,知识性和趣味性俱佳,思想内容和现实关怀兼有,当然也应该把握住这个动向,打通两个市场,尽量满足读者大众的文化消费需求。

总之,文化批评类选题横空出世,它以其不可磨灭的鲜明特点,已成为难得的研究标本。

(张建对本部分亦有贡献)

附录二 作为广义艺术生产的编辑活动

本书以消费美学的视角对编辑活动进行了较为系统的考察分析，但无论消费还是审美活动都主要聚焦产品链的下游，总体上还缺乏对上游生产环节的深入探究，本书拟以附录的形式对此稍作补足。

在马克思主义的宏观理论背景下，编辑活动一般被理解为一种精神生产活动，因为相对于物质生产的重复性、机械性及其产品的物质实用性等特点来说，编辑活动显然具有创造性、个体性特点，而且其成果也是主要体现为观念价值的精神文化产品，这当然更契合精神生产的本质规定。但根据马克思的生产理论，精神生产有不同的表现形式，编辑活动究竟是什么性质和类型的精神生产，它与这些精神生产形式的内在统一性表现在哪里，学术界对于这些问题的看法是比较模糊而笼统的。而且，随着信息时代和消费社会的来临，编辑活动的对象、环境及工作方式等都发生了翻天覆地的变化，传统意义上对其精神生产特性的认识是否具有合理性等问题，都需要我们重新审视和慎重对待。

一 从全面生产到精神生产

要回答这些问题，必须回到原点，从马克思主义经典作家对精神生产的界定、分类、基本观点等相关论述说起。

马克思在《1844年经济学哲学手稿》中首次提到了精神生产问题，后来在《神圣家族》《德意志意识形态》《共产党宣言》等经典论著中逐步将其发展为一套系统的理论。根据唯物史观,精神生产首先是一种受制于物质生产的人类生产方式。马克思指出:"从物质生产的一定形式产生:第一,一定的社会结构;第二,人对自然的一定关系。……人们的国家制度和人们的精神方式由这两者决定,因而人们的精神生产的性质也由这两者决定。"[1]在此意义上,"精神生产随着物质生产的改造而改造"。[2]当然,精神生产也有其特殊的"文明要素的生产规律"[3],因此这种"改造"或决定并不具有直接的对应关系,而是要经过诸如传统、社会结构等中介环节从总体上最终决定。而且精神生产也通过提供智力支持、价值观念、制度设计等反过来制约物质生产的结构和类型。从历史上来说,精神生产只是在原始社会末期随着体力劳动和脑力劳动两种不同形式分工的出现才真正独立出来,而且正如马克思所说:"分工只是从物质劳动和精神劳动分离的时候才开始真正成为分工。"[4]这种"真正的分工"在历史上一旦牢固确立,精神生产的特性便愈益凸显。这些特性包括观念性、无形性、自主性、自由性、创造性等,这与物质生产的技术性、重复性、机械性等特点形成了鲜明对比。此外,精神生产的主体系统即知识分子显然有别于作为物质生产主体的工人和农民,而且它的劳动成果即精神产品也与物质劳动所造就的物质实用产品有着根本的差别。

从以上论述尤其是从物质生产和精神生产的特征描述上看,从学理上区分这二者似乎并不困难,因此按照这种区分来界定编辑活动主要是一种物质生产活动还是精神生产活动,基本上也不会有太大争议。但问题是,宏观上的这两种区分,并不是马克思关于生产理论的全部。马克思的全部论著已经表明,他关于生产的理论是一种"全面生产"的系统理论。所谓"全面生产"广义上包括物质生产、精神生产和人口生产("种的繁衍")三个组成部分。根据前述,既然编辑活动从根本上来说不是物质生产(显然也不是人口生产),那么它只能是精神生产,因此只有在精神生产的内在结构和类型上才能找到它的准确的理论定位。从基础编辑学的视角来看，也只有找到这样的理论定位，才能真正把握编辑活动的科学内涵。

关于精神生产，马克思曾经指出："思想、观念、意识的生产最初是直接与人们的物质活动，与人们的物质交往，与现实生活的语言交织在一起的。……人们的想象、思维、精神交往在这里还是物质行动的直接产物。……表现在某一民族的政治、法律、道德、宗教、形而上学等的语言中的精神生产也是这样。"[5]马克思在这里对精神生产的描述显然被分成了两个部分，因此从最宽泛的意义上来说，精神生产可被分为自发意义上的精神生产即思想、观念和意识的生产和自觉意义上的精神生产即政治、法律、道德、宗教、形而上学等的社会意识形式的生产两个层次。"自发"和"自觉"二者的区别在于生产实践是否被纳入人们有意识的理性的实践规划中来，而且二者的重要性也有所不同："随着社会的发展，自觉意义上的精神生产作为社会生产的重要组成部分在社会发展中的作用日益重要而成为精神生产的核心。"[6]这种自觉的精神生产又可以细分为两个部分，即"理论的和艺术的两种方式。理论的方式主要是科学研究，即通过概念、判断和推理来反映物质世界的基本规律……艺术的方式主要是艺术创作，即通过创作艺术形象的办法来反映客观世界，以达到个别和一般的统一"。[7]这种区分实际上正适因于马克思关于作为精神生产特殊类型的"艺术生产"的提出。"马克思……明确把'艺术'当作一个'精神生产部门'，把'各种科学和艺术的生产'列入非物质生产即'精神生产领域'。"[8]可见，自觉的精神生产可以区分为理论/科学/理性的生产和艺术/创作/形象的生产两种类型，这当然也是一种相对宏观意义上的区分，它们分别对应于人的理性和感性或心智和情感两种不同的精神活动方式。在实际的研究中后者又被进一步区分。马克思指出，"私有财产的运动——生产和消费——是以往全部生产的运动的感性表现，也就是说，是人的实现或现实。……宗教、家庭、国家、法、道德、科学、艺术等等，都不过是生产的一些特殊的方式，并且受生产的普遍规律的支配"。[9]这是马克思第一次将艺术和"生产规律"联系起来，这里的艺术生产一方面受到"生产的普遍规律的支配",另一方面当然也是"一定社会形态下自由的精神生产"[10],因此是体现艺术创作规律二重性的狭义的艺术生产。后来马克思在《剩余价值理论》中进一步指出:"同一种劳动可以是生产劳动,也可以是非生产劳动",前者是指"直接同资本交换的劳动","通过这种交换,劳动的生产条件和一般价值即货币或商品,才转化为资本"。[11]马克思举例说,"密尔顿创作《失乐园》得到5镑,他是非生产劳动者。……相反,为书商提供工厂式劳动的作家,则是生产劳动者"。[12]这是因为后者隶属于一定的资本关系,能够产生剩余价值。这种意义上的艺术生产显然更富有工厂化操作的意味,本质上是一种"同资本交换的劳动",这就偏离了艺术创作的自律性,因此属于广义的艺术生产。[13]

根据以上论述,在关于精神生产的如此细致的区分系统中,编辑活动究竟属于哪一种性质和类型的精神生产,看来就不是那么容易区分清楚了。

二 广义的艺术生产

前文指出,要准确把握编辑活动作为一种精神生产方式的科学内涵,就必须对其进行准确的理论定位。这就需要对编辑活动从精神生产的主要表现类型和层次上进行厘清和确证。

编辑活动不是一种自发的精神生产活动,而是一种自觉的理性生产活动。编辑活动就其最根本的特点来说,不是一种严格意义上的科学的或理论的生产活动,主要表现在以下四个方面。第一,主体不同。科学和理论活动的主体是科学家和理论家,而且主要是个体的思维创造活动,编辑活动则是以各类编辑为主体的分工不同、协同作业的群体活动。第二,方法和目的的不同。前者通过理性思辨和科学实证寻求事物的规律和本质,后者则根据一定的技术、语言和艺术标准,结合市场需求对文本进行操作加工,从而满足读者大众的文化消费需求。第三,过程不同。前者需要大量的资料文献和缜密的理论思考，后者则要遵循一定的行业规范，借此将编辑文本纳入特定的指标规范体系。第四，结果不同。前者的产品为专著、论文、专利等科学成果，后者则对这些成果进行规范整理，以形成各种形态的编辑产品即出版物。此外，在材料、对象等方面，二者的差异也是显而易见的。总之，编辑活动虽然具有严密的过程体系，但它不是严格的科学生产，不是寻求真理的活动，尽管它的一个重要工作方面是对通过符号凝定下来的科学真理进行文本加工，以便形成适宜人们接受的载体形式。

那么，编辑活动是不是艺术生产活动呢？编辑活动显然不是狭义的艺术生产活动。其区别主要表现在两个方面：其一，艺术生产是情感的符号化和形式化过程，而编辑活动则是对这种符号形式进行的理性再加工；其二，艺术产品的符号体系是自我指涉的独立系统，它没有明确的外在对应性，更没有直接的商业目的，而编辑产品作为符号系统需要考虑外在对应关系，尤其是特定的读者需求，这往往要求有明确的市场定位。

这样一来，编辑活动便只能是广义的艺术生产活动了。这一点依然可以按照科学生产与编辑活动之间差异的四个主要方面进行比较。

首先，主体方面。广义的艺术生产比如（作为其典型代表的）电影艺术的制作团队包括导演、编剧、演员、视觉总监、摄影师、特技师、后期制作等，电影生产的过程就是这些创作成员集体协作的过程，这与编辑活动的分工协作具有明显的相似性，二者甚至可以做这样的类比：编辑系统中的主编就是文本的导演，策划编辑是编剧，文字编辑是演员，文本设计是特技师和视觉总监等。可见，在主体系统方面，编辑活动的主体显然更接近于电影艺术的制作团队，二者与科学活动的科学家和理论家具有明显差异。

其次，方法和目的方面。依然以电影艺术为例，电影的主要制作方法是蒙太奇，也就是镜头分割和组接技术，文本编辑也是如此。比如封面设计的构图和色彩、文案制作的表达重心、内容编排的"议程设置"等，从内到外无不遵照了结构要素的最优化拼接和布局原则，这一点在图文并茂的网络编辑过程中更为明显。而且，其目的也与电影制作一样，都是对一定的内容通过技术和艺术加工来满足特定市场的接受需求，以实现市场价值的最大化。这显然迥异于科学生产的理性思维和理论创新活动。

再次，过程方面。无论是电影制作过程还是编辑流程都要经过选题策划、市场调查、加工制作、后期剪辑、市场投放等几个环节，只是在性质、规模和侧重点等方面各有不同罢了。

最后，结果方面。最终敲定的电影制成品和编辑出版物只有被纳入一定的指标规范体系才可以被投放市场，接受文化大众的鉴赏和品评。这与科学活动的非直接功利性和小圈子交流特点明显不同。

值得一提的是，从以上几个方面的类比不难看出，编辑活动在电影制作的整个过程中都起到了非常重要的作用，它几乎贯穿了从策划到编辑再到后期制作的全过程。这其实不足为奇。因为"电影/影视编辑"不仅有其名而且在影视行业的实际业务职能中确有其实。另外，无论是影视作品还是编辑产品，本质上都是文化产品，它们是广义的"艺术"，其成品也都是文化出版物。可见，所有的文化产品都必须经由编辑环节才能真正进入读者大众的接受视野。这就进一步说明，编辑环节是艺术生产过程的必经环节，编辑活动是一种广义的艺术生产活动。

当然，强调编辑活动是一种广义的艺术生产活动，主要是凸显它的创新性、个体性、观念性、艺术性以及编辑过程的工艺性等特点和产品的美学价值，这显然并没有脱离它作为精神生产的基本前提，甚至也并没有否认它的科学理性特点；相反，这种理解恰恰意味着：编辑活动始终是一个理性过程，它的规范体系也是严密的科学系统。认为编辑活动具有广义的艺术和审美特性，那么其科学严密的特性便不得不被排斥，这是一个思维上的误区。二者事实上并不是矛盾对立关系，而是统一关系。马克思主义的实践美学对此作了最好的解释。

马克思指出，以往的哲学都在解释世界，而真正的问题在于改造世界。这个标志性的口号创造性地提出了马克思主义哲学的基本任务，并由此赋予其实践的品格。马克思主义的哲学是实践哲学,马克思主义的美学也是实践美学。根据实践美学,所谓"美"就是"客观性和社会性的统一""真和善的统一""必然和自由的统一",这也就是通过科学研究掌握必然规律并将这种必然性自由运用的统一。换言之,只有将必然规律自由运用的境界,才是真正的美的境界。正是在此意义上,实践美学家李泽厚才盛赞孔子所谓的"随心所欲不逾矩",认为它是理性规范和运用实践的最佳结合的典范[14]。精神生产作为一种实践形式当然也是如此。事实上,精神生产实践中的科学性恰恰表现为艺术的形式:艺术的主要形式规律比如黄金分割点、蛇形曲线等本身就是严密的科学。因此,强调艺术性恰恰是包含了科学性,而不是对它的舍弃。这也就是说,强调艺术生产本身就已经包含了科学生产的基本方面,认为编辑活动主要是一种广义的艺术生产,并没有否定它本身所包含的科学理性的性质和特点。

更重要的是,将编辑活动理解为一种广义的艺术生产不仅是理论上的必然,而且是事实上的必然:在审美和艺术极度泛化和生活化的当前语境下,如果不充分考虑编辑活动的美学特点,必然不能打造出真正为读者大众喜闻乐见的编辑产品。

从客体—接受对象的角度来看,轰轰烈烈的"日常生活审美化"现象已经渗透到生活世界的每一个细枝末节,正如英国学者阿伯克隆比所说:"如今艺术与日常生活加以区分的概念正在消解……人们也在将自己的生活转变为某种审美规划,旨在从他们的服饰、外观、家居物品中营造出某种一致的风格。日常生活审美化也许达到了这样一种程度,亦即人们把自己以及他们周遭环境看作艺术的对象。"[15]人们既然已经把"自己以及他们周遭环境"都看作审美的对象,那么作为文化产品的出版物,如果不具有独创性、缺乏艺术气质,就不会使读者大众真正乐于接受。

从主体—接受方式的角度来看,这种审美化已经延伸到了读者的整个阅读过程中,阅读的审美化已成为当代读者最典型的接受方式。尤其在当前的消费社会语境下,由于出版行业的产能过剩,整个市场不断呈现波德里亚所说的"物的惊人的过剩堆积"[16],读者的选择空间日趋自由和多元,这就使得他们的接受品位比以往任何时代都更高,对出版物外观价值的要求也更高、更挑剔。面对这样的读者趣味,出版物的审美化势在必行。反过来说,出版物的审美化也可以成为读者消费和购买的重要前导:"就绝大部分情形来说,编辑成品对读者的吸引力首先来自其美学外观,比如装帧、设计、形态、开本、色彩等,也就是说,非功利性的审美活动(随便逛逛或浏览)是转化为功利性的购买实践(关注或付费购买)的重要契机。"[17]当代读者的这种审美化的阅读和购买方式也决定了编辑活动必须充分考虑艺术加工。

以上两点从客体—接受对象和读者—接受方式的角度说明,将编辑活动理解为广义的艺术生产,对于眼下的整个编辑出版行业来说,已经是大势所趋。事实上,既考虑理论上的必然,又兼顾当代社会语境的必然,将这两个方面结合起来,才能真正达到理论和事实的统一、逻辑和历史的统一。这也正是马克思主义理论原则的根本要求。

三 结构性体现

上文已经指出,编辑活动是一种广义的艺术生产活动,这主要还是从它的几个基本层面所做的理论上的逻辑论证,为了进一步证实编辑活动的艺术和审美特点,我们还需要着眼于整个编辑过程来作进一步的事实论证。一般来说,编辑过程可以分为策划编辑、文字编辑、设计编辑三个环节。只有这三个环节都被艺术和审美的元素深深介入和制约,才能证明编辑活动事实上是一种广义的艺术生产活动。

先看策划编辑环节。相对于其他环节来说,策划编辑是最具有独创性特点的编辑环节。这种独创性正是艺术生产活动最重要的特征之一。这一点在与物质生产的对比中可以被明显看出。"物质生产不具有创造性,因为它是一种重复性的劳动,而重复性的劳动所包含的信息量很小。"[18]物质生产的对象是实体性的,而且其生产方式也主要是物理的加工,因此它不包含也不需要巨量的信息,它的最终产品是没有显著个性风格的可无限重复生产的物质产品。作为精神生产方式的艺术生产则不同。一方面艺术生产面对的是一个精神对象,或者说是必须从精神上去面对的对象;另一方面,它还要对该对象进行观念性的提炼、改造和加工。这两个方面显然都需要大量的信息。相对于实体来说,信息的最大特点就是不确定性、流动性和易变性,这就需要主体投入创造性的思维去把握这些信息,它的成果因此也是风格各异的创造物。这一点完全适用于策划编辑活动。而且,策划编辑最重要的特点,即超前性(策划选题不仅要超于其他编辑同行之前,而且这项工作本身在具体的创作文本之先)更意味着它必须面对并提炼大量不确定性的信息,策划编辑完全可以将自身的经验知识和审美趣味融入整个编辑过程中来,使该过程更多注入其个体性风格特征,并最终形成充满个性气质的创造物。这种创造过程正是广义的艺术创造活动的重要表现。

再看文字编辑环节。文字编辑主要指的是编者对文本语言秩序的整理、润饰、编排、审定等工作,这是一番披沙拣金、剖璞显玉的功夫。但这番功夫并不仅仅是学力问题,也是"对编辑鉴审、鉴识、鉴赏的综合检验。学力不到难以识别孰为沙,孰为金。同时……如无艺术功力,则纵然学力足以分辨科学上的金与沙,却未必可以分辨艺术上的金与沙"。[19]由此足见在文字编辑工作中艺术鉴赏能力的重要性,这也很好地体现了编辑过程中艺术性和科学性的统一。

而且,文字编辑活动由于要充分考虑价值交换因素,其活动本身也被注入了大量的艺术和美学的因素。比如,一本书可以由于封面上一个关键字的出错而毁于一旦;相反,一个关键字的妙用,可为整本书添色增光,大开销路。虽然文字加工未必如古诗人"吟安一个字,捻断数茎须""两句三年得,一吟双泪流"那般的"推敲""苦吟",却也不得不向他们着意"点铁成金""语不惊人死不休"的精神投以赞许和追慕。事实上,在

附录二 作为广义艺术生产的编辑活动

消费主义的穷追猛打之下,文字编辑有时候难免要标新立异、语出惊人,这也就是"标题党"横空出世的重要原因。文字编辑活动中的润饰丹彩、辨理辞章等工作无不体现着丰富的美学内涵。所有这些都可以用郑板桥的那句名诗来概括:"删繁就简三秋树,领异标新二月花"。文字编辑活动就是将芜杂繁乱的作者原稿改造成或简淡或新异的"三秋树""二月花"的艺术生产过程。

最后看设计编辑环节。这一环节与审美和艺术最为相关。虽然设计编辑活动和文字编辑活动一样并不是原创性活动,但是相对而言,它已经较多地脱开了具体的内容细节,只须将文本看作感性整体来直观把握就可以创构出一处文化"景观"[20](德波),或者一套文本的"嫁衣"。因此,编辑设计虽不至于天马行空、无复依傍,却也为编辑个性风格的展示洞开了敞亮的空间。风格成熟的设计编辑往往见书如面,这正是其个性特点的文本再现。

从另一个角度来看,设计编辑活动又可分为版式设计和封面设计两种。在前者,版式设计是通过对幅面、版心、字体、字号、边距、页眉、页脚、页码以及插图、表格等的调理和整合来组构一种平面艺术图案;在后者,"现代封面设计已经进入了一个全新的审美天地,它既注重实用、经济、美观的装帧原则,又充分考虑书籍科学性、审美性、竞争性;它既有精神内涵,又具有审美功能的相对独立性"。[21]无论是版式设计还是封面设计,都是艺术生产和创造的过程。

此外,值得注意的是,读者对出版物内容和价值的关注,主要是通过浏览、查询的方式来完成的,在此,出版物的整体设计往往事关重大,需要非常巧妙细心的安排,甚至要大量采用"蒙太奇"手法,以达到最优的视觉效果。当代出版行业对出版物形式规则的这种完美化追求已近乎一种结构严密的空间陈列艺术。一个小小的出版物其实与专卖店甚至超级市场里庞大的"视觉陈列"并无二致:在结构、布局、编目、色泽、形状、尺寸、类属等方面它们无一不是遵循了理性秩序与视觉效果相统一的原则。

甚至可以说，一本书就是一个微型的超级市场，它只有通过一系列秩序化和艺术化的安排，将产品内在价值充分外化并完美地呈现出来，才能达到吸引读者的目的。这当然也是一种精巧细致的艺术生产活动。

总之，编辑活动最重要的任务是对创作者的各种文本锦上添花，而不是狗尾续貂。这显然是一个使之充分美化并尽可能完美呈现的过程，一个广义的艺术生产过程。

四　学理与实践价值

本文从学理和现实两个层面出发将编辑活动理解为一种广义的艺术生产，强调了编辑活动的艺术生产特质，这种理解具有重要的当代意义。

首先，有利于推动基础编辑学的研究。在马克思主义的宏观理论背景下，基础编辑学理论研究的首要问题，就是如何从学理上厘清编辑活动的精神生产本质。但长期以来，编辑学界对编辑活动的理解一直停留在比较宽泛且笼统的精神生产层面上，没有对精神生产的内部结构和层次进行深究。本文在马克思全面生产的理论谱系中将编辑活动定位为一种能够包含科学和理性精神的广义的艺术生产活动，实质上是将其纳入更广阔的马克思主义理论视野中来，在学理上更突出强调了编辑活动的艺术性、文化性、科学性、商业性等多个特点，这些特点的界定对于基础编辑学的研究有一定的拓展和推动作用。

其次，体现了编辑出版行业持续发展的必然要求。改革开放四十多年来，国内出版行业的社会环境、产业结构、生产能力、技术条件以及读者的阅读趣味等都发生了巨大变化，尤其是随着新媒体技术对美学和艺术元素的大规模借用和向生活世界无微不至的渗透、扩张，读者的阅读趣味、习惯、风格等都与传统模式形成了显著差异。在这样的语境下，编辑出版行业需要与时俱进，推动整体的结构转型和优化升级。因此，在不失一般性原则的前提下，重新思考和定位编辑活动的精神生产特质，正是从学理上回应了时代的新要求,这将有利于整个行业的良性持续发展。反过来说,强调编辑活动的广义的艺术生产特质,也是对编辑出版行业的一种规范和要求,这不仅意味着要求整个行业改进技术、改变价值观念,也意味着要求从业者不断提升职业素养。

最后,强调突出了编辑出版活动的人文精神和责任担当意识。从人文精神的角度来说,众所周知,科学技术由于研究主体的自我无涉性和价值中立的本质,无法为人们提供确切的价值观和人生观,因此在精神生产的结构层次中只有强调编辑活动的精神性、审美性和文化性的品格,并将科技理性统一于这种品格之中,才能为其找到准确合理的理论定位。编辑出版行业显然不只是价值无涉的技术操作系统,它同时担负着传承和弘扬民族文化、引领和提升大众品位的重任,只有从学理上强调编辑活动的美学和价值内涵,提高其文化品位,才能在实践上落实为对行业的要求、对从业者的要求和对出版物的要求。这样的定位不仅体现了上述逻辑和历史的统一,更体现了新的历史语境下行业规范和价值担当的统一。

参考文献

[1]《马克思恩格斯全集》(第26卷·第一册),人民出版社,1972,第296页。

[2]《马克思恩格斯全集》(第1卷),人民出版社,1972,第78页。

[3]《马克思恩格斯选集》(第2卷),人民出版社,1995,第32页。

[4]《马克思恩格斯全集》(第1卷),人民出版社,1972,第30页。

[5]《马克思恩格斯选集》(第1卷),人民出版社,1995,第72页。

[6]胡海波、郭凤志:《马克思恩格斯社会整体性视域下的精神生产理论》,《东北师大学报》(哲学社会科学版)2009年第6期,第46页。

[7]乔学杰:《论编辑活动在精神生产中的作用》,《郑州大学学报》(哲学社会科学版)2003年第7期,第59页。

[8]邓彦:《试论马克思的精神生产理论及其当代意义》,《江西社会科学》2008年第4期,第53页。

[9]《马克思恩格斯全集》(第42卷),人民出版社,1979,第121页。

[10]《马克思恩格斯全集》(第26卷·第一册),人民出版社,1973,第296页。

[11]《马克思恩格斯全集》(第26卷·第一册),人民出版社,1973,第148页。

［12］《马克思恩格斯全集》（第 26 卷·第一册），人民出版社，1973，第 432 页。

［13］需要指出的是，关于艺术生产问题，马克思本人没有作过系统的论述，对于其结构类型也没有作过明确说明，后来的研究者因此不得不给出各种区分，但结果并不一致。比如，胡亚敏教授的广狭之分就与上述有所不同［见胡亚敏、袁英：《马克思艺术生产理论的当代价值》，《华中师范大学学报》（人文社科版）2018 年第 3 期，第 114～115 页］。比较确切的理解是，艺术生产作为一种特殊的生产门类是属于狭义的，因为这个生产门类必然强调其创作规律的独特性；而艺术生产作为"直接同资本交换的劳动"是广义的，因为这样的生产意味着艺术只有作为文化产品（比如电影艺术）才具有可以进行直接交换的"生产劳动"的特点。相反，像弥尔顿那样凭着"天性的能动的表现"（马克思）来创作，却是"非生产劳动"的狭义的艺术生产。

［14］李泽厚：《论语今读》，生活·读书·新知三联书店，2004，第 53 页。

［15］Nicholas Abercrombie, Stephen Hill and Bryan S. Turner, *The Penguin dictionary of sociology* (Harmondsworth: Penguin, 1994), p. 43.

［16］〔法〕让·波德里亚：《消费社会》，刘成富等译，南京大学出版社，2004，第 1 页。

［17］李金正：《论编辑主体的三个二重性——建构编辑主体性的理论尝试》，《中国编辑》2014 年第 1 期，第 37 页。

［18］孙民：《马克思精神生产理论研究述评》，《兰州学刊》2007 年第 4 期，第 137 页。

［19］杨秦予：《编辑在书稿加工中的审美创造》，《科技与出版》2009 年第 8 期，第 31 页。

［20］"景观"是法国理论家居伊·德波（Guy Debord）在其著名的《景观社会》（*The Society of the Spectacle*）一书中提出的一个重要概念，意指由于现代生产条件的无处不在，所有社会的可见物尤其商品都被转化成一种富有趣味和观感价值的形象。出版物显然也是当代语境下的一种文化"景观"。

［21］杨秦予：《编辑在图书物化生产中的审美创造》，《郑州大学学报》（哲学社会科学版）2009 年第 6 期，第 178 页。

后　记

　　消费和审美，这一对人类感性行为的双生子，已经各自走过了一段让人难以捉摸的现代性历程。

　　如果对消费作一番观念史的考察，很容易将其与尼采的感性解放和"重估一切价值"的谵妄联系起来。尼采之所以宣称"上帝死了"，不仅导源于其赓续叔本华意志论哲学的理论逻辑，也是对基督教生命实践的一种解构。基督教的信仰话语承载了深刻的原罪意识，现世生活中背负着沉重的十字架的圣徒们不可能有自我放纵的权力意志，而只能展现为忍辱负重、感性归闭的苦行主义，这样的人生恰恰是尼采所厌弃的"末人"的生命实践。因此，尼采宣称基督教是"针对生命的虚无主义"，"一切死灭，所以一切值得死灭"。上帝死了，人还活着，尽管这种"可能（而非必然）生活"后来被海德格尔进一步抽绎为向死而生的"此在"之在世，或者"常人"栖居于生活世界难以摆脱的忧虑、畏惧和沉沦，但感性肉身总归挣脱了信仰话语的神圣束缚，正如丹·西蒙斯（Dan Simmons）在宗教科幻小说《海伯利安》（*Hyperion*）中以惊人的笔触描画的毕库拉人，终于可以"命享真死"。自此以后，人不复能"为自然立法"，不再有"大写的人"，人也难以肩负起"万物的尺度"，但人解脱了永恒，便可以直面自己的生命欲望，于是肉身性僭越了逻各斯，形形色色的非理性主义也堂而皇之地登上了哲学的大雅之堂。可以说，尼采"以肉体为准绳"的哲学面向从根本上重新筹划了现代生活，今天无论你处在"全球化"的哪个角落，身边总挥之不去"尼采的幽灵"，甚至正如桑巴特所说，现代资

| 作为文化批评的消费美学 |

本主义也不过是上流社会和宫廷生活非法情爱的私生子罢了，人的自我真正蜕变为拉康所说的"对他者欲望的欲望"。在此意义上，如果说现代性本身具有自反性，那么消费恰巧走向了其辩证法的反题，启蒙理性在不断向蒙昧荒蛮的人类原野开疆拓土之际，已经大面积撒播了感性、娱乐化和世俗欲望的种子，并随着"物对人的惊人的堆积"和"功能的零度"的到来，终究长成了消费主义的参天大树，也成就了如今绚烂多彩的都市生活景观。

　　同时处在这个现代性自反性命题中的还有审美之维。吊诡的是，审美的实践在整个古典现代性阶段以对立的方式完美配合了理性主义对自然和人的"祛魅"，能够与思维的乐趣并列的是审美和艺术的静观品格、距离性和宗教般的精神超越，一幅画或者一首荡气回肠的乐曲本身就是救赎，流连迷醉之下的审美经验甚至可以通达海德格尔所允诺的充满诗性的"通透与澄明之境"（美学上的"流奶与蜜之地"）。事实上，在"诸神的黄昏"，当启蒙现代性已被法兰克福学派指认为走向了辩证法的反面，审美主义便肩负起了生活世界的普世救主。现代主义艺术的"恶之花"，其所充斥的苦难、创伤和审丑经验，正体现为西方现代文明的自我赎罪。现代主义无疑是精英主义和英雄主义的，甚至饱含了宗教情感，但是，神迹并没有发生，在科学技术、政治变革和世俗世界的狂飙突进面前，阿多诺心心念念的先锋艺术不可避免地遭遇了被喻为"现代性之晶体"的福特主义生产生活方式的迎头痛击。军事、经济和政治生活的高度理性化、标准化和工业化迅速蔓延到文化艺术领域，一个精神的集中营在西方现代性的版图上弥散开来。"奥斯维辛之后，写诗是残酷的。"但是，时过境迁，当资本主义发展到后福特主义、景观社会或者波德里亚精心刻画的消费社会时，诗本身成了生活。广告、时尚、艺术、影像之流席卷了生活世界的每一个角落，如韦尔施所说，在高度科学化的审美技术的引导下，现实成了柔顺、轻巧而花哨的织体，甚至连人的认识论也已经被审美化了：沃森之所以成功破译DNA结构，是因为他一开始就认定，该结构必然具有一种最

后 记

优雅的形式。格尔诺特·伯麦、奥利维耶·阿苏利等理论家将这些现象准确地标识为"审美资本主义"。

不难发现,在后现代性所展开的生活画卷中,审美与消费的轨迹神迹般地重合了,而令人瞠目的是,二者在古老的文明中"本是同根生",却随着阶级分化而分化,随着现代主义的对立而对立,最终又跟随后现代性的"后回归"而复归感性的同一性:"消费的审美化"和"审美的消费化"成为普罗大众日常经验的双螺旋结构。

在这样的背景下,是否可以在学理上提出一种适合解释大众文化和日常生活现象的"消费美学"?其背后的理论逻辑是什么?它将具有怎样的阐释效力和独特的建构功能?这些问题构成了笔者写作本书的初衷。

当然,如此繁杂艰巨的工作不可能是一蹴而就的。屈指算来,本书从最初的谋划迄今已然过去了十余年之久。早在我读研究生时,就已经初步厘清了消费和审美历时性的关系脉络,并将有关成果发表于《文艺理论研究》,其后还据此写下了硕士毕业论文。对于消费美学的思考后来伴随我一度的媒体从业经历以及攻读博士的三年时光,其间也不断有相关文章(部分作品已收录于本书)面世。遗憾的是,毕业之后我开始从事完全不同领域的新闻传播学研究,这一事业近乎搁浅。新闻传播学给我最大的体会便是,学术研究存在一去难返的热点周期,其热度在微观尺度上甚至如希格斯玻色子,不足瞬间便已湮灭。如此想来,本书与读者见面未免有些姗姗来迟了。但同时,因为间断了的思考,于我而言又难免有匆促之感。好在理论构想的几个重要节点已经过深思熟虑,其间的"留白"有望在未来的研究中不断充实,期有进益。

感谢我的授业恩师曹顺庆教授为本书欣然作序,知遇之恩,铭感五内!

感谢社会科学文献出版社张建中和朱月老师为本书付梓所做的策划编校工作!

感谢我的研究生徐智恒、罗玉琪、何家欣等同学在本书校对工作中付出的努力！

消费美学是一项未竟的事业，本书的粗线条勾勒以及尝试性的阐释实践难免有疏漏偏颇，希望读者诸君不吝批评指正，以共勉进学。

作者谨识

癸卯年子春　宽斋

图书在版编目（CIP）数据

作为文化批评的消费美学：以商业和传媒文化为例／李金正著． -- 北京：社会科学文献出版社，2023.12
ISBN 978-7-5228-2537-3

Ⅰ.①作… Ⅱ.①李… Ⅲ.①消费文化-研究 Ⅳ.①C913.3

中国国家版本馆 CIP 数据核字（2023）第 179244 号

作为文化批评的消费美学
——以商业和传媒文化为例

著　　者／李金正

出 版 人／冀祥德
组稿编辑／张建中
责任编辑／朱　月
责任印制／王京美

出　　版／社会科学文献出版社·政法传媒分社（010）59367126
　　　　　地址：北京市北三环中路甲29号院华龙大厦　邮编：100029
　　　　　网址：www.ssap.com.cn

发　　行／社会科学文献出版社（010）59367028

印　　装／三河市尚艺印装有限公司

规　　格／开 本：787mm×1092mm　1/16
　　　　　印 张：15.75　字 数：228千字

版　　次／2023年12月第1版　2023年12月第1次印刷

书　　号／ISBN 978-7-5228-2537-3

定　　价／98.00元

读者服务电话：4008918866

版权所有 翻印必究